中國學術思想 研究輯刊

九 編

林 慶 彰 主編

第 5 冊

出土與今本《周易》六十四卦經文考釋（四）

鄭 玉 姍 著

花木蘭文化出版社

國家圖書館出版品預行編目資料

出土與今本《周易》六十四卦經文考釋（四）／鄭玉姍 著——
初版 —— 台北縣永和市：花木蘭文化出版社，2010〔民99〕
目 4+264 面；19×26 公分
（中國學術思想研究輯刊 九編：第5冊）
ISBN：978-986-254-269-9（精裝）

1. 易經　2. 研究考訂

121.17　　　　　　　　　　　　　　　　99014261

ISBN - 978-986-254-269-9

9 789862 542699

中國學術思想研究輯刊

九 編 第 五 冊　　　　　　ISBN：978-986-254-269-9

出土與今本《周易》六十四卦經文考釋（四）

作　　　者　鄭玉姍
主　　　編　林慶彰
總 編 輯　杜潔祥
出　　　版　花木蘭文化出版社
發 行 所　花木蘭文化出版社
發 行 人　高小娟
聯 絡 地 址　台北縣永和市中正路五九五號七樓之三
　　　　　　電話：02-2923-1455／傳眞：02-2923-1452
網　　　址　http://www.huamulan.tw 信箱 sut81518@ms59.hinet.net
印　　　刷　普羅文化出版廣告事業
封面設計　劉開工作室
初　　　版　2010 年 9 月
定　　　價　九編 20 冊（精裝）新台幣 33,000 元　　　版權所有・請勿翻印

出土與今本《周易》六十四卦經文考釋（四）

鄭玉姍　著

目

次

第四十七節　困　卦

一、卦名釋義

　　《說文》：「困，故廬也。从木在口中。」段注：「一家之居必有木樹，牆下以桑是也。故字從口木。謂之困者，疏廣所謂自有舊田廬，令子孫勤力其中也。困之本意爲止而不過，引申爲極盡。《論語》：『四海困窮。』謂君德充塞宇宙，與橫被四表之義略同。苞注：『言爲政，信執其中，則能窮極四海天祿，所以長終也。』凡言困勉、困苦皆極盡之義。」（頁 280）「困」之本意爲家舍田廬，以牆爲界並栽植樹木，引伸有「窮極」、「圍困」、「窮困」等義。孔穎達《正義》：「困者，窮厄委頓之名。」（頁 108）故困卦之「困」取「窮困」、「困頓」之義。

　　〈序卦〉曰：「升而不已必困，故受之以困。」（頁 188）升卦上六進而不已，但勞不能久，勞久必消衰窮困。故困卦在升卦之後。

　　困卦今本卦畫作「☱☵」，上兌澤，下坎水。〈象〉曰：「澤无水，困。君子以致命遂志。」（頁 108）水本在澤上，而今坎水反在兌澤之下，故澤中無水爲困。君子處困窮亂世，若能和悅處之，雖然困窮，但不失亨通之道，雖致命喪身，仍必達成其志向。

二、卦爻辭考釋

（一）卦辭考釋

1. 上博《周易》：困：亨。貞，大人吉，无咎。有言不信。
2. 阜陽《周易》：困：亨。貞，大人吉，无咎。有言不信。
3. 帛書《周易》：困：亨。貞，大人吉，无咎，有言不信。
4. 今本《周易》：困：亨。貞，大人吉，无咎。有言不信。

【文字考釋】

　　上博本、阜陽本卦辭殘，據今本補。

【卦辭釋讀】

　　〈彖〉曰：

　　困，剛揜也。險以説，困而不失其所亨。其唯君子乎？貞，大人吉，
　　以剛中也。有言不信，尚口乃窮也。（頁108）

〈象〉曰：

　　澤无水，困。君子以致命遂志。（頁108）

王弼《注》：

　　困必通也。處窮而不能自通者，小人也。處困而得无咎，吉乃免也。

　　（頁108）

孔穎達《正義》：

　　「困」者，窮厄委頓之名，道窮力竭，不能自濟，故名爲「困」。「亨」
　　者，卦德也。小人遭困，則「窮斯濫矣」。君子遇之，則不改其操。
　　君子處困而不失，其自通之道，故曰「困，亨」也。處困而能自通，
　　必是履正體大之人，能濟于困，然後得吉而「无咎」，故曰「貞，大
　　人吉，无咎」也。處困求濟，在于正身脩德。若巧言飾辭，人所不信，
　　則其道彌窮，故誡之以「有言不信也」。（頁108）

朱熹《易本義》：

　　困者，窮而不能自振之義。坎剛爲兌柔所揜，九二爲二陰所揜，四五
　　爲上六所揜，所以爲困。坎險兌說，處險而說，是身雖困而道則亨也。
　　二五剛中，又有大人之象，占者處困能亨，則得其正矣。非大人其孰
　　能之，故曰貞。又曰大人者，明不正之小人不能當也。有言不信，又
　　戒以當務晦默，不可尚口，益取困窮。（頁178）

南懷瑾、徐芹庭《周易今註今譯》：

　　在困窮之時，能進而求得出困之道，則能亨通，但必須守正，大人雖
　　困，但能守道不二所以吉而無咎。但在困窮之時，雖有言，人也不會
　　相信的。（頁295）

　　玉姍案：君子處困之時，應正身修德，如果只是騁其言辭，將無法得到他
人信任，其道欲窮。陳惠玲以爲「南、徐作『在困窮之時，雖有言，人也不會
相信的』，『言』依孔說爲『巧言能辭』較佳。」﹝註166﹞可從。

　　今本「困：亨。貞，大人吉，无咎。有言不信。」意思是：困卦象徵處困
窮之時而能得出困之道，這是亨通的。貞正守道，只有大人君子能爲之，所以
能得吉而沒有災咎。如果只是騁其言辭，將無法得到他人信任。

　　帛書本作「困：亨。貞，大人吉，无咎，有言不信。」其意與今本同。

﹝註166﹞陳惠玲：《《上海博物館藏戰國楚竹書（三）・周易》研究》（臺灣師範大學國
　　　　文教學所碩論，2005年8月），頁572。

（二）爻辭考釋

1. 上博《周易》：初六：臀困于株木，入于幽谷，三歲不覿。

2. 阜陽《周易》：初六：臀困于株木，入于幽谷，三歲不覿。

3. 帛書《周易》：初六：辰困于株木，人于要浴，三歲不攪，凶。

4. 今本《周易》：初六：臀困于株木，入于幽谷，三歲不覿。

【文字考釋】

阜陽本、帛書本初六爻辭殘，皆據今本補。

（一）帛書本較今本多了一「凶」字異文。

玉姍案：帛書本較今本多一「凶」字。初六處於困卦之底，有困而隱遁於幽谷之象，帛書本較今本多了一「凶」字以強調此卦不吉之意，但於整體文義並無太大差別。上博本、阜陽本初六爻辭殘，無法斷別漢代之前其他版本內容。

（二）今本「臀困于株木」之「臀」，帛書本作「辰」。

玉姍案：「辰」上古音爲端紐文部，今本「臀」上古音爲定紐文部，同爲舌頭音文部，可通，如《列子・湯問》：「而五山之根無所連箸。」《釋文》「箸」（定紐魚部）作「著」（端紐魚部）。故「辰」、「臀」可通假。

（三）今本「幽谷」之「幽」，帛書本作「要」。

玉姍案：「要」上古音爲影紐宵部，今本「幽」上古音爲影紐幽部，二字聲紐同，韻部爲幽、宵旁轉，故「要」、「幽」可通。

【爻辭釋讀】

〈象〉曰：

「入于幽谷」，幽不明也。（頁108）

《周易集解》引《九家易》曰：

三者，陽數。謂陽陷險中，爲陰所弇，終不得見，故曰三歲不覿也。

（頁423）

孔穎達《正義》：

初六處困之時，以陰爻最居窮下，沈滯卑困，居不獲安，若臀之困于株木，故曰「臀困于株木」也。有應在四，而二隔之，居則困株，進不獲拯，勢必隱遁者也，故曰「入于幽谷」也。困之爲道，不過數歲，

困窮乃出，故曰「三歲不覿」也。（頁108）

朱熹《易本義》：

> 臀，物之底也。困于株木，傷而不能安也。初六以陰柔處困之底，居
> 暗之甚，故其象占如此。（頁180）

南懷瑾、徐芹庭《周易今註今譯》：

> 初六以柔居剛，應於九四，在困之時，有坐困於木根，進入于幽暗的
> 山谷、三年不能見物，（不能被發現、被救出）的現象。（頁297）

玉姍案：初六處困之時，以陰爻居最窮下之處，沈滯卑困，居不獲安，若
臀之困于株木。雖有應於九四，但遭九二隔之，居則困株，進既不獲拯救，勢
必隱遁于幽谷，直到三年後困頓解除乃出。陳惠玲以爲「《說文》：『株，木根也。』
指冒出地面的樹根。初六欲往應九四，被九二阻隔，只好隱遁。以困而藏，不
過幾年之間就會解困而出。三，形容多，虛數。」〔註167〕

今本作「初六：臀困于株木，入于幽谷，三歲不覿。」意思是：初六處於
困卦之底，有如臀部受困於株木的現象，此時當隱遁於幽谷，三年不見。

帛書本作「初六：辰困于株木，人于要浴，三歲不擩，凶。」意思是：初
六處於困卦之底，有如臀受困於株木的現象，因此將隱遁於幽谷，三年不見。
這是凶的。

1. 上博《周易》：九二：困于酒食，朱紱方來，利用享祀。征凶，无咎。
2. 阜陽《周易》：九二：困于酒食，朱紱方來，利用享祀。征凶，无咎。
3. 帛書《周易》：九二：困于酒食，絑發方來，利用芳祀。正凶，无咎。
4. 今本《周易》：九二：困于酒食，朱紱方來，利用享祀。征凶，无咎。

【文字考釋】

上博本、阜陽本九二爻辭殘，皆據今本補。

（一）今本作「朱紱方來」之「紱」，帛書本作「發」。

玉姍案：「發」、「紱」上古音皆幫紐月部，可以通假。

【爻辭釋讀】

〈象〉曰：

〔註167〕陳惠玲：《《上海博物館藏戰國楚竹書（三）·周易》研究》（臺灣師範大學國
文教學所碩論，2005年8月），頁509。

「困于酒食」，中有慶也。（頁108）

《周易集解》引荀爽云：

> 二升在廟，五親奉之，故「利用享祀」。陰動而上，失中乘陽，陽下而陷，爲陰所弇，故曰「征凶」。陽來降二，雖位不正，得中有實，陰雖去中，上得居正，而皆免咎，故曰「无咎」也。（頁423）

王弼《注》：

> 以陽居陰，尚謙者也。居困之時，處得其中。體夫剛質，而用中履謙，應不在一，心无所私，盛莫先焉。夫謙以待物，物之所歸；剛以處險，難之所濟。履中則不失其宜，无應則心无私恃，以斯處困，物莫不至，不勝豐衍，故曰「困于酒食」，美之至矣。（頁108）

孔穎達《正義》：

> 九二體剛居陰，處中无應。體剛則健，能濟險也。居陰則謙，物所歸也。處中則不失其宜，无應則心无私黨。處困以斯，物莫不至，不勝豐衍，故曰「困于酒食」也。「朱紱方來，利用享祀」者，紱，祭服也。坎，北方之卦也。紱，南方之物。處困用謙，能招異方者也，故曰「朱紱方來」也。舉異方者，明物无不至，酒食豐盈，異方歸向，祭則受福，故曰「利用享祀」。「征凶无咎」者。盈而又進，傾敗之道，以征必凶，故曰「征凶」。自進致凶，无所怨咎，故曰「无咎」也。（頁108）

朱熹《易本義》：

> 亨，讀作享。困于酒食，厭飫苦惱之意。酒食，人之所欲，然醉飽過宜，則是反爲所困矣。朱紱方來，上應之也，九二有剛中之德，以處困時，雖无凶害，而反困於得其所欲之多，故其象如此，而其占利以享祀。若征行則非其時，故凶。而於義爲无咎也。（頁180）

南懷瑾、徐芹庭《周易今註今譯》：

> 九二當困苦之時，以陽處陰位，故有受困于酒食的象徵，但因居于內卦的當中，有剛中之德，所以終會有「朱紱」—富貴降臨的現象，這時可以利用于祭祀，以求其福，如有所前往，想再求進，就會有凶災的降臨，如不前往，謹守其德，就沒有災咎。（頁297）

玉姍案：「困于酒食」，學者說法各異。王弼、孔穎達以爲九二以謙待物，所以物歸而豐，多到令人困擾。朱熹以爲是飲過量、食過飽而厭飫苦惱。南懷

僅僅言「有受困于酒食的象徵」而未進一步解釋。筆者以爲九二以陽居陰，象徵用中履謙，此時若「飲過量、食過飽而厭飫苦惱」則失其「中」道，故朱熹之說不如王弼、孔穎達之說。九二雖處困之時，而能用中履謙，故能招來遠方公卿。此時利於祭祀受福，征討則有凶，須謹守其德，才能無災咎。

今本「九二：困于酒食，朱紱方來，利用享祀。征凶，无咎。」意思是：九二用中履謙，能以謙待物，豐美酒食多到造成困擾，遠方公卿亦能來歸，此時利於祭祀受福，若征討則有凶。須謹守其德，才能無災咎。

帛書本作「九二：困于酒食，絑發方來，利用芳祀。正凶，无咎。」意思與今本同。

1. 上博《周易》：六三：困于石，據于蒺藜，入于其宮，不見其妻，凶。
2. 阜陽《周易》：六三：困于石，據于蒺藜，入于其宮，不見其妻，凶。
3. 帛書《周易》：六三：困于石，號于疾莉，人于其宮，不見亓妻，凶。
4. 今本《周易》：六三：困于石，據于蒺藜，入于其宮，不見其妻，凶。

【文字考釋】

上博本、阜陽本六三爻辭殘，皆據今本補。

（一）今本「據于蒺藜」之「據」，帛書本作「號」。

玉姍案：張立文以爲「『號』爲『據』轉寫之訛，依通行本改寫爲『據』。『據』，依也、安也。」〔註168〕帛書《周易》「號」寫作 𢆡（老.甲 37）、𢆡（老.甲後 391）。「據」作 𢹓（談 052）、𢹓（養.049）。𢆡（老.甲後 391）與 𢹓（養.049）形似，確有訛寫之可能，故此從張立文之說。

【爻辭釋讀】

〈象〉曰：

「據于蒺藜」，乘剛也。「入于其宮・不見其妻」，不祥也。（頁 108）

王弼《注》：

石之爲物，堅而不納者也，謂四也。三以陰居陽，志武者也。四自納初，不受己者。二非所據，剛非所乘。上比困石，下據蒺藜，无應而入，焉得配偶？在困處斯，凶其宜也。（頁 108）

〔註168〕張立文（張憲江）：《周易帛書今注今譯》（臺北：臺灣學生書局，1991年），頁 539。

孔穎達《正義》：

> 石之爲物，堅剛而不可入也。蒺藜之草，有刺而不可踐也。六三以陰
> 居陽，志懷剛武，己又无應，欲上附于四，四自納于初，不受己者也，
> 故曰「困于石」也。下欲比二，二又剛陽，非己所據，故曰「據于蒺
> 藜」也。无應而入，難得配偶，譬于入宮，不見其妻，處困以斯，凶
> 其宜也，故曰「入于其宮，不見其妻，凶」也。（頁108）

朱熹《易本義》：

> 陰柔而不中正，故有此象，而其占則凶。石，指四。蒺藜，指二。宮，
> 謂三。而妻，則六也。其義則繫辭備矣。（頁180）

南懷瑾、徐芹庭《周易今註今譯》：

> 六三以陰處在陽的位置，在困之時，它有「受困在石堆裏面，又依靠
> 在有刺的植物上」的象徵，在這種困難又無外援之下，回到自己家中，
> 又看不到自己的妻子，又無內援之人，這是凶的。（頁298）

玉姍案：六三以陰居陽，志懷剛武，欲上附九四，但九四與初六相應而不
接受六三。九四堅剛而不可入，有如石也。又欲下比九二，但九二陽剛，有如
有刺之蒺藜草而不能據。六三无應而入，難得配偶，有如進入其宮室卻沒有看
見妻子，這是凶的。陳惠玲以爲「南、徐作『受困在石堆裏面，又依靠在有刺
的植物上』，不如王、孔作上困於石，下據蒺藜，以卦象說解，較爲有據。『據
于蒺藜』之『據』字，《說文》：『杖持也』。」〔註169〕可從。

今本「六三：困于石，據于蒺藜，入于其宮，不見其妻，凶。」意思是：
六三困於九四之石、想握持九二之蒺藜也不能據。入而無應，有如進入宮室卻
沒有看見妻子，這是凶的。

帛書本作「六三：困于石，號于疾莉，人于其宮，不見亓妻，凶。」意思
與今本同。

1. 上博《周易》：九四：來徐徐，困于金車，吝，有終。
2. 阜陽《周易》：九四：來徐徐，困于金車，吝，有終。
3. 帛書《周易》：九四：來徐，困于金車，闠，有終。
4. 今本《周易》：九四：來徐徐，困于金車，吝，有終。

〔註169〕陳惠玲：《《上海博物館藏戰國楚竹書（三）・周易》研究》（臺灣師範大學國
　　　　文教學所碩論，2005年8月），頁580。

【文字考釋】

上博本、阜陽本、帛書本九四爻辭殘，皆據今本補。

（一）今本「來徐徐」，帛書本作「來徐」。

張立文以為：

「來徐」，王弼本作「來徐徐」，周易集解作「來荼荼。」釋文曰：「徐徐，疑懼皃。馬云『安行皃。』子夏作荼荼。翟同。荼音圖，云：『內不定之意。』王肅作余余。」阮元校勘記：「石經岳本閩監毛本同。釋文：徐徐，子夏作荼荼。翟同。王肅作余余。」帛書本做「徐」，義同。按：徐，本字；荼，借字。〔註170〕

玉姍案：今本「來徐徐」，帛書本作「來徐」。張立文以為帛書本做「徐」，義同。筆者以為亦有可能為傳抄時漏寫之故。但「徐」本來就有「緩」意，是以兩者版本文義可通。

【爻辭釋讀】

〈象〉曰：

「來徐徐」，志在下也。雖不當位，有與也。（頁108）

《周易集解》引虞翻云：

來，欲之初。荼荼，困于金輿，吝，有終。（頁425）

王弼《注》：

志在于初而隔于二，履不當位，威令不行。棄之則不能，欲往則畏二，故曰「來徐徐，困于金車」也。有應而不能濟之，故曰吝也。然以陽居陰，履謙之道，量力而處，不與二爭，雖不當位，物終與之，故曰有終也。（頁108）

孔穎達《正義》：

九二以剛德勝，故曰「金車」也。「徐徐」者，疑懼之辭。九四有應于初而礙于九二，故曰「困于金車」。欲棄之，惜其配偶疑懼，而行不敢疾速，故「來徐徐」也。有應而不敢往，可恥可恨，故曰「吝」也。以陽居陰，不失謙道，為物之所與，故曰「有終」也。（頁108）

朱熹《易本義》：

〔註170〕張立文（張憲江）：《周易帛書今注今譯》（臺北：臺灣學生書局，1991年），頁540。

初六，九四之正應。九四處位不當，不能濟物。而初六方困於下，又

爲九二所隔，故其象占如此。然邪不勝正，故其占雖爲可咎，而必有

終也。金車，爲九二象未詳，疑坎有輪象也。（頁180）

南懷瑾、徐芹庭《周易今註今譯》：

九四在困之時，以陽處於陰位，而應于初六，所以有徐徐而來應于初，

爲金車所困的象徵，這是稍有咎窮之災，但能得善美之終。

（頁299）

玉姍案：「徐徐」，王、孔作「疑懼之辭也」，南、徐以爲「徐徐而來」。筆

者以爲九四爲九二所隔，故「疑懼」應較貼切。九四以剛居柔，履不當位，威

令不行。欲應初六又被九二所阻，九二剛而能載、有如金車。過程雖然有咎，

但九四以陽居陰是履謙之道，故最後仍能「有終」。

今本「九四：來徐徐，困于金車，吝，有終。」意思是：九四以剛居柔，

履不當位，欲應初六而阻於九二金車，故心有疑懼而行動受阻。與初六應而不

能濟，過程有悔吝；但以陽居陰，有謙虛之道，因此能有善終。

帛書本作「九四：來徐，困于金車，閵，有終。」意思與今本同。

1. 上博《周易》：九五：劓刖，困于赤紱，乃徐有說，礿用祭祀。

2. 阜陽《周易》：九五：劓刖，困于赤紱。乃徐有說，利用祭祀。

3. 帛書《周易》：九五：貳椽，困于赤發。乃徐有說，利用芳祀。

4. 今本《周易》：九五：劓刖，困于赤紱。乃徐有說，利用祭祀。

【文字部份】

上博本、阜陽本九五爻辭殘，皆據今本補。

（一）今本「劓刖」，帛書本作「貳椽」。

張立文以爲：

「劓刖」、「㲋㲋」、「劓劊」、「劓劊」、「劓觟」、「劓杌」皆同詞異寫。

于豪亮帛書周易曰：「貳字與㲋、劓、槷、劓音近相通。儀禮特牲饋

食禮：『闑西闑外。』鄭注：『古文闑作槷。』武威出土漢儀禮簡甲本，

『闑』字作『槷』，是『闑』、『槷』、『槷』相通。因此『貳』也與『㲋』、

『槷』、『劓』、『劓』等字相通。『椽』、『掾』古音在元部，刖、㲋、

劊等字在祭部。祭、元通轉。故『椽』、『掾』與刖、㲋、劓等字相通。」

于說是也。「虩虓」，危而不安之義。〔註171〕

玉姍案：今本「劓刖」，帛書本作「貳椽」。于豪亮以爲「貳」字與「虩」、
「埶」、「劓」、「劅」等字相通，「椽」與「刖」、「劓」、「劊」爲祭、元通
轉。于說可從。

【爻辭釋讀】

〈象〉曰：

「劓刖」，志未得也。「乃徐有說」，以中直也。「利用祭祀」，受福也。
（頁108）

王弼《注》：

以陽居陽，任其壯者也。不能以謙致物，物則不附。忿物不附而用其
壯猛，行其威刑，異方愈乖，遐邇愈叛。刑之欲以得，乃益所以失也，
故曰「劓刖，困于赤紱」也。二以謙得之，五以剛失之，體在中直，
能不遂迷困而徐能用其道者也。致物之功，不在于暴，故曰「徐」也。
困而後乃徐，徐則有說矣，故曰「困于赤紱，乃徐有說」也。祭祀，
所以受福也。履夫尊位，困而能改，不遂其迷以斯祭祀，必得福焉，
故曰「利用祭祀」也。（頁108）

孔穎達《正義》：

九五以陽居陽，用其剛壯，物不歸己。見物不歸，而用威刑，行其「劓
刖」之事。既行其威刑，則「異方愈乖，遐邇愈叛」。兌爲西方之卦，
赤紱南方之物，故曰「劓刖，困于赤紱」也。此卦九二爲以陽居陰，
用其謙退，能招異方之物也，此言九五剛猛，不能感異方之物也。若
但用其中正之德，招致于物，不在速暴而徐徐，則物歸之而有說矣，
故曰「乃徐有說」也。居得尊位，困而能反，不執其迷，用其祭祀，
則受福也。（頁108）

朱熹《易本義》：

劓刖者，傷於上下。上下既傷，則赤紱无所用而反爲困矣。九五當困
之時，上爲陰揜，下則乘剛，故有此象。然剛中而說體，故能遲久而
有說也。占具象中，又利用祭祀，久當獲福。（頁172～173）

〔註171〕張立文（張憲江）：《周易帛書今注今譯》（台北：臺灣學生書局，1991年），
頁542。

南懷瑾、徐芹庭《周易今註今譯》：

> 九五在困卦之時，以陽剛處尊位，有受傷害，困于赤紱權臣的象徵；因陽剛得中，雖困于一時，終會慢慢出困而有喜悦。可以利用祭祀以求福。（頁300）

季師以為：

> 本爻「劓刖」二字，有不同説法。《經典釋文》：「劓刖，荀、王肅本劓刖作臲卼，云：『不安貌。』陸同。鄭云：『劓刖當爲倪仉。』京作劓劊。」馬王堆本作「貳掾」，同一詞又見上六爻「貳掾」，學者多讀爲「臲卼」；漢石經作「劓劊」。據此，今本「劓刖」當爲「臲卼」之訛。「劓」（疑／月）、「臲」（疑／月），二字同音；「刖」（疑／元）、「卼」（疑／沒），二字聲同韻近，因此致誤。「臲卼」，危險不安貌。[註172]

玉姍案：今本「劓刖」，帛書本作「貳掾」。于豪亮以爲「貳掾」當讀爲「臲卼」，高亨以爲「劓刖乃危而不安之義。當讀爲陧阢。」季師亦以爲今本「劓刖」當爲「臲卼」之訛。《經典釋文》：「劓刖，荀、王本『劓刖』作『臲卼』。云『不安兒。』陸同。」鄭云：『劓刖當爲倪仉。』京作劓劊。」筆者以爲「劓」與「劓」（「臲」的異體字）形近易訛，「刖」與「卼」則是聲同韻近，因此致誤。此外帛書本上六爻辭「于貳掾」所對應今本的文字是「于臲卼」，也可作爲旁證。故筆者亦以爲「劓刖」應爲「臲卼」之訛，其義爲「危而不安」貌。

	九五爻辭	上六爻辭
上博本	（缺文）	于劓□
帛書本	貳掾	于貳掾
今　本	劓刖	于臲卼

九五以陽爻居陽位，太過剛猛、不能以謙和收攬人心而危險不安，未能感動遠方之公卿（赤紱）而更加受困。但九五履居尊位，若能因困而改爲和緩，就可以改善而得喜悦，祭祀必得福。

今本作「九五：劓刖（臲卼），困于赤紱。乃徐有說，利用祭祀。」意思是：九五不能以謙和收攬人心而危殆不安，未能感動遠方之公卿而更加受困。如果能和緩改善就能得喜悦，利於祭祀得福。

[註172] 季師旭昇主編：《上海博物館藏戰國楚竹書（三）讀本》（台北：萬卷樓，2005年10月），頁120。

帛書本作「九五：貳椽，困于赤紱。乃徐有說，利用芳祀。」意思與今本同。

1. 上博《周易》：上六：困于葦薑，于劋[脆]，曰：迖愙，又愙，征吉。
2. 阜陽《周易》：上六：困于葛藟，于臲卼。曰：動悔，有悔，征吉。
3. 帛書《周易》：尚六：困于褐纍，于貳掾。曰：悔夷，有悔，貞吉。
4. 今本《周易》：上六：困于葛藟，于臲卼。曰：動悔，有悔，征吉。

【文字部份】

阜陽本上六爻辭殘，上博本「脆」字殘損不清，皆據今本補。

（一）今本「困于葛藟」之「葛藟」，上博本作「葦薑」，帛書本作「褐纍」。

玉姍案：「葛」上古音見紐月部，「褐」上古音匣紐月部。「葛」、「褐」均從「曷」得聲，可以通假。上博簡「葦」字從「率」得聲，「率」爲山紐物部或來紐物部。「葛」、「葦」韻部爲月物旁轉，聲紐較遠，無法符合通假條件，但「葛」、「葦」皆從艸部，應皆爲草名。

今本「藟」，帛書本作「纍」，上博本作「薑」。濮茅左以爲「『薑』，即『藟』字，楚簡文字从三田與从四田同，如《包山楚簡》『疊』作『疊』，《鄂君啓舟節》『灂』作『灂』。」，〔註173〕可從。「藟」、「纍」、「薑」皆從「畾」得聲，可以通假。

（二）今本「動悔，有悔」，上博本作「迖愙，又愙」，帛書本作「悔夷有悔」。

玉姍案：上博本迖字，濮茅左隸定爲「迖」，「有移動」義。〔註174〕吳振武以爲「在戰國文字資料中，屢見『豕』、『犬』二旁互替之例。因此，把『迖』看成『逐』字異體是有道理的。《汗簡》犬部『逐』字作『迖』，楚璽人名『追逐』作『避迖』（《古璽匯編》0263，二字舊皆不識）是『迖』應釋『逐』的硬證。」〔註175〕陳惠玲以爲「『迖』字，釋作『逐』，上古音定紐東部，今本作『動』，上古音澄紐覺部，同爲舌音，東覺二韻旁對轉。……『逐』有追逐義，『動』有

〔註173〕馬承源主編：《上海博物館藏戰國楚竹書（三）》（上海：上海古籍出版社，2003年12月），頁195。
〔註174〕馬承源主編：《上海博物館藏戰國楚竹書（三）》（上海：上海古籍出版社，2003年12月），頁195。
〔註175〕吳振武：〈陳曼瑚「逐」字新證〉，《吉林大學古籍所建所十五週年紀念文集》，（吉林：吉林大學，1998年12月），頁46～47。

活動義，二字皆有動義，其義類似。故『迻』、『動』二字可通假。」〔註176〕濮吳陳之說皆可從。上博本「🗲」當隸定爲「迏」，爲「迻」之異體字，「迻」上古音定紐東部，今本作「動」，上古音澄紐覺部，同爲舌音，東覺二韻旁對轉。

　　帛書本「曰：悔夷有悔」與上博本、今本「曰：動悔，有悔」爻辭不同。張立文以爲「夷」爲語助詞，「曰：悔夷有悔，言悔而又有悔也。」〔註177〕筆者以爲「悔夷」之「夷」通「痍」，爲創傷、傷害之意。如《左傳・成公十六年》：「子反命軍吏，察夷傷。」「悔夷（痍），有悔」是指困於葛藟而傷，故有悔；與上博本、今本爻辭辭意較近。

【爻辭釋讀】

〈象〉曰：

「因于葛藟」，未當也。「動悔，有悔」，吉行也。（頁108）

王弼《注》：

處困之極，行无通路，居无所安，困之至也。凡物窮則思變，困則謀通，處至困之地，用謀之時也，……「曰動悔」，令生有悔，以征則濟矣，故曰「動悔有悔，征吉」也。（頁108）

孔穎達《正義》：

葛藟，引蔓纏繞之草，臲卼動搖不安之辭。上六處困之極，極困者也。而乘于剛，下又无應，行則纏繞，居不得安，故曰「困于葛藟于臲卼」也。應亦言「困于臲卼」，「困」因于上，省文也。「凡物窮則思變，困則謀通，處至困之地」，是用謀策之時也。「曰」者，思謀之辭也。謀之所行，有隙則獲，言將何以通至困乎？爲之謀曰：必須發動其可悔之事，令其有悔可知，然後處困求通，可以行而獲吉，故曰「動悔，有悔，征吉」。（頁108）

朱熹《易本義》：

以陰柔處困極，故有困于葛藟于臲卼曰動悔之象。然物窮則變，故其占曰若能有悔，則可以征而吉矣。（頁172）

南懷瑾、徐芹庭《周易今註今譯》：

〔註176〕陳惠玲：《《上海博物館藏戰國楚竹書（三）・周易》研究》（臺灣師範大學國文教學所碩論，2005年8月），頁585。

〔註177〕張立文（張憲江）：《周易帛書今注今譯》（台北：臺灣學生書局，1991年），頁544。

上六處困的極點，所以有困于纏繞之物，動搖不安的象徵。在此時，如果不動就永不能離開困險的環境，所以寧願有所行動而獲悔吝，因爲有悔吝之時，即前往想法解其悔吝，終有無悔而獲吉利的時候。（頁301）

玉姍案：「曰：動悔，有悔，征吉。」眾說紛紜，孔穎達以爲「爲之謀曰：必須發動其可悔之事，令其有悔可知，然後處困求通，可以行而獲吉。」朱熹以爲「物窮則變動，故其占曰若能有悔，則可以征而吉矣。」南、徐以爲「如果不動就永不能離開困險的環境，所以寧願有所行動而獲悔吝。」筆者以爲上六居困卦之極，乘九五之剛而無應，行則纏繞，有如困於葛藟藤蔓一般，危險不安。當此之時，動則得咎而可能有悔吝之虞，但如不動以嘗試突破，則將永遠陷於困境。故動雖可能生悔，卻也是突破困境的契機，故曰「征吉」。是以眾說中以孔穎達、南、徐之說較合上六爻義。

今本「上六：困于葛藟，于臲卼。曰：動悔，有悔，征吉。」意思是：上六處困卦之極，欲乘九五之剛而無應，有困於葛藟，危險不安的象徵。在處困之時，動雖易生悔吝，但如不嘗試突破困境則更加有悔，故前往而獲吉。

上博本作「上六：困于萃藟，于剢卼，曰：迖愄，又愄，征吉。」意思與今本同。

帛書本「尚六：困于褐纍，于貳掾。曰：悔夷，有悔，貞吉。」意思是：上六處困卦之極，欲乘九五之剛而無應，有困於葛藟，危險不安的象徵。在處困之時，有所行動雖易受傷而生悔吝，但如不嘗試突破困境更加有悔，故前往而獲吉。

第四十八節　井　卦

一、卦名釋義

《說文》：「井，八家一井。象構韓之形，・、甕象也。古者伯益初作井。」（頁218）季師以爲：

「井」字中間本無點，其有點者本爲飾筆，……西周中晚期以後，爲了區別「井奠」和「姬鄭」，所以在「井奠」的「井」字中間一定加點。而「帥井」、「明井」、「井教」等假借爲「型」的「井」字

則絕不加點。《說文》誤以爲小篆中的圓點表示汲水的「罋」，不可

從。魯師實先在《文字析義》指出：「古者抱罋行汲（見《莊子‧

天地篇》），不至有汲缾常在井韓之中。」（103 頁）其說是也。秦

以後的「井」字或加點、或不加點，似乎沒有什麼不同。〔註178〕

〈序卦〉曰：「困乎上，必反下，故受之以井。」（頁 188）困卦九五、上六

爻有「臲卼」之象，是困極于上，故反下求安。困卦☱☵之綜卦爲井卦☵☴，

故有反下求井爲安之義。

　　井卦今本卦畫作「☵☴」，上坎水，下巽木。〈象〉曰：「木上有水，井。

君子以勞民勸相。」（頁 110）鄭玄云：「巽木，桔槔也。」古代北方用桔槔

從井中提水，在井口設一木椿，將橫木吊在木椿上，一端用繩索掛水桶，另

一端繫上石頭，以中間木椿爲杠桿使兩端上下運動汲井水，因此，井卦內卦

爲巽木，有以桔槔之木掛桶入井的現象，外卦爲坎水，有提水出井的現象。

木上有水，即木受水得滋潤而養，這是井卦的象徵。君子能勸助鼓勵人民勤

勞，以此獲得生養不息之道。

二、卦爻辭考釋

（一）卦辭考釋

1. 上博《周易》：菜：攺邑不攺菜，亡喪亡夏，逪坙菜=。气至，亦
   母龏菜，羸亓缾，凶。
2. 阜陽《周易》：井：改邑不改井，无喪无得，往來井井。汔至，亦
   未繘井，羸其瓶，凶。
3. 帛書《周易》：井：苣邑不苣井，无亡无得，往來井井。臲至，亦
   未汲井，纍亓刑垪，凶。
4. 今本《周易》：井：改邑不改井，无喪无得，往來井井。汔至，亦
   未繘井，羸其瓶，凶。

【文字考釋】

　　阜陽本卦辭殘，據今本補。

（一）帛書本、今本「井」，上博本作「菜」。

〔註178〕季師旭昇：《說文新證‧上》（台北：藝文印書館，2002 年 10 月），頁 425。

　　玉姍案：上博本作「㳷」，濮茅左以爲「㳷，古文『阱』字。《說文・井部》：『阱，陷也，從自、井，井亦聲。窜，阱或從穴。㳷，古文阱，從水。』〔註179〕陳惠玲以爲：「《說文》：『㳷，古文阱，從水。』其實『㳷』係『井』加義符，實即『井』之異體，與《說文》古文『阱』字同形而已。『㳷』與帛書、今本《周易》作『井』同字。」〔註180〕

　　陳惠玲之說可從。「㳷」係「井」再加義符「水」，實即「井」之異體字。

（二）今本「改邑不改井」之「改」，上博本作「改」，帛書本作「苣」。

　　玉姍案：「改」字，濮茅左以爲「『㠪』、『改』形近，字通。」〔註181〕羅振玉以爲：「《說文解字》：『改，更也。從攴己』。又：『㱾，毅㱾，大剛卯以逐鬼也。從攴，巳聲。』古金文（改簋蓋）及卜辭有從巳之改，無己之改。疑許書之改即㱾字，初非有二形也。」〔註182〕陳惠玲以爲「今本作改。『改』字，從巳，從攴，戰國文字『改』字均作『㠪』。何琳儀以爲『侯馬明書㠪，讀改。參妃字或作妃，記字或作記。又記或通志，識，可證牙音之己與舌音之巳頗易相混。』〔註183〕故『巳』與『己』可能是因音相混而通作，何琳儀之說可從。」〔註184〕羅、陳之說可從。「改」從巳，從攴，戰國文字「改」均作「㠪」。今所見戰國文字「改」字皆從巳從攴，是知《說文》分爲「改」、「㱾」二形有誤。

　　帛書本作「苣」，從巳得聲。「改」上古音見紐之部，「苣」上古音邪紐之部，二字韻同，聲紐分屬牙音和舌音。何琳儀以爲「記或通志，識，可證牙音之己與舌音之巳頗易相混。」〔註185〕可從。

（三）今本「汔至」之「汔」，上博本作「气」，帛書本作「鴶」。

　　玉姍案：「鴶」從「气」得聲，「汔」上古音爲曉紐物部，「气」上古音

〔註179〕馬承源主編：《上海博物館藏戰國楚竹書（三）》（上海：上海古籍出版社，2003年12月），頁196。

〔註180〕陳惠玲：《《上海博物館藏戰國楚竹書（三）・周易》研究》（臺灣師範大學國文教學所碩論，2005年8月），頁591。

〔註181〕馬承源主編：《上海博物館藏戰國楚竹書（三）》（上海：上海古籍出版社，2003年12月），頁196。

〔註182〕于省吾主編：《甲骨文字詁林》（北京：中華書局，1999年12月），頁1802。

〔註183〕何琳儀：《戰國古文字典》（北京：中華書局，1998年9月），頁64。

〔註184〕陳惠玲：《《上海博物館藏戰國楚竹書（三）・周易》研究》（臺灣師範大學國文教學所碩論，2005年8月），頁591。

〔註185〕何琳儀：《戰國古文字典》（北京：中華書局，1998年9月），頁64。

為溪紐物部，韻部相同，喉、牙音相通，如郭店《老子甲》簡三三：「攫鳥猛獸弗扣。」影本注疑讀「敂」，《說文》：「敂，擊也。」故「汔」、「肵」、「气」可通假。

（四）帛書本、今本「亦未繘井」之「未」，上博本作「母」。

　　玉姍案：帛書本、今本「亦未繘井」之「未」，上博本作「母」。「母」上古音明紐之部，此應假借為「毋」。「毋」上古音為微紐魚部，與「母」同為唇音，之、魚韻旁轉，作「無」、「沒有」之義，為否定副詞。「未」上古音為微紐物部，與「毋」同物部韻，意思和「毋」同，故二字可通假。

（五）今本「亦未繘井」之「繘」，上博本作「𤔔」，帛書本作「汲」。

　　玉姍案：上博本作「𤔔」，濮茅左釋為「龓」，字待考。〔註 186〕徐在國以為「𤔔所從的『米』、『犬』、『月（即肉）』，疑為『類』字異體。另外一部分是惟。類、律二字古通。」〔註 187〕陳惠玲以為「簡文𤔔字的左半及下方部件，從徐在國之說，可能為『類』的異體字。右上半部，上為隹，下為心，應是『惟』無誤。今本作『繘』上古音為喻四質部，『類』上古音為來紐微部，上古同為舌音，質、微二部旁對轉，可通。」〔註 188〕徐、陳之說皆可從。𤔔可隸定作「龓」，是「類」的異體字，「惟」、「類」都作聲符。「繘」上古音為喻四質部，「類」上古音為來紐微部，上古同為舌音，質、微二部旁對轉，可通。

　　今本「繘井」之「繘」，帛書本作「汲」。《釋文》云：「鄭云：『綆也』。方言云：『關西謂綆為繘』。郭璞云：『汲水索也』。」可知「繘」為「汲水索」，可引申有「汲水」之義。

（六）今本「羸其瓶」，上博本作「羸丌缾」。帛書本作「纍其刑坅」，多一「刑」字。

　　玉姍案：「瓶」、「缾」、「坅」均從「井」得聲；《說文解字》：「缶，瓦器，所以盛酒漿。」「瓦」亦由土所燒製，故從「瓦」、「缶」、「土」之字常可相

〔註 186〕馬承源主編：《上海博物館藏戰國楚竹書（三）》（上海：上海古籍出版社，2003年 12 月），頁 196。

〔註 187〕徐在國：〈上博三《周易》釋文補正〉，簡帛研究網站 2004 年 4 月 24 日。

〔註 188〕陳惠玲：《《上海博物館藏戰國楚竹書（三）・周易》研究》（臺灣師範大學國文教學所碩論，2005 年 8 月），頁 593。

通，如「罐」又作「𤭛」，「甕」又作「甕」。故「瓶」、「缾」、「坅」應爲同義之異體字。

今本「羸」，上博本作「𦀚」。帛書本作「纍」。「羸」與「𦀚」皆從「𦙫」得聲，可通假。「𦀚」上古音來紐歌部，「纍」上古音來紐微部，聲韻相同，歌、微旁轉，故亦可通假。

帛書本作「纍其刑坅」，較其他版本多一「刑」字。《漢書・司馬遷傳》：「歐土刑。」顏師古注：「刑，所以盛羹也。」「刑」爲盛羹之器，「瓶」爲盛漿水之器，二者皆可盛裝液體，故與上博本「𦀚丌缾」、今本「羸其瓶」文義可通。

【卦辭釋讀】

〈彖〉曰：

　巽乎水而上水，井。井養而不窮也，「改邑不改井」，乃以剛中也。「汔至亦未繘井」，未有功也。「羸其瓶」，是以凶也。（頁110）

〈象〉：

　木上有水，井。君子以勞民勸相。（頁110）

王弼《注》：

　井，以不變爲德者也。「无喪无得」，德有常也。「往來井井」，不渝變也。「汔至，亦未繘井」，已來至而未出井也。「羸其瓶，凶」，井道以已出爲功也。幾至而覆，與未汲同也。（頁110）

孔穎達《正義》：

　「井」者，物象之名也。古者穿地取水，以瓶引汲，謂之爲井。此卦明君子脩德養民，有常不變，終始无改。養物不窮，莫過乎井，故以修德之卦取譬名之「井」焉。「改邑不改井」者，以下明「井」有常德，此明「井」體有常，邑雖遷移而「井體」无改，故云改邑不改井也。「无喪无得」，此明井用有常德，終日引汲，未嘗言損；終日泉注，未嘗言益，故曰「无喪无得」也。「往來井井」，此明性常。「井井」，絜靜之貌也。往者來者，皆使潔靜，不以人有往來，改其洗濯之性，故曰「往來井井」也。「汔至亦未繘井，羸其瓶，凶」，此下明井誡，言井功難成也。汔，幾也。幾，近也。繘，綆也。雖汲水以至井上，然綆出猶未離井口，而鉤羸其瓶而覆之也。棄其方成之功，雖有出井之勞，而與未汲不異，喻今人行常德，須

善始令終。若有初无終，則必致凶咎，故曰「汔至亦未繘井，羸其瓶，凶」，言「亦」者，不必之辭，言不必有如此不克終者。計覆一瓶之水，何足言凶？以喻人之修德不成，又云但取喻人之德行不恒，不能慎終如始，故就人言凶也。（頁 110）

朱熹《易本義》：

井者，穴地出水之處，以巽木入乎坎水之下，而上出其水，故爲井。改吧不改井，故无喪。喪无得，而往者來者，皆井其井也。汔，幾也。繘，綆也。羸，敗也。汲井幾至，未盡綆而敗其瓶，則凶也。其占爲事仍舊无得喪，而又當敬勉，不可幾成而敗也。（頁 181）

南懷瑾、徐芹庭《周易今註今譯》：

井養萬物，所以人們雖然改換了地方，也不會改變井水而不飲的。井卦，它象徵著沒有增加、也沒有減少，無喪無得，井水往來不窮。如果汲水，已至井上，在繩子還沒離開井口時，汲水的器具鉤羸阻擾而翻覆，就不能汲到井水，那就有「沒有水」的凶災了。（頁 302）

　　玉姍案：井卦以井喻君子之常德。井養人而無窮已，然井水有常而不改變，都邑之名會因政權轉移而改變，但都邑中的那口井卻永恆存在，以喻君子德行有常。汲之不損，泉注不溢，井水恆常潔淨，不以有人往來而改變。但如果汲水時，水瓶未及井口，鉤子就脫離水瓶，那就是凶象。

　　今本「井：改邑不改井，无喪无得，往來井井。汔至，亦未繘井，羸其瓶，凶。」意思是：井卦有恆久不變的象徵，雖都邑遷移、邑名改變，但井體卻恆久存在。不論人們如何汲取井水，水位都不會降減；一直有井水湧出而不外溢。儘管人們來來往往，井水永遠保持潔靜之貌。但是，若汲水時水瓶已至井上，但未出井，卻翻覆水瓶，不能得水，就是凶象。

　　上博本作「汬：改邑不改汬，亡喪亡㝵，遺坐汬=。气至，亦母㰥汬，羸刀缾，凶。」帛書本「井：苝邑不苝井，无亡无得，往來井井。汔至，亦未汲井，纍亓刑垪，凶。」意思與今本同。

（二）爻辭考釋

1. 上博《周易》：初六：汬替不飤，舊汬亡含。

2. 阜陽《周易》：初六：井泥不食，舊井无禽。

3. 帛書《周易》：初六：井泥不食，舊井无禽。

4. 今本《周易》：初六：井泥不食，舊井无禽。

【文字考釋】

阜陽本初六爻辭殘，據今本補。

（一）今本、帛書本「井泥不食」之「泥」，上博本作「🔲（替）」。

玉姍案：上博本作「🔲」。濮茅左隸定爲「普」，以爲「🔲爲『普』之本字」。〔註189〕陳偉認爲「《汗簡》卷中之二所錄石經『替』字上從並，下從日，《古文四聲韻》卷四所錄亦同。依此，竹書此字當可釋爲『替』」。〔註190〕孟蓬生亦以爲「應爲替。但需要指出的是，該字上部所從不是象兩人並立的『竝』字，而是『替』字的初文。」〔註191〕楊澤生認爲隸定爲「普」，讀爲「湟」，同「埑」，通作「泥」。〔註192〕

張政烺〈中山王礜壺銘考釋〉以爲甲骨文從二立，一上一下，參差不齊的字形，應爲「替」字：

> 如《鐵雲藏龜零捨》第四十五片，「丁丑貞：其🔲卸，自萑。丁丑貞：其引卸。」卸，讀爲禦，是祭祀之事。🔲和引是動詞，🔲即替字，是廢除，引是延續。〔註193〕

陳惠玲《《上海博物館藏戰國楚竹書（三）·周易》研究》：

> 「替」，甲骨文作🔲（《合》33892），金文作🔲（中山王礜鼎），張政烺以爲甲骨文從二立，一上一下，參差不齊的字形，應爲「替」字⋯⋯
>
> 《汗簡》「替」作🔲（石經）、《古文四聲韻》「替」作🔲（石經），本爲一上一下都寫作平行的「竝」了。《說文》：「替，廢也，一偏下也。從竝，白聲。」依古文字發展規律，此字後當下加「口」形，「口」形中加短橫飾筆成「甘」形，《說文》遂誤釋爲從「白（自）」、「曰」。〔註194〕故「替」字，由一上一下的「立」形會意字，加上

〔註189〕馬承源主編：《上海博物館藏戰國楚竹書（三）》（上海：上海古籍出版社，2003年12月），頁196。
〔註190〕陳偉：〈楚竹書《周易》文字試釋〉，簡帛研究網站2004年4月18日。
〔註191〕孟蓬生：〈上博竹書（三）字詞考釋〉，簡帛研究網站2004年4月26日。
〔註192〕楊澤生：〈上博竹書第三冊零釋〉，簡帛研究網站2004年4月29日。
〔註193〕張政烺：〈中山王　壺銘考釋〉，《古文字研究第一輯》（北京：中華書局，1979年8月），頁231～232。
〔註194〕季師旭昇：《說文新證·下》（台北：藝文印書館，2004年11月），頁132。

「口」或「甘」形，成小篆「替」字。上下立形，再寫成平行的立形「竝」字，與「普」字上部，從二人併立地，作「林」（《甲》607）形，極易弄混。簡文「等」字，陳偉、孟蓬生視為「替」，字形上是有可能。「替」上古音透紐質部，帛書本、今本作「泥」上古音泥紐脂部，同為舌頭音，質、脂二韻對轉，音韻上是可相通的。漢人遂以音義相近之「泥」字替換。據此，簡文此字以釋為「替」，形音義最合適。替，廢置也。〔註195〕

陳惠玲分析可從。以字形演變而言，「替」、「普」二字均有可能，然「普」與帛書本、今本作「泥」字，字義上似乎無關聯，「普」上古音為滂紐魚部，與今本「泥」上古音泥紐脂部聲韻亦皆遠，即使依楊澤生說法讀為「濘」（上古音並紐耕部），「濘」與「泥」字聲韻亦俱遠。「替」上古音透紐質部，帛書本、今本作「泥」上古音泥紐脂部，同為舌頭音，質、脂二韻對轉，音韻上是可相通的。於聲韻假借條件而言，筆者以為釋為「替」較合適。

【爻辭釋讀】

〈象〉曰：

> 「井泥不食」，下也。「舊井无禽」，時舍也。（頁110）

王弼《注》：

> 久井不見渫治，禽所不嚮，而況人乎？一時所共棄舍也。井者不變之物，居德之地，恒德至賤，物无取也。（頁110）

孔穎達《正義》：

> 初六「最處井底，上又无應，沈滯淬穢」，即是井之下泥污，不堪食也，故曰「井泥不食」也。井泥而不可食，即是「久井不見渫治，禽所不嚮，而況人乎」？故曰「舊井无禽」也。「井者不變之物，居德之地」者，繫辭稱「改邑不改井」，故曰「井者，不變之物。居德」者，〈繫辭〉又云：「井，德之地」，故曰「居德之地」也。《注》言此者，明井既有不變，即是有恒，既居德地，即是用德也。今居窮下，即是恒德至賤，故物无取也，禽之與人，皆共棄舍也。（頁110）

朱熹《易本義》：

〔註195〕陳惠玲：《《上海博物館藏戰國楚竹書（三）・周易》研究》（臺灣師範大學國文教學所碩論，2005年8月），頁597～598。

井以陽剛爲泉，上出爲功。初六以陰居下，故爲此象。蓋井不泉而泥，則人所不食，而禽鳥亦莫之顧也。（頁 182）

南懷瑾、徐芹庭《周易今註今譯》：

初六以陰處陽，在井卦之下，有井中泥巴不能吃，舊的井，不能獲得水的現象。（頁 303）

玉姍案：井卦初六以陰爻在下，與六四又不相應，象徵井底泥滓沈積，不可汲飲，這種淤積的舊井井水連禽鳥都不肯飲用，更何況是人呢？象徵爲德之至賤，人禽所共棄。王弼以下學者多從此立說，此亦從之。

今本「初六：井泥不食，舊井无禽。」意思是：初六以陰處井卦之最下，象徵舊井井底泥滓沈積，不可汲飲，連禽獸都不接近。

上博本作「初六：汬替不飤，舊汬亡含。」帛書本「初六：井泥不食，舊井无禽。」意思與今本同。

1. 上博《周易》：九二：汬浴弎豣，隹補縷。
2. 阜陽《周易》：九 二：井谷射鮒，甕 敝屢。卜半 及家 彼半……
3. 帛書《周易》：九二：井瀆射付，唯敝句。
4. 今本《周易》：九二：井谷射鮒，甕敝漏。

【文字考釋】

阜陽本九二爻辭殘，據今本補。

（一）今本「井谷射鮒」，上博本作「汬浴𢏱」，帛書本作「井瀆射付」。

玉姍案：「谷」上古音見紐屋部，「浴」上古音喻四屋部，「瀆」上古音定紐屋部；「浴」以「谷」爲聲符，可以通假，如今本《詩・谷風》，《上博（一）・孔子詩論》作「浴風」。「谷」與「瀆」韻同，聲紐分屬牙音、舌音略遠，但從「谷」之字與從「賣」有可通假之例，如《禮記・深衣》：「續衽鉤邊。」鄭玄注：「續或爲裕。」是以「谷」與「瀆」應可通假。此外，張立文以爲「瀆」是河水入口處；「谷」是河水注入谿，「瀆」、「谷」義同而通。〔註196〕亦可從。

今本「射」，上博本寫作𢏱，濮茅左隸定作「弎」，以爲「字從弓、從矢，

〔註196〕張立文（張憲江）：《周易帛書今注今譯》（台北：台灣學生書局，1991 年），頁 316。

似會意，用作射。」〔註197〕陳惠玲以爲：

> 「射」甲骨文作 ✦（《乙》7661），金文作 ✦（射女方監），或加「又」
> 作 ✦（靜簋），楚系文字作 ✦（鄂君舟節）、✦（《包》2.38），從
> 弓從倒矢，爲會意字，《上博・周易》「矢」字，作 ✦（簡三十七），
> 故簡文爲「射」字無誤。〔註198〕

陳惠玲分析可從。✦ 從弓從倒矢，爲會意字，隸定爲「弤」，爲「射」
字異體。

今本「鮒」，上博本作「✦（狴）」，帛書本作「付」。「鮒」從「付」得
聲，二字可通假。「狴」字，字書未見，濮茅左隸定爲「狴」，字待考。〔註
199〕此字未見於字書，但可看出從豕、丰聲，上古音爲敷紐東部，今本「鮒」
上古音爲並紐侯部，同爲唇音，東、侯對轉，二字可通。

（三）今本「甕敝漏」，上博本作「佳補縷」，阜陽本作「甕敝屢」，帛書本
作「唯敝句」。

玉姍案：今本「甕」，上博本作「佳」，帛書本作「唯」。「唯」（喻紐微
部）從「佳」（照紐微部）得聲，可通假。今本「甕」上古音影紐東部，與
「唯」、「佳」聲韻稍遠。陳惠玲以爲上博本「唯」字作語助詞，〔註 200〕此
從之，釋爲版本不同。

上博本「✦」，濮茅左隸定爲「補」疑讀爲「敝」，破舊。〔註 201〕陳惠
玲以爲：

> 《説文》：「帗也。一曰：敗衣。从㡀、从攴、㡀亦聲。」甲骨文作 ✦
> （《拾》6.11）、✦（簋游 122），戰國文字作 ✦（《秦》詛楚・巫咸），
> 裘錫圭云：「從甲骨文字形來看，敝字顯然象擊巾之形，巾旁小點
> 表示擊巾時揚起來的灰塵。……由此可知《説文》敝字的解釋是有

〔註197〕馬承源主編：《上海博物館藏戰國楚竹書（三）》（上海：上海古籍出版社，2003
年 12 月），頁 197。

〔註198〕陳惠玲：《《上海博物館藏戰國楚竹書（三）・周易》研究》（臺灣師範大學國
文教學所碩論，2005 年 8 月），頁 601～602。

〔註199〕馬承源主編：《上海博物館藏戰國楚竹書（三）》（上海：上海古籍出版社，2003
年 12 月），頁 197。

〔註200〕陳惠玲：《《上海博物館藏戰國楚竹書（三）・周易》研究》（臺灣師範大學國
文教學所碩論，2005 年 8 月），頁 601～602。

〔註201〕馬承源主編：《上海博物館藏戰國楚竹書（三）》（上海：上海古籍出版社，2003
年 12 月），頁 197。

問題的，帔或敗衣不可能是敝的本義。」〔註202〕簡文可能是省去「攴」

形，再加上義符「衣」。故「🔲」字從尚聲，與帛書本、今本作「敝」

通同。也可能簡文作「補」取「敗衣」義，帛書本、今本「敝」是

形容甕壞掉之義。〔註203〕

陳惠玲之說可從。「🔲」從尚聲，與阜陽本、帛書本、今本「敝」皆以「尚」

為聲符，可通假。

今本「漏」與上博本「縷」、阜陽本「屢」，上古音皆為來紐侯部，可通

假，但帛書本「句」上古音為見紐侯部，來紐、見紐可通，如「各」上古音

見紐鐸部，從「各」得聲之「洛」、「駱」上古音為來紐鐸部，故可通假。又

于豪亮以為「敝句」即「敝笱」，『井瀆射付唯敝句』的意思是：井溝之中只

能生長小鯽魚，以弓矢射魚，又安設破笱捕魚，弓矢不能射中小魚，破笱也

無法捕小魚。這是比喻勞而無功。」〔註204〕於文義亦通。

【爻辭釋讀】

〈象〉曰：

「井谷射鮒」，无與也。（頁110）

王弼《注》：

鮒，謂初也。失井之道，水不上出，而反下注，故曰「甕敝漏」也。

夫處上宜下，處下宜上，井已下矣，而復下注，其道不交，則莫之

與也。（頁110）

孔穎達《正義》：

井之為德，以下汲上。九二上无其應，反下比初，施之于事，正似

谷中之水，下注敝鮒，井而似谷，故曰「井谷射鮒」也。鮒謂初也，

〈子夏傳〉云：「井中蝦蟆，呼為鮒魚也」。「甕敝漏」者，井而下注，

失井之道，有似甕敝漏水，水漏下流，故曰「甕敝漏」也。（頁110）

朱熹《易本義》：

九二剛中，有泉之象。然上无正應，下比初六，功不上行，故其象

如此。（頁182）

〔註202〕裘錫圭〈說字小記‧說敝〉，《古文字論集》，（北京：中華書局1882年8月），
　　　　　頁636。
〔註203〕陳惠玲：《《上海博物館藏戰國楚竹書（三）‧周易》研究》（臺灣師範大學國
　　　　　文教學所碩論，2005年8月），頁601～602。
〔註204〕于豪亮：〈帛書《周易》〉，《文物》1984年第3期，頁18。

南懷瑾、徐芹庭《周易今註今譯》：

> 九二以陽處陰，在井之時，有井谷之下，注入小魚，不能爲人所用
> 的象徵。就好像以壞的瓶子汲水而漏水於下的現象。（頁 304）

　　玉姍案：九二爲陽爻，本可以養人濟物，但是因爲處下卦之中，不得位，
又與九五不應，因此沒有奧援。就像井水應該向上養人，今反向下注射，像
谿谷出水，只能養井底的初六之鮒，汲水的甕也破漏不堪用。〈子夏傳〉以爲
「鮒魚」是指「井中蝦蟆」可能是由「井底之蛙」成語而來，筆者以爲此說
似無據，故仍釋「鮒」爲「鮒魚」。上博本作「隹」帛書本作「唯」與今本「甕」
聲韻稍遠。陳惠玲以爲「『唯』字在九二爻中作加強語氣，如《論語‧述而》：
『與其進也，不與其退也。唯何甚！』」〔註205〕此從之。

　　今本「九二：井谷射鮒，甕敝漏。」意思是：九二失位而無應，象徵谿
谷出水，只能向下注養井底的初六鮒魚，汲水的甕也破漏不堪用。

　　上博本作「九二：汬浴弆豜，隹袖縷。」意思是：九二失位又與九五無
應，象谿谷出水，只能注下養井底的初六鮒魚，猶如破敗的衣服不堪使用。

　　阜陽本作「九二：井谷射鮒，甕敝屢。卜半及家彼半……」其意與今本
同。

　　帛書本作「九二：井瀆射付，唯敝句。」意思是：九二失位而無應，象
谿谷出水，只能注下養井底的初六鮒魚，猶如破敗的竹笥不堪使用。

1. 上博《周易》：九晶：汬杕不飤，為我心㥪。可㠯汲，王明，並受
   丌福。

2. 阜陽《周易》：九三：井渫不食，為我心惻。可用汲，王明，並受
   其福。

3. 帛書《周易》：九三：井茝不食，為我心塞。可用汲，王明，並受
   其福。

4. 今本《周易》：九三：井渫不食，為我心惻。可用汲，王明，並受
   其福。

【文字考釋】

　　阜陽本九三爻辭殘，據今本補。

〔註205〕陳惠玲：《《上海博物館藏戰國楚竹書（三）‧周易》研究》（臺灣師範大學國
　　　　文教學所碩論，2005 年 8 月），頁 602。

（一）今本「井渫」之「渫」，上博本「┦（枓）」，帛書本作「芷」。

　　玉姍案：張立文以爲「芷」疑作「葉」或「枼」，與「渫」音近相通。〔註206〕此從之。

　　上博本「枓」上古音見紐幽部，與帛書本「芷（枼）」上古音喻紐盍部、今本「渫」上古音心紐月部聲韻皆不近。孟蓬生認爲「枓」當是「斵」字之借，二字古音均在幽部，故可以相通。……「斵」與「渫」字異義同。……斵斜（抒）浚渫均有淘井義，故輾轉相訓。」〔註207〕「斵」上古音爲見紐幽部，與簡文「枓」上古音見紐幽部，聲韻皆同可通，「斵」有「浚」義，即「除去」義，和帛書本作「芷」、今本作「渫」（淘井）意思類似。此從孟蓬生之說。

（二）今本「爲我心惻」之「惻」，上博本「🔲（寒）」，帛書本作「塞」。

　　玉姍案：今本「爲我心惻」之「惻」，上博本「寒」，帛書本作「塞」。濮茅左以爲：「寒，……或讀爲『愆』，《說文·心部》：『愆，過也，从心，衍聲。』……『心寒』，心中過失，追悔之意。」〔註208〕季師旭昇以爲本簡此字逕釋爲「寒」即可，……『寞』、『塞』、『惻』上古音均在職部，可以通。或讀爲『愆』的原因，可能是跟『寒』形相混，『寒』在元部，與『塞』、『惻』上古音相去較遠。『爲我心惻』謂：使我心中悽惻不安。」〔註209〕陳惠玲以爲：

　　「🔲」字，從寞從心，與「寒」字形無涉。「寞」，甲骨文作🔲（《粹》945），金文作🔲（寞公孫𦥑父匜），有雙手持玉報賽於宗廟神祇的意思，《說文》：「寞，室也。」何琳儀認爲訓室之寞本應作塞。〔註210〕「賽」字，從貝，寞聲，寞之繁文，「賽」楚系文字作🔲（《望》1.2）、🔲（《望》1.11）、🔲（《包》1.149）。由此，簡文「🔲」字應是從心寞聲，字形上省了「雙手之形」。「寒」，金文作🔲（寒妘鼎）、🔲（克鼎），漢文字作🔲（老子乙前110下），……「寒」字是從宀、人在茻中，會寒冷之意……「寒」與「賽」字形結構全然不同，不應混爲同字。「寒」上古音爲匣紐元韻字，與帛書本作「塞」（心紐

〔註206〕張立文（張憲江）：《周易帛書今注今譯》（台北：台灣學生書局，1991年），頁318。
〔註207〕孟蓬生：〈上博竹書（三）字詞考釋〉，簡帛研究網站2004年4月26日。
〔註208〕馬承源主編：《上海博物館藏戰國楚竹書（三）》（上海：上海古籍出版社，2003年12月），頁197。
〔註209〕季師旭昇：〈《上博三·周易》零釋七則〉，簡帛研究網站2004年4月24日。
〔註210〕何琳儀：《戰國古文字典》（北京：中華書局，1998年9月），頁114。

職部），今本作「惻」（初紐職部），聲韻關係並不近，且同簡「寒」

字作「**𡫳**」，與此字作「**𢛢**」不類，故簡文此字不做「寒」字解。……

也有可能簡文「𢛢」從心、寅聲，就是「惻」的異體字。〔註211〕

　　陳惠玲分析字形可從。簡文「**𢛢**」字應是從心寅聲，字形上省了「雙手

之形」。「𢛢」、「塞」皆由「寅」得聲，上古音心紐職部，「惻」上古音初紐職

部，聲近韻同可通假。

【爻辭釋讀】

　　〈象〉曰：

　　　　「井渫不食」，行惻也，求「王明」，受福也。（頁110）

《周易集解》引荀爽云：

　　　　渫去穢濁，清潔之意也。三者得正，故曰「井渫」。不得據陰，喻不

　　　　得用，故曰「不食」。道既不行，故「我心惻」。謂五「可用汲」三，

　　　　則「王」道「明」而天下「井受其福」。（頁433）

王弼《注》：

　　　　渫，不停污之謂也。處下卦之上，復得其位，而應于上，得井之義

　　　　也。當井之義而不見食，脩己全潔而不見用，故「爲我心惻」也。

　　　　爲，猶使也。不下注而應上，故「可用汲」也。（頁110）

孔穎達《正義》：

　　　　渫，治去穢污之名也。井被渫治，則清潔可食。九三處下卦之上，

　　　　異初六「井泥」之時，得位而有應于上，非「射鮒」之象。但井以

　　　　上出爲用，猶在下體，未有成功。功既未成，井雖渫治，未食也，

　　　　故曰「井渫不食」也。爲、猶使也。井渫而不見食，猶人脩己全潔

　　　　而不見用，使我心中惻愴，故曰「爲我心惻」也。不同九二下注而

　　　　不可汲也，有應于上，是可汲也。井之可汲，猶人可用。若不遇明

　　　　王，則滯其才用。若遭遇賢主，則申其行能。賢主既嘉其行，又欽

　　　　其用，故曰「可用汲，王明，並受其福」也。（頁110）

朱熹《易本義》：

　　　　渫，不停污也。井渫不食，而使人心惻，可用汲矣。王明，則汲井

　　　　以及物，而施者受者，並受其福也。九三以陽居陽，在下之上，而

〔註211〕陳惠玲：《《上海博物館藏戰國楚竹書（三）・周易》研究》（臺灣師範大學國
　　　　文教學所碩論，2005年8月），頁605。

未爲時用，故其象占如此。（頁 182）

南懷瑾、徐芹庭《周易今註今譯》：

> 九三以陽居陽位，在井卦之時，有井已清潔了，而不被人食用的象
> 徵，這是使我們爲之而傷惻的，既清潔，則吾人宜汲而食用。正如
> 國家之內，王如賢明的話，則天下必同受其福。（頁 304）

玉姍案：九三以剛居陽，可謂得位應上，但因還在下卦，未能發揮，猶如井已經疏濬好了，卻沒有被汲取；象徵修己全潔而不被見用，因此令我心悽惻。井可以汲用，猶如臣子如能遇明主，嘉其行，欽其用，就能「並受其福」。

今本「九三：井渫不食，爲我心惻。可用汲，王明，並受其福。」意思是：九三得位應上卻未能發揮，猶如井已疏濬，卻未被汲取；象徵修己全潔而不被見用，因此我心悽惻。井水可以被汲用，猶如臣能遇明主，而能並受其福。

上博本作「九晶：㽃杸不飮，爲我心寋。可㠯汲，王明，並受丌福。」帛書本作「九三：井荠不食，爲我心塞。可用汲，王明，並受其福。」意均與今本同。

1. 上博《周易》：六四：㽃䲛，亡咎。
2. 阜陽《周易》：六四：井甃，无咎。
3. 帛書《周易》：六四：井椒，无咎。
4. 今本《周易》：六四：井甃，无咎。

【文字考釋】

阜陽本六四爻辭殘，據今本補。

（一）今本「井甃」之「甃」，上博本作「䲛」（䲛），帛書本作「椒」。

玉姍案：今本「甃」，上古音莊紐幽部，帛書本「椒」上古音精紐幽部，聲紐皆爲齒音，韻部相同，可以通假。

上博本「䲛」，濮茅左隸定爲「䲛」字，可從。濮茅左以爲「䲛」讀爲「扶」，[註212] 但「扶」上古音奉紐魚部，「甃」，上古音爲莊紐幽部，唇音與齒音不

〔註212〕馬承源主編：《上海博物館藏戰國楚竹書（三）》（上海：上海古籍出版社，2003年 12 月），頁 198。

近，要相通恐不易。孟蓬生以爲「鱬字的兩構件均可看作聲符，且均與予聲、余聲相通，則在本簡中可讀爲『抒』或『斜』。簡文意爲：井淘治乾淨了，不會有凶咎。」〔註213〕陳惠玲以爲「本文疑當從膚，鼠聲，讀爲『疏』，有滌除的意思，即對井中的污穢加以排除、疏通。……『鱬』上古音爲書紐魚部，『疏』上古音爲審紐魚部，二字上古音爲舌音魚部字，可通作。『疏』和今本作『甃』上古音爲莊紐幽部，上古舌、齒音有相通之例，且魚幽旁轉，二字相通假。」〔註214〕

　　陳惠玲以爲通假爲「疏」，較孟蓬生以爲通假爲「抒／斜」更能明顯表達出整頓、治理之意，故從陳惠玲之說。「鱬」疑當從膚，鼠聲，讀爲「疏」，有滌除的意思，即對井中的污穢加以排除、疏通。

【爻辭釋讀】

　　〈象〉曰：

　　　　「井甃，无咎」，脩井也。（頁110）

《周易集解》引荀爽云：

　　　　坎性下降，嫌于從三。能自修正，以甃輔五，故「无咎」也。（頁434）

王弼《注》：

　　　　得位而无應，自守而不能給上，可以修井之壞，補過而已。（頁110）

孔穎達《正義》：

　　　　「六四，井甃无咎」者，案：〈子夏傳〉曰：「甃亦治也，以磚壘井，脩井之壞，謂之爲甃。」六四得位而无應，自守而已，不能給上，可以脩井崩壞，施之于人，可以脩德補過，故曰「井甃无咎也」。（頁110）

朱熹《易本義》：

　　　　以六居四，雖得其正，然陰柔不泉，則但能脩治而无及物之功，故其象爲井甃，而占則无咎。占者能自脩治，則雖无及物之功，而亦可以无咎矣。（頁183）

〔註213〕孟蓬生：〈上博竹書《周易》的兩個雙聲符字〉，簡帛研究網站 2004 年 3 月 31 日。

〔註214〕陳惠玲：《《上海博物館藏戰國楚竹書（三）‧周易》研究》（臺灣師範大學國文教學所碩論，2005 年 8 月），頁 609～610。

南懷瑾、徐芹庭《周易今註今譯》：

> 六四在井之時，以陰處陰，有井已修好的現象，這是無咎的。（頁305）

玉姍案：六四以柔居陰，得位卻無應，自守而不能給上，有如只能修補水井的損壞之處，補過而已；這樣是無咎的。王弼以下學者多從此立說，此亦從之。

今本「六四：井甃，无咎。」意思是：六四得位無應，象井已修治，但不能上給養人，這是無咎的。

上博本作「六四：菜鱐（疏），亡咎。」意思是：六四得位無應，象井已疏通，但不能上給養人，這是無咎的。

帛書本作「六四：井椒，无咎。」其意與今本同。

1. 上博《周易》：九五：菜㷉寒湶，飤。
2. 阜陽《周易》：九五：井厲 寒泉，食。
3. 帛書《周易》：九五：井戾寒湶，食。
4. 今本《周易》：九五：井洌寒泉，食。

【文字考釋】

阜陽本九五爻辭殘，據今本補。

（一）今本「井洌寒泉」之「洌」，上博本作「㷉」，阜陽本作「厲」，帛書本作「戾」。

玉姍案：今本「洌」與阜陽本「厲」上古音同爲來紐月部，帛書本「戾」上古音來紐質部，三字聲紐相同，月、質旁轉，故「洌」、「厲」、「戾」可相通假。

上博本「㷉」，濮茅左隸定爲「㷉」，以爲「『㷉』，從水，圂聲，疑『圂』爲『烈』之或體，或釋『圂』爲『圂』，籀文『銳』。」〔註215〕季師以爲「㷉（㷉）」應即「洌」字，與今本同字：

> 從「㷅」或「匛」形所構字，舊見包山楚簡，如《滕編》頁351 隸爲「圂」的字形有：㣙（《包》2.77）、㣙（《包》2.82）、㣙（《包》

〔註215〕馬承源主編：《上海博物館藏戰國楚竹書（三）》（上海：上海古籍出版社，2003年12月），頁198。

2.42)、（《包》2.42）；頁 871 隸爲「戡」的字形有：（《包》
2.3)、（《包》2.10）等。舊多據《說文》「湛」之古文作「」、
《古文四聲韻》「湛」字作（古老子）、（崔希裕纂古）、《說文》
「銳」之籀文作「」來思考此字。但《上博二・容成氏》簡 16
有「役」，李零考釋隸「癘役」，謂：「上字，楚簡或用爲『列』，
疑是古『烈』字。」《上博三・周易》簡 45「」字，馬王堆本作
「戾」，今本作「洌」；簡四十九亦有類似字形作「」，馬王堆本作
「戾」，今本作「列」。綜合以上資料，疑此字應從「炎」，「炎」從
匚、從二火，會烈火燒匚（匚、區之初文，象一個的區域、或隱蔽
之地，戰國文字「或（域）」、「區」多從此形）之意，爲「烈」之象
意本字。「炎」、「圂」則讀爲「列」；《說文》訛爲「剚」，又誤以爲
「銳」之籀文。「烈、列」（來／月）、「銳」（喻／月），韻同，聲母
同爲舌音，音近可通。至於《說文》「湛」之作「」，可能是另一
個不同來源的字形，「湛」（定／侵）、「淡」（定／談）、「剡」（定／
談）音近可通。據此，《上博三・周易》簡 45「」應即「洌」字，
與今本同字。〔註216〕

　　季師以爲上方左旁部件「炎」從匚、從二火，會烈火燒匚之意，爲「烈」
的象意本字，「」即「洌」字，其說於形音義皆可通，故從之。

【爻辭釋讀】

　　〈象〉曰：

　　　「寒泉」之食，中正也。（頁 110）

王弼《注》：

　　　洌，潔也。居中得正，體剛不撓，不食不義，中正高潔，故「井洌
　　　寒泉」，然後乃「食」也。（頁 110）

孔穎達《正義》：

　　　餘爻不當貴位，但脩德以待用。九五爲卦之主，擇人而用之。洌，
　　　潔也。九五居中得正，而體剛直。既體剛直，則不食污穢，必須井
　　　潔而寒泉，然後乃食。以言剛正之主，不納非賢，必須行潔才高，
　　　而後乃用，故曰「井洌寒泉，食」也。（頁 110）

〔註216〕季師旭昇主編：《上海博物館藏戰國楚竹書（三）讀本》（台北：萬卷樓，2005
　　　年 10 月），頁 129。

朱熹《易本義》：

> 洌，潔也。陽剛中正，功及於物，故爲此象，占者有其德，則契其
> 象也。（頁 183）

南懷瑾、徐芹庭《周易今註今譯》：

> 九五陽剛中正，當井卦之時，有井水甘潔，其泉芳涼，可爲眾人食
> 用的象徵。（頁 305）

玉姍案：王弼、孔穎達以爲九五居中得位，象徵君子剛直，唯賢才是用；
就好比只飲用潔淨之寒泉。其餘各家說法亦可通，此從王、孔之說。

今本「九五：井洌寒泉，食。」意思是：九五居中得位，象徵君子剛直，
唯賢才是用，好比一定要清洌的井水才肯飲用。

上博本作「九五：菾㓝寒淁，飲。」阜陽本作「九五：井㕧寒泉，食。」
帛書本作「九五：井戾寒淁，食。」其意與今本同。

1. 上博《周易》：上六：菾杸。勿寞又孚，元吉。
2. 阜陽《周易》：上六：井收。勿幕有孚，元吉。
3. 帛書《周易》：尚六：井收。勿幕有復，元吉。
4. 今本《周易》：上六：井收。勿幕有孚，元吉。

【文字考釋】

阜陽本上六爻辭殘，據今本補。

【爻辭釋讀】

〈象〉曰：

> 「元吉」在上，大成也。（頁 110）

王弼《注》：

> 處井上極，水已出井，井功大成，在此爻矣，故曰「井收」也。群
> 下仰之以濟，淵泉由之以通者也。幕猶覆也。不擅其有，不私其利，
> 則物歸之，往无窮矣，故曰「勿幕有孚，元吉也」。（頁 110）

孔穎達《正義》：

> 凡物可收成者，則謂之收，如五穀之有收也。上六，處井之極，「水
> 已出井，井功大成」者也，故曰「井收」也。「勿幕有孚，元吉」者，
> 幕，覆也。井功已成，若能不擅其美，不專其利，不自掩覆，與眾

共之，則爲物所歸，信能致其大功，而獲元吉，故曰「勿幕有孚，元吉」也。（頁110）

朱熹《易本義》：

收，汲取也。晁氏云：收，鹿盧收繘者也，亦通。幕，蔽覆也。有孚，謂其出有源而不窮也。井以上出爲功，而坎口不揜，故上六雖非陽剛，而其象如此，然占者應之，必有孚乃元吉也。（頁183）

南懷瑾、徐芹庭《周易今註今譯》：

上六當位，居井卦之上，它有井水可爲眾人收而取用的象徵，井水既爲人所收用，故不必蓋子，井水自然有孚信，源源而來。這是大吉的。（頁306）

玉姍案：上六處井之上極，象徵水已經出井，井的功用算是大功告成了，所以稱之爲「井收」。不掩覆其井，與大家共同享有，各方人民便會來歸附，而能得元吉。

今本「上六：井收。勿幕有孚，元吉。」意思是：上六處井之上極，象水能出井，可收井之大功用。不掩覆其井，與大家共享，有孚信而致功，可獲元吉。

上博本作「上六：汬杒。勿寞又孚，元吉。」帛書本作「尙六：井收。勿幕有復，元吉。」其意與今本同。

第四十九節　革　卦

一、卦名釋義

《說文》：「革，獸皮治去其毛革曰革。革，更也。象古文革之形。」（頁108）小篆「革」作「革」，季師旭昇云：「小篆爲秦系文字，古文爲六國文字，小篆不可能『象古文革之形』。楚系文字作🔶（《上.三》47），以古文字而言，「口」形往往象獸頭，中豎爲獸皮，兩手剝開，會製革之意。」〔註217〕季師之說可從。「革」之原義爲製革，引伸有改革、變革之義，革卦取「變革」之引伸義。

〈序卦〉曰：「井道不可不革也，故受之以革。」（頁188）水井容易積穢

〔註217〕參季師旭昇：《說文新證・上》（台北：藝文印書館，2002年10月），頁174。

汙濁，因此須要革除推新，所以井之後爲革卦。

今本革卦卦畫作「䷰」，上兌澤，下離火。〈象〉曰：「澤中有火，革。君子以治曆明時。」（頁 110）水澤之中有離火，水火相克，因此有變革。君子體察四時日夜的變化，治定曆法，昭明天下。

二、卦爻辭考釋

（一）卦辭考釋

1. 上博《周易》：革：攺日𠧴孚，元羕貞，秎貞，㥁亡。
2. 阜陽《周易》：革：巳日乃孚，元亨利貞，悔亡。
3. 帛書《周易》：勒：巳日乃復，元亨利貞，悔亡。
4. 今本《周易》：革：巳日乃孚，元亨利貞，悔亡。

【文字考釋】

阜陽本、帛書本卦辭殘，據今本補。帛書本、今本作「元亨利貞」，上博本作「元羕貞，秎貞」。兩版本出入甚大，可能是傳本不同所致。

（一）今本「巳日」之「巳」，上博本作「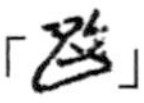」。

玉姍案：上博本作「」，濮茅左隸定作「攺」，以爲「攺日」是逐鬼禳祟之日。〔註 218〕陳惠玲以爲：

> 楚簡本作「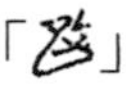」，原考釋依形隸定作「攺」，並據《說文》「攺，𣪠攺，大剛卯㠯逐鬼也」，釋爲「逐鬼禳祟之日」。簡文此字依形隸作「攺」，可從。然釋「攺日」爲「逐鬼禳祟之日」，則可不必。「攺」實即今之「改」字。今本作「巳」，與「攺」可通。但「巳」、「攺」皆讀作「巳」。「攺日」有「過往之義」。〔註 219〕

陳惠玲之說可從。「改、「攺」實爲一字，「巳」與「攺」可通。「攺日」即「過往之日」。

【卦辭釋讀】

〈象〉曰：

〔註 218〕馬承源主編：《上海博物館藏戰國楚竹書（三）》（上海：上海古籍出版社，2003 年 12 月），頁 199。

〔註 219〕陳惠玲：《《上海博物館藏戰國楚竹書（三）‧周易》研究》（臺灣師範大學國文教學所碩論，2005 年 8 月），頁 620。

革，水火相息，二女同居，其志不相得，曰「革」。「巳日乃孚」，革
而信之。文明以説，大亨以正，革而當，其悔乃亡。天地革而四時
成，湯武革命，順乎天而應乎人，革之時大矣哉！（頁111）

〈象〉曰：

澤中有火，革。君子以治曆明時。（頁111）

王弼《注》：

巳日而不孚，革不當也。悔吝之所生，生乎變動者也。革而當，其
悔乃亡也。（頁111）

孔穎達《正義》：

「革」者，改變之名也。此卦明改制革命，故名「革」也。夫民情
可與習常，難與適變，可與樂成，難與慮始。故革命之初，人未信
服，所以即日不孚，巳日乃孚也。爲革而民信之，然後乃得大通而
利正也。悔吝之所生，生乎變動，革之爲義，變動者也。革若不當，
則悔吝交及，如能大通利貞，則革道當矣。爲革而當，乃得亡其悔
吝，故曰元亨利貞，悔亡。（頁111）

朱熹《易本義》：

革，變革也。兑澤在上，離火在下。火然則水乾，水決則火滅。中
少二女，合爲一卦，而少上中下，志不相得，故其卦爲革也。變革
之初，人未之信，故必巳日而後信。又以其内有文明之德，而外有
和説之氣，故其占爲有所更革，皆大亨而得其正，所革皆當，而所
革之悔亡也。一有不正，則所革不信不通，而反有悔矣。（頁185）

南懷瑾、徐芹庭《周易今註今譯》：

革卦，革新，要等天命巳至之日，乃能孚信于萬民。大成而利于正，
斯無後悔。（頁306）

陳惠玲《《上海博物館藏戰國楚竹書（三）・周易》研究》：

「巳日」説法有五：一爲「過往之義」如王弼、孔穎達；二爲「天
命已至之日」如干寶、南懷瑾、徐芹庭；三爲「十干的己日」有虞
翻、朱熹；四爲「祀社之日」如于省吾《易經新證》、〔註220〕高亨
《周易古經今注》；〔註221〕五爲「改革之日」如顧炎武、吳棱雲、

〔註220〕于省吾《易經新證》，（台北：藝文印書館，1975年9月），頁146。
〔註221〕高亨《周易古經今注》（台北：文笙書局，1981年3月），頁169。

　　　　屈萬里。〔註222〕以義理而言，第一及第五說最好。〔註223〕

　　玉姍案：歷代以來「巳日」說法有五，陳惠玲整理詳盡，故不再贅敘，若依今本「巳（己）日」可解爲已過往之日，若依上博本「改（改）日」可解爲「改革之日」。

　　革卦卦畫作「☲」，上兌澤，下離火，水火相剋，象徵改革手段若求速成激烈，人民必然難以接受。必須經過一段適應期之後，才能取信於民。改革得當，就能元亨利貞，沒有悔恨。

　　今本「革：巳日乃孚，元亨利貞，悔亡。」意思是：革卦上澤下火，象徵改革激烈，人民難以適變，須經過一段適應期，才能取信於民，改革得當，就能元亨利貞而無悔。

　　上博本作「革：改日囟孚，元亲貞，秒貞，姆亡。」意思是：革卦上澤下火，象徵改革激烈，人民難以適變，改革後須經過一段適應期，才能取信於民，改革得當，就能大通永貞，利於貞正而無悔。

（二）爻辭考釋

1. 上博《周易》：初九：娿用黃牛之革。
2. 阜陽《周易》：初九：鞏用黃牛之革。
3. 帛書《周易》：初九：共用黃牛之勒。
4. 今本《周易》：初九：鞏用黃牛之革。

【文字考釋】

　　阜陽本初九爻辭殘，據今本補。

（一）今本「鞏用黃牛之革」之「鞏」，上博本作「娿」、帛書本作「共」。

　　玉姍案：上博本「娿」，濮茅左隸定爲「娿」，讀爲「鞏」。〔註224〕可從。今本「鞏」，上博本作「娿（娿）」、帛書本作「共」，「娿」、「鞏」皆「巩」聲，可通假。「鞏」上古音見紐東部，「共」上古音群紐東部，兩字韻同聲近，可通假，如帛書《周易》辰卦：「辰昔昔，視懼懼，正凶。」「懼」（群紐魚部），

〔註222〕屈萬里：《讀易三種》（台北：聯經出版事業公司，1984年），頁298。
〔註223〕陳惠玲：《《上海博物館藏戰國楚竹書（三）·周易》研究》（臺灣師範大學國文教學所碩論，2005年8月），頁623。
〔註224〕馬承源主編：《上海博物館藏戰國楚竹書（三）》（上海：上海古籍出版社，2003年12月），頁200。

今本作「鞏」（見紐鐸部）。

【爻辭釋讀】

〈象〉曰：

「鞏用黃牛」，不可以有爲也。（頁 111）

《周易集解》引虞翻注：

得位无應，動而必凶，故「不可以有爲也」。（頁 438）

王弼《注》：

在革之始，革道未成，固夫常中，未能應變者也。此可以守成，不
可以有爲也。鞏，固也。黃，中也，牛之革，堅仞不可變也。固之
所用常中，堅仞不肯變也。（頁 111）

孔穎達《正義》：

鞏，固也。黃，中也。牛革，牛皮也。「革」之爲義，變改之名，而
名皮爲革者，以禽獸之皮，皆可「從革」，故以喻焉。皮雖從革之物，
然牛皮堅仞難變。初九在革之始，革道未成，守夫常中，未能應變，
施之于事，有似用牛皮以自固，未肯造次以從變者也，故曰「鞏用
黃牛之革」也。（頁 111）

朱熹《易本義》：

雖當革時，居初无應，未可有爲，故爲此象。鞏，固也。黃，中色
牛，順物。革，所以固物，亦取卦名而義不同也。其占爲當堅確固
守，而不可以有爲。人之於變革，其謹如此。（頁 185）

南懷瑾、徐芹庭《周易今註今譯》：

初九居革之初始，不可以動，所以有用黃牛的皮革堅固的綑縛，不
可以改變的象徵。（頁 309）

　　玉姍案：初九處革之始，象徵變革之初，此時不宜躁進，只可守成不可
有爲。應當自固守常，如堅韌難變之黃牛皮革。王弼以下學者多從此立說，
此亦從之。

　　今本作「初九：鞏用黃牛之革。」意思是：初九處革卦之始，不可有爲。
應當自固守常，如堅韌難變之黃牛皮革。

　　上博本作「初九：娿用黃牛之革。」帛書本作「初九：共用黃牛之勒。」
意思與今本同。

1. 上博《周易》：六二：改日乃革之，征吉，亡咎。
2. 阜陽《周易》：六二：巳日乃革之，征吉，无咎。
3. 帛書《周易》：六二：巳日乃勒之，正吉，无咎。
4. 今本《周易》：六二：巳日乃革之，征吉，无咎。

【文字考釋】

阜陽本、帛書本六二爻辭殘，據今本補。

【爻辭釋讀】

〈象〉曰：

「巳日革之」，行有嘉也。（頁111）

王弼《注》：

陰之爲物，不能先唱，順從者也。不能自革，革巳乃能從之，故曰「巳日乃革之」也。二與五雖有水火殊體之異，同處厥中，陰陽相應，往必合志不憂咎也，是以征吉而无咎。（頁111）

孔穎達《正義》：

陰道柔弱，每事順從，不能自革，革巳日乃能從之，故曰「巳日乃革之」。與五相應，「同處厥中，陰陽相應，往必合志，不憂咎也」，故曰「征吉，无咎」。二五雖是相應，而水火殊體，嫌有相剋之過，故曰「无咎」。（頁111）

朱熹《易本義》：

六二柔順中正而爲文明主，有應於上，於是可以革矣。然必巳日然後革之，則征吉而无咎。戒占者猶未可遽變也。（頁185～186）

南懷瑾、徐芹庭《周易今註今譯》：

六二以陰居陰位，當位而中，又有應于九五，所以有「天命巳至之日，即可改革它」的象徵，這是可以前往而獲吉，沒有災咎的。（頁309）

玉姍案：六二陰柔，只能順從不能自己倡導改革，象徵要在別人發動改革之後才能跟進。六二與九五相應，雖有水火殊體的不同，但相應前往必合志，因此能無災咎。王弼以下學者多從此立說，此亦從之。

今本「六二：巳日乃革之，征吉，无咎。」意思是：六二陰柔順從，必須等待改革日子巳至，他人先發動改革，然後才跟進。此時前往與九五相應

能獲吉而無咎。

上博本作「六二：攺日乃革之，征吉，亡咎。」帛書本作「六二：巳日乃勒之，正吉，无咎。」意思與今本同。

1. 上博《周易》：九晶：征凶。革言晶就，又孚。
2. 阜陽《周易》：九三：征凶，貞厲。革言三就，有孚。
3. 帛書《周易》：九三：征凶，貞厲。勒言三就，有復。
4. 今本《周易》：九三：征凶，貞厲。革言三就，有孚。

【文字考釋】

阜陽本、帛書本九三爻辭殘，據今本補。

（一）上博本與阜陽本、帛書本相較，少「貞厲」二字

玉姍案：上博本爻辭作「九晶：征凶，革言晶就，又孚」；帛書本作「九三：征凶，貞厲，勒言三就，有復」；今本作「九三：征凶，貞厲，革言三就，有孚」。由各版本對照看來，上博本少「貞厲」二字。可能為抄手漏誤而致，亦可能最早版本無「貞厲」二字，漢朝以後學者補加，以豐富完整爻辭。

【爻辭釋讀】

〈象〉曰：

「革言三就」，又何之矣。（頁111）

《周易集解》引荀爽云：

過剛不中，居離之極，躁動於革者也，故其占有征凶貞厲之戒。然其時則當革，故至於革言三就，則亦有孚而可革也。（頁439～440）

孔穎達《正義》：

九三陽爻剛壯，又居火極，火性炎上，處革之時，欲征之使革。征之非道，則正之危也，故曰「征凶，貞厲」。所以征凶致危者，正以水火相息之物，既處于火極上之三爻，水在火上，皆「從革」者也。「自四至上，從命而變」，不敢有違，則「從革」之言三爻並成就不虛，故曰「革言三就」，其言實誠，故曰「有孚」也。既「革言三就有孚」，「從革」已矣，而猶征之，則凶，所以「征凶」而「厲貞」。（頁111）

朱熹《易本義》：

過剛不中，居離之極，躁動於革者也，故其占有征凶貞厲之戒。然其時則當革，故至於革言三就，則亦有孚而可革也。（頁 185～186）

南懷瑾、徐芹庭《周易今註今譯》：

九三居內卦之極，在改革之時，雖當位，但居三多凶之位，故前往有凶事，而守正不變，又有危厲。如能於改革之際，詳審再三，就能有孚信了。（頁 310）

季師旭昇以爲：

「言」，各家多依字解，謂言語；高亨先生則釋爲「罪辛」，似皆難通。疑此處當用爲連詞，如《詩經》「靜言思之」、「駕言出游」等，語譯作「而」，則「革言三就」似可語譯爲「改革而有三爻來依附」。〔註225〕

陳惠玲《《上海博物館藏戰國楚竹書（三）·周易》研究》：

「革言三就」古今學者意見紛紜。「就」大致有六種説法：一爲「隨就、從命之意」，如王弼、孔穎達以爲革卦外卦三爻，從革之言而變，不敢有爲。二爲「歷史事件」，如崔覲以爲「武王克紂，不即行周命，乃反商政，一就也，釋箕子囚，封比干墓，式商容閭，二就也，散鹿台之財，發鉅橋之粟，大賚于四海，三就也」。〔註226〕三爲「刑罰」，如高亨以爲「有罪者更改其供辭……三就者或就刑於野，或就刑於朝，或就刑於市也」。四爲「重、匝」，如屈萬里引周悅讓《倦游菴槧記卷二》：「周禮巾車注：『士喪禮下篇曰：馬纓三就。禮家説曰：纓當胸，以削革爲之。三就，三重、三匝也。』云云，本經三就，義同。」〔註227〕五爲「即，遇也」，如尚秉和以爲「革言三就有孚者，言三雖得敵，不能應上。若上六即三，則甚順利而有孚也。」〔註228〕六爲「再、次」，如南懷瑾、徐芹庭直譯爲「改革之際，詳審再三」，……諸多解釋，以王、孔之説最能合卦象、義理，故從之。〔註229〕

〔註225〕季師旭昇主編《上海博物館藏戰國楚竹書（三）讀本》，（台北：萬卷樓，2005年10月）。

〔註226〕（唐）李鼎祚撰，李一忻點校《周易集解》，（北京：九州出版社，2003年3月），頁622。

〔註227〕屈萬里：《讀易三種》（台北：聯經出版事業公司，1984年），頁300。

〔註228〕尚秉和：《周易尚氏學》（北京：中華書局，2003年12月），頁226。

〔註229〕陳惠玲：《《上海博物館藏戰國楚竹書（三）·周易》研究》（臺灣師範大學國

　　玉姍案：「革言三就」說法甚多，陳惠玲整理詳細，故不再贅敘。筆者接受陳氏結論，亦以爲「言」字從季師之說，作連詞「而」之用最佳。「就」，諸舊說中以王弼、孔穎達「隨就、從命」之意較佳，但筆者以爲亦可將「就」釋爲「成就」，先秦典籍中「就」多釋爲「成」，如《論語·顏淵第十二》：「季康子問政於孔子曰：『如殺無道以就有道，何如？』」《注》：「就，成也。」又《儀禮·既夕禮》：「薦馬纓三就入門北面。」《注》：「就，成也。」「革言三就」即改革而多有成效。於文義亦可通。

　　九三剛壯而居火極，處革之時，象徵企圖藉由征討進行變革。但征討則有凶；即使貞正亦有危厲。必須言有誠信，改革而多有成效，才能令百姓順服。

　　今本作「九三：征凶，貞厲。革言三就，有孚。」意思是：九三剛壯，象徵以征討的手段進行改革，是凶的，雖貞正而有危厲。以言而有信的方式進行改革而有成效，連上三爻皆來依附，才能讓人民信服。

　　上博本作「九晶：征凶。革言晶就，又孚。」意思是：九三爻剛壯，象徵以征討的手段進行改革，是凶的。以言而有信的方式進行改革而有成效，連上三爻皆來依附，才能讓人民信服。

　　帛書本作「九三：征凶，貞厲。勒言三就，有復。」意思與今本同。

1. 上博《周易》：九四：悔亡，有孚改命，吉。
2. 阜陽《周易》：九四：悔亡，有孚改命，吉。
3. 帛書《周易》：九四：悔亡，有復苚命，吉。
4. 今本《周易》：九四：悔亡，有孚改命，吉。

【文字考釋】

　　上博本、阜陽本、帛書本九四爻辭殘，皆據今本補。

【爻辭釋讀】

　　〈象〉曰：

　　　　「改命」之吉，信志也。（頁111）

　　《周易集解》引虞翻云：

　　　　《傳》以比桀紂。湯武革命，順天應人，故「改命吉」也。（頁441）

王弼《注》：

> 九四處上卦之下，故能變也。无應，悔也。與水火相比，能變者也，是以「悔亡」。處水火之際，居會變之始，能不固吝，不疑于下，信志改命，不失時願，是以「吉」也，有孚則見信矣。見信以改命，則物安而无違，故曰「悔亡，有孚改命，吉」也。處上體之下，始宣命也。（頁111）

孔穎達《正義》：

> 九四與初，同處卦下。初九處下卦之下，革道未成，故未能變。九四處上卦之下，所以能變也。无應，悔也，能變，故「悔亡」也。處水火之際，居會變之始，能不固吝，不疑于下，信彼改命之志，而能從之，合于時願，所以得吉，故曰「有孚改命，吉」也。（頁111）

朱熹《易本義》：

> 以陽居陰，故有悔。然卦已過中，水火之際，乃革之時，而剛柔不偏，又革之用也，是以悔亡。然又必有孚，然後革乃可獲吉。明占者有其德而當其時，又必有信，乃悔亡而得吉也。（頁186）

南懷瑾、徐芹庭《周易今註今譯》：

> 九四當改革之時，近于九五之君，故沒有悔吝，而有孚信于改命之君，這是吉利的。（頁310）

玉姍案：九四爻處上卦之下，以陽居陰又不與初九相應，本應有悔。但是它是由下卦火轉爲上卦澤的開始，象能改革，所以無悔。有孚信而致力於革新，民能安而無違，所以有吉。

今本「九四：悔亡，有孚改命，吉。」意思是說：九四處水火交際之時，與初九不相應，象能有改革，即可無悔，以孚信而革命，則可得吉。

帛書本作「九四：悔亡，有復苣命，吉。」意思與今本同。

1. 上博《周易》：九五：大人虎變，未占有孚。

2. 阜陽《周易》：九五：大人虎變，未占有孚。

3. 帛書《周易》：九五：大人虎便，未占有復。

4. 今本《周易》：九五：大人虎變，未占有孚。

【文字考釋】

上博本、阜陽本九五爻辭殘，皆據今本補。

（一）今本「大人虎變」之「變」，帛書本作「便」。

玉姍案：「變」上古音幫紐元部、「便」上古音並紐元部，韻同，聲紐皆為唇音，可通假。如《尚書・堯典》：「共工方（幫紐陽部）鳩僝功」，《史記・五帝本紀》：「共工旁（並紐陽部）聚布功」。

【爻辭釋讀】

〈象〉曰：

　　「大人虎變」，其文炳也。（頁111）

王弼《注》：

　　「未占而孚」，合時心也。（頁111）

孔穎達《正義》：

　　九五居中處尊，以大人之德爲革之主，損益前王，創制立法，有文章之美，煥然可觀，有似「虎變」，其文彪炳。則是湯、武革命，廣大應人，不勞占決，信德自著，故曰「大人虎變，未占有孚」也。（頁111）

朱熹《易本義》：

　　虎，大人之象。變，謂希革而毛毨也。在大人則自新新民之極，順天應人之時也。九五以陽剛中正爲革之主，故有此象。占而得此，則有此應，然亦必自其未占之時，人已信其如此，乃足以當之耳。（頁186）

南懷瑾、徐芹庭《周易今註今譯》：

　　九五陽剛中正，當革之時，有大人如虎變可以君臨萬物的象徵。此不必占視，就知有孚信于民。（頁311）

玉姍案：「虎變」，如老虎般威猛的變革。九五居中處尊，以大人之德革新立法，有如老虎般威猛的變革，不勞占決而信德自著。

今本「九五：大人虎變，未占有孚。」意思是：九五以大人之德革新立法，有如老虎般威猛的變革，不勞占決，而信德自著。

帛書本作「九五：大人虎便，未占有復。」意思與今本同。

1. 上博《周易》：上六：君子豹變，小人革面。征凶，居貞吉。

2. 阜陽《周易》：上六：君子豹便，小人革面。武凶，居貞吉。

3. 帛書《周易》：尚六：君子豹便，小人勒 面 。征凶 ，居貞吉。

4. 今本《周易》：上六：君子豹變，小人革面。征凶，居貞吉。

【文字考釋】

上博本、阜陽本、帛書本上六爻辭殘，皆據今本補。

【爻辭釋讀】

〈象〉曰：

「君子豹變」，其文蔚也。「小人革面」，順以從君也。（頁111）

王弼《注》：

居變之終，變道已成，君子處之，能成其文。小人樂成，則變面以順上也。改命創制，變道已成，功成則事損，事損則无爲。故居則得正而吉，征則躁擾而凶也。（頁111）

孔穎達《正義》：

上六居革之終，變道已成，君子處之，雖不能同九五革命創制，如虎文之彪炳，然亦潤色鴻業，如豹文之蔚縟，故曰「君子豹變」也。小人處之，但能變其顏面，容色順上而已，故曰「小人革面」也。革道已成，宜安靜守正，更有所征則凶，居而守正則吉，故曰「征凶，居貞吉」也。（頁111）

朱熹《易本義》：

革道已成，君子如豹之變，小人亦革面以聽從矣。不可以往，而居正則吉。變革之事，非得已者，不可以過，而上六之才，亦不可以有行也，故占者如之。（頁186）

南懷瑾、徐芹庭《周易今註今譯》：

上六得陰陽的正位，在改革之時，所以君子則如豹之變化，文彩爛然，小人則改革其昔日邪惡之面，而成善人，在改革之時，如行而不改則凶，如居而從正以改革則吉。（頁311）

玉姍案：上六居變革終了之時，變道已成，君子處之，而能有如豹紋般彪炳的文彩。小人則能一改對改革不信任的憂容，展開歡顏順上。此時前征則躁擾且凶，安居而得正則吉。王弼以下學者多從此立說，此亦從之。

今本「上六：君子豹變，小人革面。征凶，居貞吉。」意思：上六處變革之終，革道已成，象徵君子有如豹紋般文彩斑爛的改變；小人亦能一改對

改革不信任的憂容，和悅順上。此時前征則凶，居而守正則吉。

　　阜陽本作「上六：君子豹便，小人革面。戔兇，居貞吉。」帛書本作「尙六：君子豹便，小人勒面。征凶，居貞吉。」意思與今本同。

第五十節　鼎　卦

一、卦名釋義

　　《說文》：「鼎，三足兩耳，和五味之寶器也。象析木以炊，貞省聲。昔禹收九牧之金，鑄鼎荊山之下。入山林川澤者，魑魅魍魎，莫能逢之。以協承天休。《易卦》：巽木於下者爲鼎。古文以貝爲鼎。籀文以鼎爲貝。」（頁322）季師《說文新證・鼎》：「本義：三足兩耳，烹煮肉食、熱水的容器，也可以用來盛放肉食、調味品（朱鳳瀚《古代中國青銅器》頁67），異名甚多。《毛詩・周頌・絲衣》：『絲衣其紑，載弁俅俅，自堂徂基，自羊徂牛，鼐鼎及鼒。』甲骨、金文『鼎』字即象鼎形。」〔註230〕孔穎達《正義》：「鼎者，器之名也。自火化之後鑄金，而爲此器以供烹飪之用，謂之爲鼎，亨飪成新，能成新法。然則鼎之爲器，且有二義，一有亨飪之用，二有物象之法，故〈象〉曰：『鼎，象也。明其有法象也。』〈雜卦〉曰：『革去故』而『鼎取新』，明其亨飪有成新之用。此卦明聖人革命，示物法象，惟新其制，有『鼎』之義。」（頁112）鼎爲三足兩耳的烹煮器具，引申有烹飪成新，能成新法。鼎卦之「鼎」取「成新」之義。

　　〈序卦〉曰：「革物者莫若鼎。故受之以鼎。」（頁188）王弼《注》：「革，去。故鼎取新既以去故，則宜制器立法以治新也。鼎所以和齊生物，成新之器也，故取象焉。」（頁113）革去舊制後必須建立新制，故鼎卦在革卦之後。

　　鼎卦今本卦畫作「䷱」，下巽風，上離火。〈象〉曰：「木上有火。鼎，君子以正位凝命。」（頁113）王弼《注》：「凝者，嚴整之貌也。鼎者，取新成變者也。革去故而鼎成，新正位者，明尊卑之序也，凝命者以成教命之嚴也。」孔穎達《正義》曰：「木上有火，即是以木巽火，有亨飪之象，所以爲鼎也。君子以正位凝命者，凝者嚴整之貌也，鼎既成新，即須制法，制法之美，莫若上下有序，正尊卑之位，輕而難犯，布嚴凝之命，故君子象此，以正位凝

命也。」（頁 113）玉姍案：〈說卦〉：「巽爲木、爲風。」象徵將木加進火中，正是以鼎烹飪之象，引申有創立新法制之義。君子觀此而能體會創制新法必須明尊卑之序，並能嚴格執行。

二、卦爻辭考釋

（一）卦辭考釋

1. 上博《周易》：【缺簡】
2. 阜陽《周易》： 鼎：元吉，亨。
3. 帛書《周易》： 鼎：元吉，亨。
4. 今本《周易》：鼎：元吉，亨。

【文字考釋】

阜陽本、帛書本卦辭殘，皆據今本補。

【卦辭釋讀】

〈彖〉曰：

鼎，象也。以木巽火，亨飪也。聖人亨以享上帝，而大亨以養聖賢，巽而耳目聰明，柔進而上行，得中而應乎剛，是以元亨。（頁 112）

王弼《注》：

革去故而鼎取新，取新而當其人，易故而法制齊明，吉然後乃亨。故先元吉而後亨也。鼎者，成變之卦也。革既變矣，則制器立法以成之焉。變而无制，亂可待也。法制應時，然後乃吉；賢愚有別，尊卑有序，然後乃亨，故先元吉而後乃亨。（頁 112）

孔穎達《正義》：

鼎者，器之名也。自火化之後鑄金，而爲此器，以供烹飪之用，謂之爲鼎。亨飪成新，能成新法。然則鼎之爲器，且有二義，一有亨飪之用，二有物象之法，故〈象〉曰：「鼎，象也。明其有法象也。」雜卦曰：「革去故」而「鼎取新」。明其亨飪有成新之用。此卦明聖人革命，示物法象，惟新其制，有鼎之義，「以木巽火」有鼎之象，故名爲「鼎」焉。變故成新，必須當理，故先元吉而後乃亨，故曰「鼎，元吉，亨」也。（頁 112～113）

朱熹《易本義》：

> 鼎，烹飪之器，爲卦下陰爲足，二三四陽爲腹，五陰爲耳，上陽爲
> 鉉，有鼎之象。又以巽木入離火，而致烹飪，鼎之用也，故其卦爲
> 「鼎」。下巽，巽也。上離爲目，而五爲耳，有内巽順而外聰明之象。
> 卦自巽來，陰進居五，而下巽九二之陽，故其占曰「元亨」。「吉」，
> 衍文也。（頁 187）

南懷瑾、徐芹庭《周易今註今譯》：

> 鼎是一種烹飪的形象，以巽木入離火，可以烹煮萬物，這是鼎卦的
> 卦象。聖人烹飪祭品以祭祀上帝，而以大的俸祿以養聖賢，因此能
> 順而耳目聰明，使他的政事通達，庶民和悦。又六五的柔，進而上
> 行，居外卦之中，而下應於九二之剛，所以能得大通之利。（頁 313）

　　玉姍案：鼎之卦畫爲以巽木入離火，正是代表烹飪的形象。聖人以鼎烹
飪祭享上帝，並且給予聖賢豐厚的俸祿，敬天尊賢，是以元吉而亨，故卦辭
爲「鼎：元吉，亨。」朱熹以爲「『吉』，衍文也」，因上博本、阜陽本、帛書
本卦辭皆殘，無法比對，故仍依舊說保留「吉」字。

　　今本「鼎：元吉，亨。」意思是：鼎爲烹飪的形象。聖人用鼎烹飪以敬
天尊賢，是以自元始就能得吉而亨通。

1. 上博《周易》：【缺簡】
2. 阜陽《周易》：初六：鼎顚趾，利出否，得妾以其子，无咎。
3. 帛書《周易》：初六：鼎塡止，利出不，得妾以其子，无咎。
4. 今本《周易》：初六：鼎顚趾，利出否，得妾以其子，无咎。

【文字考釋】

　　阜陽本、帛書本初六爻辭殘，皆據今本補。

（一）今本「鼎顚趾」之「顚」，帛書本作「塡」。

　　玉姍案：「塡」、「顚」皆從「眞」得聲，故可通假。《古今人表》「大塡」，
《新序》作「大眞」，《太平御覽四百四》引《韓詩外傳》作「大顚」。並其證。

【爻辭釋讀】

〈象〉曰：

> 「鼎顚趾」，未悖也。「利出否」，以從貴也。（頁 113）

孔穎達《正義》：

> 趾，足也，凡陽爲實而陰爲虛，鼎之爲物，下實而上虛。初六居鼎
> 之始，以陰處下，則是下虛上實，而鼎足倒矣，故曰「鼎顛趾」也。
> 否者不善之物，鼎之倒趾，失其所利，鼎覆而不失其利，在於寫出
> 否穢之物也，故曰「利出否」也。妾者側媵，非正室也，施之於人，
> 正室雖亡，妾猶不得爲室主，妾爲室主，亦猶鼎之顛趾，而有咎過。
> 妾若有賢子，則母以子貴，以之繼室，則得无咎，故曰「得妾以其
> 子，无咎」也。（頁 113）

朱熹《易本義》：

> 居鼎之下，鼎趾之象也。上應九四則顛矣。然當卦初，鼎未有實，
> 而舊有否惡之積焉，因其顛而出之，則爲利矣。得妾而因得其子，
> 亦猶是也。此爻之象如此，而其占无咎，蓋因敗以爲功，因賤以致
> 貴也。（頁 188）

南懷瑾、徐芹庭《周易今註今譯》：

> 初六居鼎之初始，以陰居陽位，他有鼎腳顛倒、翻轉的象徵，在此
> 時利於將壞爛之物傾出，如得妾而能獲子，這是無咎的。（頁 314）

玉姍案：初六以陰爻居鼎卦之下，鼎之足實而上虛，今陰爻在下，則象
徵鼎遭傾覆，故鼎腳顛倒、翻轉。鼎雖傾覆而不正，但此時卻利於將鼎中不
潔之物都傾倒出來，因此無咎。就如同納妾，妾之地位雖然低微不正，但妾
若生下賢子，則能母以子貴，以之繼室，則得无咎。

今本「初六：鼎顛趾，利出否，得妾以其子，无咎。」意思是：初六以
陰爻居鼎卦之下，象徵鼎遭傾覆，鼎腳翻轉。但此時卻利於將鼎中不潔之物
都傾倒出來。就如妾雖低微不正，但若生下賢子而母以子貴，以之繼室，則
得无咎。

帛書本作「初六：鼎塡止，利出不，得妾以其子，无咎。」意思與今本同。

1. 上博《周易》：【缺簡】
2. 阜陽《周易》：九二：鼎有實，我仇有疾，不我能即，吉。
3. 帛書《周易》：九二：鼎有實，我栽有疾，不我能節，吉。
4. 今本《周易》：九二：鼎有實，我仇有疾，不我能即，吉。

【文字考釋】

　　阜陽本九二爻辭殘，據今本補。

（一）今本「我仇有疾」之「仇」，帛書本作「㧗」。

　　玉姍案：今本「我仇有疾」之「仇」，帛書本作「㧗」。「㧗」由求得聲，「仇」、「求」上古音皆群紐幽部，故可通假。

【爻辭釋讀】

　　〈象〉曰：

　　　　「鼎有實」，慎所之也。「我仇有疾」，終无尤也。（頁113）

王弼《注》：

　　　　以陽之質，處鼎之中，有實者也。有實之物，不可復加，益之則溢，反傷其實。「我仇」謂九也，困於乘剛之疾，不能就我，則我不溢，得全其吉也。（頁113）

孔穎達《正義》：

　　　　實謂陽也。仇是匹也。即，就也。九二以陽之質，居鼎之中，有實者也，故曰「鼎有實」也。有實之物不可復加也，加之則溢而傷，其實矣。六五我之仇匹，欲來應我，困於乘剛之疾，不能就我，則我不溢而全其吉也，故曰「我仇有疾，不我能即，吉」。（頁113）

朱熹《易本義》：

　　　　以剛居中，鼎有實之象也。我仇，謂初。陰陽相求而非正，則相陷於惡而為仇矣。二能以剛中自守，則初雖近，不能以就之，是其象如此，而其占為如是則吉也。（頁188）

南懷瑾、徐芹庭《周易今註今譯》：

　　　　九二以陽剛居內卦之中，在鼎之時，有鼎中有實物存在的象徵，以人事而言，人既充實於中，縱使有仇人之疾恨，亦不能加之於我。（頁315）

　　玉姍案：「仇」有二義，一為「仇敵」，一為「逑」也。孔穎達以為仇是「匹（逑）」；朱熹以為仇為「惡敵」。王弼、朱熹以為「仇」為初九；孔穎達以為「仇」為六五，二說完全相反，但於文義皆可通。筆者以為九二以陽剛居內卦之中，象徵鼎中存有實物，既已充實，則不可再添入，以防溢出。如六五欲與九二相應，但因九二乘剛之疾而不能相就，因此而能免於滿溢而得吉。故此從孔穎達之說，其餘說法亦可以備為參考。

今本「九二：鼎有實，我仇有疾，不我能即，吉。」意思是：九二以陽剛居內卦之中，象徵鼎中有物，不可再添，以防溢出。如六五欲與九二相應，但因九二乘剛之疾而不能相就，因此而能免於滿溢而得吉。

帛書本作「九二：鼎有實，我救有疾，不我能節，吉。」意思與今本同。

1. 上博《周易》：【缺簡】
2. 阜陽《周易》：九三：鼎耳革，其行塞，雉膏不食，方雨虧悔，終吉。
3. 帛書《周易》：九三：鼎耳勒，其行塞，雉膏不食，方雨虧悔，終吉。
4. 今本《周易》：九三：鼎耳革，其行塞，雉膏不食，方雨虧悔，終吉。

【文字考釋】

阜陽本、帛書本九三爻辭殘，皆據今本補。

【爻辭釋讀】

〈象〉曰：

「鼎耳革」，失其義也。（頁113）

王弼《注》：

「鼎」之爲義，虛中以待物者也。而三處下體之上，以陽居陽，守實无應，无所納受。耳宜空以待鉉，而反全其實塞，故曰「鼎耳革，其行塞」，雖有雉膏，而終不能食也。雨者，陰陽交和，不偏亢者也。雖陰陽交，而統屬陰卦，若不全任剛亢，務在和通，「方雨」則悔虧，終則吉也。（頁113）

孔穎達《正義》：

鼎之爲義，下實上虛，是空以待物者也。「鼎耳」之用，亦宜空以待鉉，今九三處下體之上，當此鼎之耳，宜居空之地，而以陽居陽，是以實處實者也。既實而不虛，則變革鼎耳之常義也。常所納物，受鉉之處，今則塞矣，故曰「鼎耳革，其行塞」也。非有體實不受，又上九不應於己，亦无所納，雖有其器而无所用，雖有雉膏而不能見食也，故曰「雉膏不食」。雨者，陰陽交和，不偏亢者也，雖體陽爻而統屬陰卦，若不全任剛亢，務在和通，方欲爲此，和通則悔虧，而終獲吉，故曰「方雨虧悔，終吉」也。（頁113）

朱熹《易本義》：

以陽居鼎腹之中，本有美實者也。然以過剛失中，越五應上，又居

下之極，謂變革之時，故爲鼎耳方革，而不可舉移。雖承上卦文明
之腴，有雉膏之美，而不得以爲人之食。然以陽居陽，爲得其正，
苟能自守，則陰陽將和，而失其悔矣。占者如是，則初雖不利，而
終得吉也。（頁189）

南懷瑾、徐芹庭《周易今註今譯》：

九三居下卦之上，當鼎之時，有鼎耳傾倒的現象，其行事皆阻塞不
通，而且因傾倒故，美味的雉膏亦不能食用。幸好有雨虧損其火之
屬，故無悔而終吉。（頁315）

玉姍案：九三所對應的是鼎之耳，鼎之耳應虛空以待鉉（鉉：橫貫鼎耳
用以扛鼎的棍形工具）。然九三陽剛，象徵鼎耳被革去而無法以鉉移行；即使
鼎中有美味的雉膏也無法食用。比擬於人事，則象徵行事阻塞不通。然以陽
居陽，仍得其正，苟能自守，則陰陽將和而減少悔恨。如同天地陰陽調和降
雨，初雖不利，最終得吉。王弼以下學者多由此立說，此亦從之。南、徐以
爲「方雨虧悔」是「幸好有雨虧損其火之屬，故無悔」，筆者以爲不若「天地
陰陽調和降雨」之說，故仍從傳統舊說。

今本「九三：鼎耳革，其行塞，雉膏不食，方雨虧悔，終吉。」意思是：
九三陽剛，象徵鼎耳被革去而無法移行，即使鼎中有雉膏也無法食用。然以
陽居陽，仍得其正，苟能自守，則如天地陰陽調和降雨而減少悔恨，初雖不
利，終能得吉。

帛書本作「九三：鼎耳勒，其行塞，雉膏不食，方雨虧悔，終吉。」意
思與今本同。

1. 上博《周易》：【缺簡】
2. 阜陽《周易》：九四：鼎折足，覆公餗，其形渥，凶。
3. 帛書《周易》：九四：鼎折足，覆公茫，其刑屋，凶。
4. 今本《周易》：九四：鼎折足，覆公餗，其形渥，凶。

【文字考釋】

阜陽本、帛書本九四爻辭殘，皆據今本補。

（一）今本「覆公餗」之「餗」，帛書本作「茫」。

玉姍案：今本「覆公餗」之「餗」，帛書本作「茫」。「餗」上古音皆心紐

屋部，「茈」由疋得聲，上古音疑紐魚部，二字聲韻俱遠。張立文以爲「『茈』疑當讀爲『蔬』，或爲『蔬』之省文。」〔註231〕「蔬」上古音山紐魚部，與「餗」聲韻亦遠無法通假。《孔穎達・正義》：「餗，糝也，八珍之膳，鼎之實也。」而《說文》：「鬻，鼎實，惟葦與蒲。陳留謂餰爲鬻。從䰞速聲。餗，鬻或從食束。」根據《說文》記載，「餗」是將葦與蒲等植物放入鼎中烹調而成的菜餚，「茈」字今已不傳，但從艸，故可之亦爲植物類，或許與葦、蒲一樣皆可食用。《說文》年代較早，所謂「鼎實，惟葦與蒲。」當爲原意，孔穎達《疏》中「八珍之膳」應是由「公之鼎食」而衍伸出的豪華版。故今本作「餗」，帛書本作「茈」用字雖不同，但應該都是指鼎中之食而言。

【爻辭釋讀】

〈象〉曰：

覆公餗，信如何也。（頁 113）

王弼《注》：

處上體之下，而又應初，既承且施，非己所堪，故曰「鼎折足」也。初已「出否」，至四所盛，則己絜矣，故曰「覆公餗」也。渥，沾濡之貌也。既覆公餗，體爲渥沾，知小謀大，不堪其任，受其至辱，災及其身，故曰「其形渥，凶」也。（頁 113）

孔穎達《正義》：

餗，糝也，八珍之膳，鼎之實也，初以「出否」，至四所盛，故當馨絜矣，故以「餗」言之。初處下體之下，九四處上體之下，上有所承，而又應初；下有所施，既承且施，非己所堪，故曰「鼎折足」。鼎足既折，則覆公餗也。渥，沾濡之貌也，既覆公餗，體則渥霑也。施之於人，知小而謀大，力薄而任重，如此必受其至辱，災及其身也，故曰「其形渥，凶」。（頁 113）

朱熹《易本義》：

晁氏曰：「行渥，諸本作『刑剭』」，謂重刑也。今從之。九四居上，任重者也，而下應初六之陰，則不勝其任矣。故其象如此，而其占凶也。（頁 189）

南懷瑾、徐芹庭《周易今註今譯》：

〔註231〕張立文（張憲江）：《周易帛書今注今譯》（台北：臺灣學生書局，1991 年），頁 660～661。

九四爲外卦之初，又不合陰陽正位，而居鼎之時，故有鼎折斷其腳，覆倒公之美味的象徵。其形象既相當厚重而傾倒，這是凶的。漢儒解作有重刑亦通。（頁 316）

玉姍案：九四處外卦之下，上有所承，又應初六；但以剛處陰而失位，既承且施，卻無法承擔，有鼎折其足而傾覆公餗之象。《說文》：「渥，霑也。」「其形渥，凶」，王弼、孔穎達以爲鼎既傾覆，故身體遭到湯汁沾濕，引申有「災及其身」之義。虞翻、朱熹引晁氏之說以爲「行渥」即「刑剭」，即重刑也，於文義亦可通，故可聊備一說。

今本「九四：鼎折足，覆公餗，其形渥，凶。」意思是：九四失位，象徵鼎折其足而傾覆公之餗食，身體亦遭到潑出的湯汁濺濕。引申於人事，則有災及其身（或遭受重刑）的象徵，這是凶的。

帛書本作「九四：鼎折足，覆公䢓，其刑屋，凶。」意思是：九四失位，象徵鼎折其足而傾覆公的蔬食，身體亦遭到潑出的湯汁濺濕。引申於人事，則有災及其身（或遭受重刑）的象徵，這是凶的。

1. 上博《周易》：【缺簡】
2. 阜陽《周易》：六五：鼎黃耳金鉉，利貞。……大事凶。
3. 帛書《周易》：六五：鼎黃耳金鉉，利貞。
4. 今本《周易》：六五：鼎黃耳金鉉，利貞。

【文字考釋】

阜陽本、帛書本六五爻辭殘，皆據今本補。

【爻辭釋讀】

〈象〉曰：

鼎黃耳，中以爲實也。（頁 113）

《周易集解》引干寶曰：

凡舉鼎者，鉉也；尚三公者，玉也；金喻可貴，中之美也，故曰「金鉉」。鉉鼎得其物，施令得其道，故曰「利貞」也。（頁 450）

王弼《注》：

居中以柔，能以通理，納乎剛正，故曰「黃耳金鉉，利貞也」。耳黃則能納剛正以自舉也。（頁 113）

孔穎達《正義》：

> 黃，中也。金，剛也。鉉所以貫鼎而舉之也。五爲中位，故曰「黃
> 耳」。應在九二，以柔納剛，故曰「金鉉」。所納剛正，故曰「利貞」
> 也。（頁113）

朱熹《易本義》：

> 五於象爲耳，而有中德，故云「黃耳」。金，堅剛之物。鉉，貫耳以
> 舉鼎者也。五虛中以應九二之堅剛，故其象如此，而其占則利在貞
> 固而已。或曰「金鉉以上九而言」，更詳之。（頁190）

南懷瑾、徐芹庭《周易今註今譯》：

> 六五以柔居外卦之中，當鼎之時，其鼎有黃色金銅器做的器具爲
> 黃色的鼎耳，金器做的鉉，如此貴重的象徵，這是利於正的。（頁
> 317）

玉姍案：六五以柔爻居外卦之中，五爲中位，象徵鼎耳，黃色象徵地域
之中，故曰「黃耳」；金有剛強之義，六五應在九二，以柔納剛，象徵能通情
理納乎剛正，有如金鉉能貫鼎而舉之，這是利於正的。王弼以下學者多由此
立說，此亦從之。

今本「六五：鼎黃耳金鉉，利貞。」意思是：六五以柔納剛，能通情理
納乎剛正。有如金鉉能貫鼎之黃耳而舉之，這是利於貞正的。

1. 上博《周易》：【缺簡】
2. 阜陽《周易》：上九：鼎玉鉉，大吉，无不利。
3. 帛書《周易》：上九：鼎玉鉉，大吉，无不利。
4. 今本《周易》：上九：鼎玉鉉，大吉，无不利。

【文字考釋】

阜陽本、帛書本上九爻辭殘，皆據今本補。

【爻辭釋讀】

〈象〉曰：

> 玉鉉在上，剛柔節也。（頁113）

《周易集解》引干寶曰：

> 玉又貴于金者。凡烹飪之事，自鑊升於鼎。載於俎，自俎入口。馨

香上達，動而彌貴，故鼎之義，上爻愈吉也。鼎主烹飪，不失其和。
金玉鉉之，不失其所。公卿仁賢，天王聖明之象也。君臣相臨，剛
柔得節。故曰「吉无不利」也。（頁 450）

王弼《注》：

處鼎之終，鼎道之成也。居鼎之成，體剛履柔，用勁施鉉，以斯處
上，高不誡亢，得夫剛柔之節，能舉其任者也。（頁 113）

孔穎達《正義》：

玉者，堅剛而有潤者也，上九居鼎之終，鼎道之成，體剛處柔，則
是用玉鉉以自舉者也，故曰「鼎玉鉉」也。應不在一，即靡所不舉，
故得「大吉」而「无不利」。（頁 113）

朱熹《易本義》：

上於象爲鉉，而以陽居陰，剛而能溫，而有玉鉉之象，而其占爲「大
吉，无不利」。蓋是有德，則如其占也。（頁 190）

南懷瑾、徐芹庭《周易今註今譯》：

上九居鼎之上，烹飪之功至極，故有「鼎玉鉉」的現象，這是大吉
沒有不利的。象辭上說：「玉鉉在上」是得剛柔的適宜。（頁 317）

廖名春《帛書《周易》論集》：

帛書《二三子》的第 10、11 行引鼎卦上九爻辭說：「鼎王聖，大吉，
无不利。」「聖」今本作「鉉」。「聖」爲「璧」之省文。《玉篇・鼎
部》：「鼏，鼎蓋。」《儀禮・少牢饋食禮》：「皆有鼏。」鄭玄注：「今
本鼏作鼎。」又《既夕禮》：「白狗幦。」鄭玄注：「古文幦做鼏」。「鼏」
既可作「幦」又可作「鼎」，自然「幦」亦可通「鼎」。《二三子》所
謂「聖」即「璧」，通「幦」。「鼎玉聖」即云鼎有玉鼏，有玉做的鼎
蓋。與今本比較，實大勝於今本。一者避免重複……二者爻辭義與
爻位更相當貼切。鼏爲鼎蓋，蓋爲一鼎之最上。上九爲鼎卦最上一
爻，爻位爲上，爻辭稱鼏，密合無間。從六五的耳、鉉到上九的幦
（鼏），顯然是由下而上，合情合理。〔註232〕

玉姍案：「上九：鼎玉鉉」，傳統易學多以爲以堅剛而溫潤的玉鉉舉鼎。
帛書〈二三子〉作「鼎玉聖」，廖名春以爲「聖」即「璧」，通「幦」，即玉做

─────────────

〔註232〕廖名春：《帛書《周易》論集》（上海：上海古籍出版社，2008 年 12 月），
　　　　頁 337～339。

的鼎蓋。上九處鼎之終，象徵鼎道已成，就上九爻位而言，鼎蓋的象徵確實較鉉更佳。

若依帛書〈二三子〉作「鼎玉望，大吉，无不利。」，則爲上九處鼎之終，象徵鼎道已成，如以玉製鼎蓋覆蓋於鼎上，能得大吉、無所不利。

若依傳統說法，今本「上九：鼎玉鉉，大吉，无不利。」意思是：上九以剛履柔，象徵能調和剛柔，如同以堅剛而溫潤的玉鉉舉鼎，能無所不舉。這是大吉，沒有不利。

第五十一節　震　卦

一、卦名釋義

《說文》：「震，劈歷振物者。從雨辰聲。」（頁 577）孔穎達《正義》：「震，動也。此象雷之卦，天之威動，故以震爲名。震既威動，莫不驚懼，驚懼以威，則物皆整齊。由懼而獲通，所以震有亨德，故曰『震，亨』也。」（頁 114）「震」即雷霆震動，天子行霹靂之威震，則萬民懼而獲通，故震卦之「震」取「威動」之義。

〈序卦〉曰：「主器者，莫若長子，故受之以震。」（頁 188）〈說卦〉曰：「震一索而得男，故謂之長男」（頁 185）繼承重器（鼎）者多爲嫡長子，震卦有長男之象，故震卦在鼎卦之後。

震卦今本卦畫作「䷲」，下震雷，上震雷。〈象〉曰：「洊雷，震。君子以恐懼脩省。」（頁 114）孔穎達《正義》曰：「洊者，重也。因，仍也。雷相因仍，乃爲威震也。此是重震之卦，故曰『洊雷，震』也。『君子以恐懼修省』者，君子恒自戰戰兢兢，不敢懈惰，今見天之怒，畏雷之威，彌自脩身省察己過，故曰『君子以恐懼脩省』也。」（頁 114）玉姍案：震卦下震雷，上震雷，象徵雷震之重威。君子觀此卦而知天之怒，故反躬自省，脩身省察己過。

二、卦爻辭考釋

（一）卦辭考釋

1. 上博《周易》：【缺簡】

2. 阜陽《周易》：【缺簡】

3. 帛書《周易》：辰：亨，辰來朔朔，芙言亞亞，辰敬百里，不亡釚觴。

4. 今本《周易》：震：亨，震來虩虩，笑言啞啞，震驚百里，不喪匕鬯。

【文字考釋】

（一）今本「震來虩虩」，帛書本作「辰來朔朔」。

玉姍案：今本「震來虩虩」，帛書本作「辰來朔朔」。「震」以「辰」爲聲符，故二字可通。《經典釋文》：「虩虩，馬云：『恐懼貌』。鄭同。荀作『愬愬』。」「虩虩」又作「愬愬」，恐懼貌。「虩」上古音曉紐鐸部，「愬」（疏紐鐸部）從「朔」（疏紐鐸部）得聲，「虩虩」可作「愬愬」，故「虩虩」與「朔朔」可通。

（二）今本「不喪匕鬯」之「匕鬯」，帛書本作「釚觴」。

玉姍案：「釚」從「匕」得聲，故二字可通。「鬯」上古音透紐陽部，「觴」上古音審紐陽部。陳師新雄以爲，「照穿神審禪古讀同端透定」，〔註233〕帛書老子甲本德經：「千仁（仞）之高，台（透紐之部）於足下。」傅奕本作「始（審紐之部）於足下」。「鬯」、「觴」聲近韻同，可以通假。

【卦辭釋讀】

〈象〉曰：

「震，亨。」「震來虩虩」，恐致福也。「笑言啞啞」，後有則也。「震驚百里」，驚遠而懼邇也。出，可以守宗廟社稷，以爲祭主也。（頁114）

《周易集解》引鄭玄云：

震爲雷。雷，動物之氣也。雷之發聲，猶人君出政教以動中國之人也。故謂之震。人君有善聲教，則嘉會之禮通矣。雷發聲聞于百里，古者諸侯之象。諸侯出教令，能警戒其國。內則守其宗廟社稷，爲之祭主，不亡匕與鬯也。人君於祭之禮，匕牲體薦鬯而已，其餘不親也。升牢於俎，君匕之，臣載之。鬯，秬酒，芬芳條鬯，因名焉。（頁453～454）

王弼《注》：

懼以成，則是以亨。震之爲義，威至而後乃懼也。故曰「震來」。虩

〔註233〕陳師新雄：《古音學發微》（台北：文史哲出版社，1996年10月），頁1166。

虩，恐懼之貌也，震者，驚駭怠惰，以肅解慢者也。故震來虩虩，恐致福也。笑言啞啞，後有則也。威震驚乎百里，則是可以不喪匕鬯矣。（頁 114）

孔穎達《正義》：

震，動也。此象雷之卦，天之威動，故以「震」為名。震既威動，莫不驚懼。驚懼以威，則物皆整齊，由懼而獲通，所以震有亨德，故曰「震，亨」也。「虩虩」，恐懼之貌也；「啞啞」，笑語之聲也。「震」之為用，天之威怒，所以肅整怠慢，故迅雷風烈，君子為之變容，施之於人事，則是威嚴之教行於天下也。故震之來也，莫不恐懼，故曰「震來虩虩」也。物既恐懼，不敢為非，保安其福，遂至笑語之盛，故曰「笑言啞啞」也。「匕」，所以載鼎實。「鬯」，香酒也，奉宗廟之盛者也。震卦施之於人，又為長子，長子則正體於上，將所傳重，出則撫軍，守則監國，威震驚於百里，可以奉承宗廟，彝器粢盛，守而不失也，故曰「震驚百里，不喪匕鬯」。（頁 114）

朱熹《易本義》：

震，動也。一陽始生於二陰之下，震而動也。其象為雷，其屬為長子。震有亨道。震來，當震之來時也。虩虩，恐懼驚顧之貌。震驚百里，以雷言。匕，所以舉鼎實。鬯，以秬黍酒和鬱金，所以灌地降神者也。「不喪匕鬯」，以長子言也。此卦之占，為能恐懼則致福，而不失其所主之重。（頁 114）

南懷瑾、徐芹庭《周易今註今譯》：

震，能震而動，是亨通的。能於有所行動時，常持著戰戰兢兢，恐懼的樣子，則凡事必能有成。如此必能安心而心常喜悅，笑言啞啞的；萬一突然遇到大的變故，如雷的震懼百里一般，也不會慌張，不會喪失手中的匕鬯，而能持之泰然。（頁 318）

玉姍案：震卦以雷為象。雷震是天之威動，萬民驚懼其威，由懼而獲通，故震而能亨。震以天之威怒肅整怠慢，如君子威嚴之教，行於天下，民莫不恐懼，而不敢為非；保安其福，遂至笑語之盛。震卦又象徵長子，長子繼承家國大業，即將撫軍守、監國威，震驚百里，奉承宗廟彝器之盛。王弼以下學者多由此立說，此亦從之。「不亡釳觸」，南、徐以為「萬一突然遇到大的變故……也不會慌張，不會喪失手中的匕鬯」，但「震」又象徵具有繼承家國

大業身分的嫡長子，是以傳統說法以爲「匕鬯以奉宗廟之盛」較能與繼承家國大業相呼應，故從王、孔舊說。

今本「震：亨，震來虩虩，笑言啞啞。震驚百里，不喪匕鬯。」意思是：震乃天之威動，萬民驚懼其威，故能亨通。君子行威嚴之教，民恐懼而不敢爲非；大道行乃至笑語之盛。震卦又象徵長子繼承家國大業，不使宗廟彝器之盛廢之。

帛書本作「辰：亨，辰來朔朔，芺言亞亞，辰敬百里，不亡鈢觸。」意思與今本同。

（二）爻辭考釋

1. 上博《周易》：【缺簡】

2. 阜陽《周易》：【缺簡】

3. 帛書《周易》：初九：辰來朔朔，後芺言啞啞，吉。

4. 今本《周易》：初九：震來虩虩，後笑言啞啞，吉。

【卦辭釋讀】

〈象〉曰：

　　震來虩虩，恐致福也。笑言啞啞，後有則也。（頁114）

《周易集解》引干寶云：

　　得震之正，首震之象者。震來虩虩，羑裏之厄也。笑言啞啞，後受方國也。（頁456）

王弼《注》：

　　體夫剛德，爲卦之先，能以恐懼脩其德也。（頁114）

孔穎達《正義》：

　　初九剛陽之德，爲一卦之先，剛則不闇於幾，先則能有前識。故處震驚之始，能以恐懼自脩，而獲其吉，故曰「震來虩虩，後笑言啞啞，吉」。（頁114）

朱熹《易本義》：

　　成震之主，處震之初。故其占如此。（頁191）

南懷瑾、徐芹庭《周易今註今譯》：

　　初九在震卦的初始，有動而恐懼謹慎的象徵。能如此，則後有喜悅的事，這是吉的。（頁320）

玉姍案：震卦初九爻辭與卦辭相似，初九爲震之初始，具剛陽之德，能以恐懼自脩，而終獲其吉。

今本作「初九：震來虩虩，後笑言啞啞，吉」意思是：初九爲震之初始，具剛陽之德，能以恐懼自脩，而終至笑語之盛。這是吉的。

帛書本作「初九：辰來朔朔，後芙言啞啞，吉。」意思與今本同。

1. 上博《周易》：【缺簡】

2. 阜陽《周易》：【缺簡】

3. 帛書《周易》：六二：辰來厲，意！亡貝，齋于九陵，勿遂，七日得。

4. 今本《周易》：六二：震來厲，億！喪貝，躋于九陵，勿逐，七日得。

【文字考釋】

（一）今本「躋于九陵」之「躋」，帛書本作「齋」。

玉姍案：「躋」、「齋」皆以「齊」爲聲符，故二字可通。

【卦辭釋讀】

〈象〉曰：

「震來厲」，乘剛也。（頁 114）

《周易集解》引干寶云：

此托文王積德累功，以被囚爲禍也。故曰「震來厲」。億，歎辭也。貝，寶貨也。產乎東方，行乎大塗也。此以喻紂拘文王，閎夭之徒。乃于江淮之浦，求盈箱之貝，而以賂紂也。故曰「億！喪貝」。（頁 457）

王弼《注》：

「震」之爲義，威駭怠懈。肅整惰慢者也。初幹其任而二乘之，「震來」則危，喪其資貨，亡其所處矣，故曰「震來厲。億！喪貝」。億，辭也。貝，資貨、糧用之屬也。犯逆受戮，无應而行，行无所舍。威嚴大行，物莫之納，无糧而走，雖復超越陵險，必困于窮匱，不過七日，故曰「勿逐，七日得」也。（頁 114～115）

孔穎達《正義》：

「億」，辭也。「貝」，資貨、糧用之屬。震之爲用，本威惰慢者也。初九以剛處下，聞震而懼，恐而致福，即是有德之人。六二以陰賤

之體，不能敬於剛陽，尊其有得，而反乘之，是傲尊陵貴，爲天所
誅。震來則有危亡，喪其資貨，故曰「震來厲。億！喪貝」也。躋，
升也。「犯逆受戮，无應而行，行无所舍，威嚴大行，物莫之納」，
既喪資貨，「无糧而走，雖復超越陵險，必困於窮匱，不過七日」，
爲有司所獲矣，故曰「躋於九陵，勿逐，七日得」。（頁 115）

朱熹《易本義》：

六二承初九之剛，故當震之來而危厲也。「億」字未詳。又當喪其寶
貝而升於九陵之上。然柔順中正，足以自守，故不求而自獲也。此
爻占具象中，但九陵七日之象，則未詳也。（頁 192）

南懷瑾、徐芹庭《周易今註今譯》：

六二居初九震虩之上，有震動爲厲，大大的喪失它的貨貝的象徵，
這是無妄之災，可登於九陵之山麓，不必去追逐，七日後即得原物。
象辭上說：震來厲，是因爲乘剛的關係。（頁 320）

　　玉姍案：六二以柔居陰，原應得位；但處震卦之中，失之柔順，又近初
九陽剛，震動則爲危厲，而有喪失貝貨的象徵。「億」爲感嘆辭，用法如「噫」。
「躋於九陵，勿逐，七日得」一句，學者解釋出現分歧，王弼、孔穎達以爲
六二陰賤而犯逆受戮，无糧而走，雖復超越陵險，不過七日，必爲有司所獲。
朱熹、南、徐以六二喪失貨貝，不必去追逐，七日後即得原物。然以朱熹、
南、徐說法，既曰「勿逐」，爲何又「躋於九陵」？此處無法說通，故從王、
孔之說。

　　今本作「六二：震來厲，億！喪貝，躋于九陵，勿逐，七日得。」意思
是：六二失之柔順，則震來有危厲。噫！六二既喪資貨，象徵无糧而逃走，
雖然越過九陵之險，但無須特意追逐，不過七日，必爲有司所捕獲。

　　帛書本作「六二：辰來厲，意！亡貝，齎于九陵，勿遂七日得。」意思
與今本同。

1. 上博《周易》：【缺簡】

2. 阜陽《周易》：【缺簡】

3. 帛書《周易》：六三：辰疏疏，辰行無省。

4. 今本《周易》：六三：震蘇蘇，震行无眚。

【文字考釋】

（一）今本「震蘇蘇」之「蘇」，帛書本作「疏」。

玉姍案：「蘇」上古音心紐魚部、「疏」上古音疏紐魚部，韻同聲近，可通。如「胥」（心紐魚部），從「疋」（疏紐魚部）得聲。

【卦辭釋讀】

〈象〉曰：

「震蘇蘇」，位不當也。（頁115）

《周易集解》引虞翻云：

死而復生，稱蘇。（頁457）

王弼《注》：

不當其位，位非所處，故懼「蘇蘇」也。而无乘剛之逆，故可以懼行而无眚也。（頁115）

孔穎達《正義》：

蘇蘇，畏懼不安之貌。六三居不當位，故震懼而蘇蘇然也。雖不當位，而无乘剛之逆，故可以懼行而无災眚也，故曰「震蘇蘇，震行无眚」也。（頁115）

朱熹《易本義》：

蘇蘇，緩散自失之狀。以陰居陽，當震時而居不正，是以如此。占者若因懼而能行，以去其不正，則可以無眚矣。（頁192）

南懷瑾、徐芹庭《周易今註今譯》：

六三以陰居陽位，居震內卦之極，外卦未治之際，故有震蘇蘇的象徵，此時動而有所行，是沒有災眚的。（頁321）

玉姍案：「蘇蘇」一詞，學者意見紛歧，虞翻以爲是「死而復生」之義；孔穎達以爲「畏懼不安貌」；朱熹以爲是「緩散自失之狀」。先秦典籍中少見「蘇蘇」一詞，筆者以爲六三以陰居陽，失位而懼；此時行動因震懼而不敢逾矩，故孔穎達之說較能切合爻辭，此從孔說。

今本「六三：震蘇蘇，震行无眚。」意思是：六三以陰居陽，失位而懼；此時因雷震而畏懼不安、不敢逾矩，因此能沒有災眚。

帛書本作「六三：辰疏疏，辰行無省。」意思與今本同。

1. 上博《周易》：【缺簡】

2. 阜陽《周易》：【缺簡】

3. 帛書《周易》：九四：辰遂泥。

4. 今本《周易》：九四：震遂泥。

【卦辭釋讀】

〈象〉曰：

「震遂泥」，未光也。（頁 115）

王弼《注》：

若其震也，遂困難矣。履夫不正不能除恐，使物安已，德未光也。（頁 115）

孔穎達《正義》：

九四處四陰之中，為眾陰之主。當恐懼之時，宜勇其身，以安於眾。若其自懷震懼，則遂滯溺而困難矣，故曰「震遂泥」也。然四失位違中，則是有罪自懼，遂沈泥者也。（頁 115）

朱熹《易本義》：

以剛處柔，不中不正，陷於二陰之間，不能自震也。遂者，无反之義。泥，滯溺也。（頁 192）

南懷瑾、徐芹庭《周易今註今譯》：

九四以陽居陰，在外卦之初始，有動而受阻的象徵。（頁 321）

玉姍案：九四以陽剛居陰位，處四陰爻之中，為眾陰之主。當震動恐懼之時，宜勇其身，以安於眾。然四失位違中，象徵有罪而自懷震懼，道德未能光大有如滯溺而沈入泥中。王弼以下學者多由此立說，此亦從之。

今本作「九四：震遂泥。」意思是：九四失位而懼；象徵有罪而自懷震懼，導致道德滯溺如沉泥而未能光大。

帛書本作「九四：辰遂泥。」意思與今本同。

1. 上博《周易》：【缺簡】

2. 阜陽《周易》：【缺簡】

3. 帛書《周易》：六五：辰往來厲。意，无亡，有事。

4. 今本《周易》：六五：震往來厲。意，无喪，有事。

【卦辭釋讀】

〈象〉曰：

「震往來厲」，危行也。其事在中，大无喪也。(頁 115)

孔穎達《正義》：

> 六五往則无應，來則乘剛，恐而往來，不免於咎，故曰「震往來厲」
> 也。夫處震之時，而得尊位，斯乃有事之機，而懼以往來，將喪其
> 事，故戒之曰「億，无喪有事」也。(頁 115)

朱熹《易本義》：

> 以六居五，而處震時，无時而不危也。以其得中，故無所喪，而能
> 有事也。占者不失其中，則雖危無喪矣。(頁 193)

南懷瑾、徐芹庭《周易今註今譯》：

> 六五以陰居陽位，當震之時，有動作往來皆有危厲的象徵，不過大
> 體上說，喪失不大，爲有事困擾而已。(頁 321)

玉姍案：今本「意，无喪有事」之「意」，王弼、孔穎達皆作「億」，用法應與「六二：震來厲，億！喪貝，躋于九陵，勿逐，七日得」之「億」同，爲感嘆辭，用法如「噫」。六五以陰居陽，上無所應，下乘九四之剛，處於震時，有危厲的象徵。但得尊處中，若能戒愼，亦有成事之機；若懼以往來，將喪其事。南懷瑾將「有事」釋爲「有事困擾」，未若孔穎達釋爲「有事之機（徵兆）」，故此從孔穎達之說。

今本「六五：震往來厲。意，无喪，有事。」意思是：六五失位而上無所應、下乘九四之剛，往來之際將有危厲。但得尊處中，若懼以往來，將喪其事；若能戒愼，亦有成事之機。

帛書本作「六五：辰往來厲。意，无亡，有事。」意思與今本同。

1. 上博《周易》：【缺簡】

2. 阜陽《周易》：【缺簡】

3. 帛書《周易》：尚六：辰昔昔，視懼懼，正凶，辰不于其躳，于其
鄰，往无咎，閩詬有言

4. 今本《周易》：上六：震索索，視矍矍，征凶，震不于其躬，于其
鄰，无咎，婚媾有言。

【文字考釋】

（一）今本「震索索」，帛書本作「辰昔昔」。

　　玉姍案：今本「震索索」，帛書本作「辰昔昔」。「索」、「昔」古音皆爲心紐鐸部，聲韻皆同可通假。

（二）今本「无咎」，帛書本作「往无咎」，多一「往」字異文。

　　玉姍案：今本「无咎」，帛書本作「往无咎」，多一「往」字異文；兩種版本文意可通。

【卦辭釋讀】

　　〈象〉曰：

　　　　「震索索」，中未得也，雖凶无咎，畏鄰戒也。（頁115）

王弼《注》：

　　　　已處動極而復征焉，凶其宜也。若恐非已造，彼動故懼，懼鄰而戒，合於備預，故无咎也。極懼相宜，故雖婚媾，而有言也。（頁115）

孔穎達《正義》：

　　　　索索，心不安之貌。矍矍，視不專之容。上六處震之極，極震者也，既居震位，欲求中理以自安而未能得，故「懼而索索，視而矍矍，无所安親」。夫「處動懼之極而復征焉，凶其宜也」，故曰「征凶」也。若恐非已造，彼動故懼。懼鄰而戒，合於備豫，則得无咎，故曰「震不于其躬，于其鄰，无咎」。居極懼之地，雖復婚媾相結，亦不能无相疑之言，故曰「婚媾有言」也。（頁115）

朱熹《易本義》：

　　　　以陰柔處震極，故爲「索索，矍矍」之象。以是而行，其凶必矣。然能及其震未及其身之時，恐懼修省，則可以無咎，而亦不能免於婚媾之有言。戒占者當如是也。（頁193）

南懷瑾、徐芹庭《周易今註今譯》：

　　　　上六居震之終，有動而有所求取，左右徬徨以看的樣子，如以此前往而有所行動的話，是有凶的。動不在自己本身而在鄰近的人，則沒有災咎。唯求婚媾，則有言語之擾罷了。（頁322）

　　玉姍案：「索索」，心不安之貌。「矍矍」，視不專之容。上六以陰柔居震卦之極，求中未得，故恐懼驚視，以此征行則有凶。若能因此而戒慎，則雷震之禍不加於己身，而降於不反省自修的鄰人，因此能沒有災咎。但居極懼之地，雖然親如婚媾相結，亦不能免除相疑之言。王弼以下學者多由此立說，

此亦從之。

今本「上六：震索索，視矍矍，征凶，震不于其躬，于其鄰，无咎，婚媾有言。」意思是：上六以陰柔居震卦之極，恐懼驚視，以此征行則有凶。若能戒慎，則雷震之禍不加於己身，而降於鄰人，因此能沒有災咎；但居極懼之地，雖然親如婚媾相結，亦不能免除相疑之言。

帛書本作「尙六：辰昔昔，視懼懼，正凶，辰不于其軀，于其鄰，往无咎，閩詐有言。」意思是：上六以陰柔居震卦之極，恐懼驚視，以此征行則有凶。若能戒慎，則雷震之禍不加於己身，而降於鄰人，因此前往能無災咎；但居極懼之地，雖然親如婚媾相結，亦不能免除相疑之言。

第五十二節　艮　卦

一、卦名釋義

《說文》：「艮，很也。从匕目，匕目猶目相匕，不相下也。易曰『艮其限。』匕目為艮，匕目為眞。」（頁 389）唐蘭《殷墟文字記》以為「艮」字本義為「回顧、向後看」的意思，「很、限」是假借義：

> 案：小篆見作𦣻、艮作𦣻，目形無別，……其實艮為見之變，見為前視、艮為回顧，見艮一聲之轉也。艮為顧之義，艮顧亦雙聲也。易曰『艮其背，不獲其身；行其庭，不見其人，亡咎。』艮其背者，反顧其背，〈象傳〉引作『艮其止』，誤也。後世假借為很、為限，而本義湮晦矣。〔註234〕

唐蘭之說可從。〈象〉曰：「艮，止也。時止則止，時行則行，動靜不失其時，其道光明。艮其止，止其所也。」（頁 115）艮卦之「艮」取極限、止限之義，為其引伸義。

〈序卦〉曰：「物不可以終動，止之，故受之以艮。艮者，止也。」（頁 188）凡物無法震動不止，震動者終將歸於靜止，故艮卦在震卦之後。

艮卦今本卦畫作「☶」，上艮山，下艮山。〈象〉曰：「兼山，艮。君子以思不出其位。」（頁 115）艮卦有兩山相重的象徵。艮為止，兩山相疊，止義

〔註234〕唐蘭：《殷墟文字記》，（1978 年中國社會科學院據 1934 年石印本翻印），頁 77～78。

更顯。故艮卦是該止則止，該行則行，動靜合宜，不失其時。象徵君子能體察所止，思慮所及，不踰越自己的職位。

二、卦爻辭考釋

（一）卦辭考釋

1. 上博《周易》：艮：丌伓，不媵丌身，行丌廷，不見其人，无咎。
2. 阜陽《周易》：艮：其背，不獲其身，行其庭，不見其人，无咎。
3. 帛書《周易》：根：根亓北，不濩亓身，行亓廷，不見亓人，无咎。
4. 今本《周易》：艮：其背，不獲其身，行其庭，不見其人，无咎。

【文字考釋】

上博本、阜陽本卦辭殘，皆據今本補。帛書本較他本多一「根」字異文。

（一）上博本、今本「艮」，帛書本作「根」。

玉姍案：「根」、「艮」上古音皆爲見紐文部，可通假。

（二）今本「艮：其背」，上博本「艮：丌伓」，帛書本作「根：根亓北」。

玉姍案：帛書本較其他版本多一「根」字異文，有可能爲抄者增寫之訛，但文義與上博本、今本可通。

上博本「艮：丌伓」之「伓」，濮茅左以爲「（伓）或讀爲『背』。」〔註235〕「北」與「背」上古音幫紐職部，「伓」上古音滂紐之部，幫、滂皆爲脣音，之、職對轉，故「伓」、「北」、「背」可通假。

【卦辭考釋】

〈彖〉曰：

> 艮，止也。時止則止，時行則行，動靜不失其時，其道光明。艮其止，止其所也。上下敵應，不相與也。是以不獲其身。「行其庭，不見其人，无咎」也。（頁116）

〈象〉曰：

> 兼山，艮。君子以思，不出其位。（頁116）

〔註235〕馬承源主編：《上海博物館藏戰國楚竹書（三）》（上海：上海古籍出版社，2003年12月，頁201。

王弼《注》：

> 凡物對面而不相通，「否」之道也。艮者，止而不相交通之卦也。各止而不相與，何得无咎？唯不相見乃可也。施止于背，不隔物欲，得其所止也。背者，无見之物也。无見則自然靜止，靜止而无見，則「不獲其身」矣。「相背」者，雖近而不相見，故「行其庭，不見其人」也。夫施止不于无見，令物自然而止，而強止之，則姦邪並興，近而不相得則凶。其得「无咎」，「艮其背，不獲其身，行其庭，不見其人」故也。（頁116）

孔穎達《正義》：

> 目者，能見之物，施止于面，則抑割所見，強隔其欲，是目見之所患。今施止于背，則「目无患也」。「艮其背，不獲其身，行其庭，不見其人，无咎」者，「艮，止也」，靜止之義，此是象山之卦，其以「艮」為名。施之于人，則是止物之情，防其動欲，故謂之止。「艮其背」者，此明施止之所也。施止得所，則其道易成，施止不得其所，則其功難成，故《老子》曰：「不見可欲，使心不亂也。」「背者，无見之物也」，夫无見則自然靜止。夫欲防止之法，宜防其未兆。既兆而止，則傷物情，故施止于无見之所，則不隔物欲，得其所止也。（頁116）

朱熹《易本義》：

> 艮，止也。一陽止於二陰之上，陽自下升，極上而止也。其象為山，取坤地而隆其上之狀，亦止於極而不進之意也。其占則必能止于背而不有其身。行其庭而不見其人，乃无咎也。蓋身，動物也，唯背為止，則止於所當止也。止於所當止，則不隨身而動矣，是不有其身也。如是，則雖行於庭除有人之地，而亦不見其人矣。蓋艮其背而不獲其身者，止而止也。行其庭而不見其人者，行而止也。動靜各止其所，而皆主夫靜焉，所以得无咎也。（頁194）

南懷瑾、徐芹庭《周易今註今譯》：

> 止于其背，則身在背後就看不到自己本身了，行其庭，則背在他人的前面，而我們也就看不到他人了，這是無咎的。人能止於其所當止，也就沒有災害了。（頁323）

玉姍案：艮卦有艮止之義，背部是人身中不能自見的部位，艮止於背，

不見其身，猶如走在庭中，而不見其人。因不相見，而無動作交際，爲「止」，故能「无咎」。王弼以下學者多由此立說，此亦從之。

今本作「艮：其背，不獲其身，行其庭，不見其人，无咎。」意思皆是：艮卦象徵艮止於人身之背部，因此不能自見其身；猶如走在庭中而不見其人，因無動作交際，所以無咎。

上博本作「艮：丌伓，不膡丌身，行丌廷，不見其人，无咎。」帛書本作「根：根亓北，不濩亓身，行亓廷，不見亓人，无咎。」意思與今本同。

（二）爻辭考釋

1. 上博《周易》：初六：艮丌止，亡咎，杕聂貞。
2. 阜陽《周易》：初六：艮其趾，无咎，利永貞。
3. 帛書《周易》：初六：根亓止，无咎，利永貞。
4. 今本《周易》：初六：艮其趾，无咎，利永貞。

【文字考釋】

上博本、阜陽本初六爻辭殘，皆據今本補。

【爻辭考釋】

〈象〉曰：

「艮其趾」，未失正也。（頁116）

王弼《注》：

處止之初，行无所之，故止其趾，乃得「无咎」；至靜而定，故利永貞。（頁116）

孔穎達《正義》：

趾，足也，初處體下，故謂之足。居止之初，行无所適，止其足而不行，乃得无咎，故曰「艮其趾，无咎」也。靜止之初，不可以躁動，故利在「永貞」也。（頁116）

朱熹《易本義》：

以陰柔居艮初，爲艮趾之象。占者如之則无咎。而又以其陰柔，故又戒其利永貞也。（頁194）

南懷瑾、徐芹庭《周易今註今譯》：

初六以陰居陽位，當艮止的時候，有止于其足趾，停止不行的現象，

這是無咎的。利于永遠守著正道。(頁 325)

玉姍案:「艮其趾」為初六爻處艮卦之初,於人身取象則為「趾」。有如剛開始行動,不知所往,因此止其趾,停止不行,才能無災咎。此爻需靜,因此利於永遠守著貞正。孔穎達以為「趾,足也」,以初六處艮卦之初而言,值得商榷。

今本「初六:艮其趾,无咎,利永貞。」意思是:初六爻處艮卦之初,象止於其趾,暫時停止不行則無災咎,利於永遠守正。

上博本作「初六:艮丌止,亡咎,杓羕貞。」帛書本作「初六:根亓止,无咎,利永貞。」意思與今本同。

1. 上博《周易》:六二:艮丌足,不陞丌陵,丌心不悸。
2. 阜陽《周易》:六二:艮其腓,不拯其隨,其心不快。
3. 帛書《周易》:六二:根其肥,不登其隨,其心不快。
4. 今本《周易》:六二:艮其腓,不拯其隨,其心不快。

【文字考釋】

阜陽本六二爻辭殘,據今本補。

(一)今本「艮其腓」之「腓」,上博本作「足」,帛書本作「肥」。

玉姍案:「肥」、「腓」上古音皆為並紐微部,故「肥」、「腓」可以通假。上博本作「足」,廖名春以為「腓」與「股」、「足」為義近通用,故可以「股」、「足」代「腓」,請詳參本論文第三章第三十二節咸卦九三爻辭【文字考釋】。

(二)帛書本、今本「其心不快」之「快」,上博本作「悸」。

玉姍案:「悸」上古音為群紐質部,「快」上古音為溪紐月部。「悸」、「快」二字聲紐近,月、質旁轉,故可通假。如帛書《老子甲》:「胃浴毋已盈將將恐渴」,通行本作:「谷無以盈將恐竭。」「渴」上古音為溪紐月部,「竭」上古音為群紐月部。又《詩經‧大雅》一章以惠(質部)韻厲、祭(月部)。

【爻辭考釋】

〈象〉曰:

「不拯其隨」,未退聽也。(頁 116)

王弼《注》:

隨謂趾也。止其腓，故其趾不拯也。腓體躁而處止，而不得拯其隨，
又不能退聽安靜，故「其心不快」也。（頁 116）

孔穎達《正義》：

腓，腸也，在足之上。腓體或屈或伸，躁動之物，腓動則足隨之，
故謂足爲隨。拯，舉也，今既施止于腓，腓不得動，則足无拯舉，
故曰「艮其腓，不拯其隨」也。腓是躁動之物，而強止之，貪進而
不得動，則情與質乖也，故曰「其心不快」。此爻明施止不得其所也。
（頁 116）

朱熹《易本義》：

六二居中得正，既止其腓矣。三爲限，則腓所隨也，而過剛不中以
止乎上。二雖中正而體柔弱，不能往而拯之，是以其心不快也。此
爻占者象中，下爻放此。（頁 194）

南懷瑾、徐芹庭《周易今註今譯》：

六二柔順中正，應該可以有爲，但居艮止之時，所以有止于其足，
不能拯救其隨（指初六、趾），因此而其心不快的象徵。（頁 325）

　　玉姍案：六二得位居中，若以人體部位比擬，則是小腿肚部分。小腿肚
象徵躁動，但此時卻處於艮止不能輕舉妄動，因此不能提升初六之趾，故曰
「其心不快」。

　　今本「六二：艮其腓，不拯其隨，其心不快。」意思是：六二得位居中，
象徵小腿肚躁動而處於艮止，因不能舉初六之趾，所以其心不快。

　　上博本作「六二：艮亓足，不陞亓陵，亓心不悸。」意思是：六二得位
居中，象足體躁動而處於艮止，因不能舉初六之趾，所以其心不快。

　　帛書本作「六二：根其肥，不登其隨，其心不快。」與今本義同。

1. 上博《周易》：九晶：艮亓瞳，圂亓徹，礄咎心。
2. 阜陽《周易》：九三：艮其限，列其夤，厲薰心。
3. 帛書《周易》：九三：根其限，戾亓肥，厲薰心。
4. 今本《周易》：九三：艮其限，列其夤，厲薰心。

【文字考釋】

　　阜陽本、帛書本九三爻辭殘，皆據今本補。

（一）今本「艮其限」之「限」，上博本作「![瞳字]（瞳）」。

玉姍案：上博本「🔣」，濮茅左隸定作「瞘」〔註236〕，徐在國以爲此字「應分析爲從『目』、『堇』聲，讀爲限。」〔註237〕陳惠玲以爲：

> 「莫」字，甲骨文作🔣（《類纂》104），金文作🔣（逬鼎）、🔣（頌鼎），楚系文字作🔣（（難）《帛書乙四》）、🔣（（灘）《鄂君啓節》），何琳儀認爲下加土分化成「堇」字〔註238〕。細觀簡文此字左部件，下方應當爲「土」形。「堇」楚系文字作🔣（之利殘片）、🔣（（戴）《包》2.135 反）、🔣（（癀）《包》2.13），和簡文左半部件類似，故此字右半當作「堇」字。徐在國以爲此字應從目、堇聲，讀爲「限」可從。〔註239〕

徐在國、陳惠玲之說可從。「🔣」從目、堇聲，上古音見紐文部，今本「限」上古音匣紐文字，見、匣二紐上古多有通作之例，故可通假。如馬王堆帛書《老子》乙本卷前古佚書《經法・道法》：「虛無有，秋稿成之，必有刑（形）名。」「稿」（見紐）讀爲「毫」（匣紐）。

（二）今本「列其夤」，上博本作「🔣（圆）丌🔣（徹）」、帛書本作「戾亓🔣（肥）」。

玉姍案：上博本「🔣」，請參本論文第三章第四十八節井卦九五爻【文字考釋】。「列」上古音爲來紐月部，「戾」上古音來紐質部，聲紐相同，月部、質部旁轉，故「圆」、「列」、「戾」可相通假。

上博本「🔣」，濮茅左以爲「疑胤字」〔註240〕。季師以爲：「此字從『行』、『胤』聲，讀爲『胤』，可從。此字中間所從當即『胤』字本形，字從『肉』，表示骨肉血胤，從『幺』表示子孫綿延，或作『胤』，旁邊的筆畫原是『幺』旁的飾筆，不得釋爲『行』省。」〔註241〕陳惠玲分析：

> 「胤」，金文作🔣（逬鼎）、🔣（秦公簋）、🔣（戰國・晉・蚉壺），

〔註236〕馬承源主編：《上海博物館藏戰國楚竹書（三）》（上海：上海古籍出版社，2003年12月，頁202。

〔註237〕徐在國：〈上博三《周易》釋文補正〉，簡帛研究網站2004年4月24日。

〔註238〕何琳儀：《戰國古文字典》（北京：中華書局，1998年9月，頁975。

〔註239〕陳惠玲：《《上海博物館藏戰國楚竹書（三）・周易》研究》（臺灣師範大學國文教學所碩論，2005年8月，頁649。

〔註240〕馬承源主編：《上海博物館藏戰國楚竹書（三）》（上海：上海古籍出版社，2003年12月，頁202。

〔註241〕季師旭昇：〈《上博三・周易》零釋七則〉，簡帛研究網站，2004年4月24日。

楚系文字作🖼《(上三) 49》，……從金文字形看來，「胤」的本字爲「肎」。簡文「🖼」字從師說應爲從「行」，「胤」聲，「行」其省體或作彳，或作亍，意思仍然是「行」〔註242〕。簡文左部季師以爲飾筆，金文逤鼎亦有出現，有例可尋，因此非原考釋以爲從「行」省。

另外一種可能是簡文「🖼」字二旁也許本爲「八」，後來如季師《說文新證上》所云，屬戰國常見的「複筆增繁」情形。簡文「徹」與今本作「夤」，上古音皆爲喻四眞部，二字可通假。〔註243〕

季師、陳惠玲之說可從。🖼從「行」、「胤」聲，讀爲「胤」，可從。「夤」、「胤」上古音皆喻紐眞部，故可通假。

帛書本「肥」右偏旁缺損不清，雖隸定爲「肥」，但「肥」從「巳」得聲，「巳」上古音精紐質部，聲韻皆遠。張立文以爲「肥」可能是「胂」字之殘損。「夤，釋文：「馬云：『夾脊肉也。』鄭本作膺，徐本又作骨，荀作腎。」丁壽昌曰：「說文：『胂，夾脊肉也。』易蓋假夤爲胂，故馬季長云：『夾脊肉也。』康成作演，則胂之或體。』是『夤』、『膺』、『胂』、『肥』音近義同相通。」〔註244〕「夤」、「胂」皆爲夾脊肉之義，「胂」上古音審紐眞部，「夤」爲喻四眞部，韻同聲近可通假，如「舒」(審紐魚部) 從「予」(喻四魚部) 得聲是爲例。故張立文之說可從。

(四) 阜陽本、帛書本、今本「厲薰心」之「薰」，上博本作「🖼 (巻)」。

玉姍案：上博本「🖼」，濮茅左隸爲「同」，讀爲「痛」〔註245〕，學者則有不同看法：

1. 徐在國以爲「🖼」和「同」字形體有別。頗疑此字應釋爲「合」。「合」可讀爲「薰」。〔註246〕

2. 黃錫全以爲此字作「🖼」，比「同」少一橫。若釋爲岧 (合)，與薰音近可通，但比合又多一橫。相互比較，也不排除此字是「冋」的可能。

〔註242〕季師旭昇：《說文新證・上》(台北：藝文印書館，2002 年 10 月，頁 126。

〔註243〕陳惠玲：《《上海博物館藏戰國楚竹書 (三)・周易》研究》(臺灣師範大學國文教學所碩論，2005 年 8 月，頁 649～650。

〔註244〕張立文 (張憲江)：《周易帛書今注今譯》(台北：臺灣學生書局，1991 年)，頁 146。

〔註245〕馬承源主編：《上海博物館藏戰國楚竹書 (三)》(上海：上海古籍出版社，2003 年 12 月，頁 202。

〔註246〕徐在國：〈上博三《周易》釋文補正〉，簡帛研究網站 2004 年 4 月 24 日。

薰，指火焰上出。薰心，義指燒心。炯，也指火光。如《說文》炯，
光也。〔註247〕

3. 季師以爲疑此字上從「△」或可視爲「」（关）省，「关」字「八」
形下一般作二橫畫，但是也有作一橫畫的，如《望山》2.13作「」。
「卷」字從「口」、「关」（群／元）聲，與「薰」聲韻俱近，可通。
〔註248〕

陳惠玲以爲：

「同」，楚文字作（《包》2.138反），「台」，戰國文字作（《貨
系》205布空），「同」，楚文字作（《帛書甲》7）。「同」、「台」、「同」
和簡文「」字似乎皆無完全精確吻合，比較接近的字形大概是「台」
字，季師旭昇在上文中提到，戰國文字「八」，在底下多寫一橫畫是
常有的事，但「台」（喻紐元部）與今本作「薰」（曉紐諄部），二字
聲紐是不近的。季師以爲簡文字，可能是「」（关）省，在字
形上比較合理，且從「关」聲，上古音群紐元部，與今本「薰」，上
古音曉紐諄部，同爲喉音，元、諄旁轉，如《詩經·邶風·新臺》
二章以「浣」（元部）韻「殄」（諄部），因此可通假。季師之說可從。
〔註249〕

陳惠玲分析合理，此接受陳氏結論從季師之說，以爲字可能是從口、「」
（关）省，且從「关」聲，上古音群紐元部，與今本「薰」，上古音曉紐諄部，
同爲喉音，元、諄旁轉，可通假。故此。

【爻辭考釋】

〈象〉曰：

「艮其限」，危薰心也。（頁116）

王弼《注》：

夤，當中脊之肉也。止加其身，中體而分，故「列其夤」而憂危薰
心也。「艮」之爲義，各止于其所，上下不相與，至中則列矣。列加

〔註247〕黃錫全：〈讀上博《戰國楚竹書（三）》札記數則〉，簡帛研究網站2004年6
月22日。

〔註248〕季師旭昇主編《上海博物館藏戰國楚竹書（三）讀本》，（台北：萬卷樓，2005
年10月頁139。

〔註249〕陳惠玲：《《上海博物館藏戰國楚竹書（三）·周易》研究》（臺灣師範大學國
文教學所碩論，2005年8月，頁651。

其夤，危莫甚焉。危亡之憂，乃薰灼其心也。施止體中，其體分焉。
體分兩主，大器喪矣。（頁116）

孔穎達《正義》：

限，身之中，人□〔註250〕帶之處，言三當兩象之中，故謂之限。施
止于限，故曰「艮其限」也。夤，當中脊之肉也。薰，燒灼也。既
止加其身之中，則上下不通之義也，是分列其夤。夤既分列，身將
喪亡，故憂危之切，薰灼其心矣。然則君臣共治，大體若身，大體
不通，則君臣不接，君臣不接，則上下離心，列夤則身亡，離心則
國喪，故曰「列其夤，屬薰心」。「體分兩主大器喪矣」者，大器謂
國與身也。此爻亦明施止不得其所也。（頁116）

朱熹《易本義》：

限，身上下之際，即腰胯也。夤，膂也。止于腓，則不進而已。九
三以過剛不中，當限之處，而艮其限，則不得屈伸，而上下判隔，
如列其夤矣。危屬薰心，不安之甚也。（頁195）

南懷瑾、徐芹庭《周易今註今譯》：

九三當艮止之時，居內卦之極，它有艮止于界限，止隔于他的連屬，
不能動的現象，因此危屬薰染其心。（頁326）

陳惠玲《《上海博物館藏戰國楚竹書（三）・周易》研究》：

「夤」字，歷來有三種說法，一爲「夾脊肉」如馬融〔註251〕、虞翻、
王弼、孔穎達、高亨。二爲「腎」，如荀爽〔註252〕。三爲「要（腰）」
如黃沛榮以爲「夤」字乃「要」字形近之誤〔註253〕。今本作「夤」
字與楚簡本作「胤」字，上古音皆喻四眞部音近可通，與「要（腰）」
（影紐宵部）音不近，季師旭昇亦以爲「『夤』字於秦公簋作『』，
實從肉。《說文》訛爲從『夕』」〔註254〕，故黃沛榮以爲形誤之說，
恐誤。帛書本作「肥」，《說文》「肥」作「肥」，多肉也。故此字和
身上的肉有關，一說爲「腎」便不可從。因此，本文以爲「夤」作

〔註250〕玉姍案：□字殘。
〔註251〕屈萬里：《讀易三種》（台北：聯經出版事業公司，1984年），頁320。
〔註252〕屈萬里：《讀易三種》（台北：聯經出版事業公司，1984年），頁320。
〔註253〕屈萬里：《讀易三種》（台北：聯經出版事業公司，1984年），頁561。
〔註254〕季師旭昇主編：《上海博物館藏戰國楚竹書（三）讀本》（台北：萬卷樓，2005
　　　　年10月，頁139。

「夾脊肉」爲佳〔註255〕。〔註256〕

玉姍案：「限」即界限，虞翻、王弼、孔穎達等舊說指「腰帶處」，以九三所在上下兩艮之中，確如腰帶所在處，故從王、孔舊說。「夤」歷來有三種說法，陳惠玲分析以爲當釋爲「夾脊肉」，其於形音皆可通，此接受陳惠玲之說，不再贅敘。

九三處在上下兩艮之中，象徵艮止於腰，中體而分；又象分裂脊肉，身將喪亡，憂危之切，薰灼其心矣。因此有危厲薰染其心之象。以人事而喻，則如君臣不接，上下離心。

今本「九三：艮其限，列其夤，厲薰心。」意思是：九三處於上下兩艮之中，象腰部停止不動，背夾肉撕裂，有危厲薰灼其心的現象。

上博本作「九晶：艮亓瞳，剄亓徹，礦卺心。」帛書本作「九三：根其限，戾亓肥，厲薰心。」意思與今本同。

1. 上博《周易》：六四：艮亓躳。
2. 阜陽《周易》：六四：艮其身，无咎。
3. 帛書《周易》：六四：根亓䠶。
4. 今本《周易》：六四：艮其身，无咎。

【文字考釋】

阜陽本六四爻辭殘，據今本補。

（一）上博本與帛書本皆無「无咎」二字。今本「无咎」二字可能是後世所加。

（二）今本「艮其身」之「身」，上博本作「躳」、帛書本作「䠶」。

玉姍案：今本「艮其身」之「身」，上博本作「躳」、帛書本作「䠶」。「躳」、「䠶」均爲「躬」之異體字。《爾雅·釋詁下》：「躬，身也。」故其意與今本同。

【爻辭考釋】

〈象〉曰：

〔註255〕季師旭昇以爲：「夤字於秦公簋作『』，實從肉。《說文》訛爲從『夕』。」見季師旭昇主編《上海博物館藏戰國楚竹書（三）讀本》，（台北：萬卷樓，2005 年 10 月頁 139。

〔註256〕陳惠玲：《《上海博物館藏戰國楚竹書（三）·周易》研究》（臺灣師範大學國文教學所碩論，2005 年 8 月，頁 652～653。

「艮其身」，止諸躬也。（頁116）

王弼《注》：

中上稱身，履得其位，止求諸身，得其所處，故不陷于咎也。（頁116）

孔穎達《正義》：

「中上稱身」。六四居止之時，已入上體，履得其位，止求諸身，不陷于咎，故曰「艮其身，无咎」也。求，責也。諸，之也。（頁116）

朱熹《易本義》：

以陰居陰，時止而止，故爲艮其身之象，而占得无咎也。（頁195）

南懷瑾、徐芹庭《周易今註今譯》：

六四以陰居陰，得陰陽之正位，在艮止的時候它有止于其身的象徵，這是无咎的。（頁326）

　　玉姍案：六四以陰爻居陰位，又處卦之中上，履得其位，象徵能靜止於上身，得其所處，時止則止，所以不陷於災咎。王弼以下學者多由此立說，此亦從之。

　　今本「六四：艮其身，无咎。」意思是：六四履得其位，能時止則止，象徵艮止於上身，這是無災咎的。

　　上博本作「六四：艮丌躬。」、帛書本作「六四：根亓躬。」意思是：六四履得其位，能時止則止，有艮止於上身的象徵。

1. 上博《周易》：六五：艮丌頌，言又會，慇亡。
2. 阜陽《周易》：六五：艮其父，言有序，悔亡。
3. 帛書《周易》：六五：根亓胶，言有序，悔亡。
4. 今本《周易》：六五：艮其輔，言有序，悔亡。

【文字考釋】

　　阜陽本六五爻辭部分殘，據今本補。

（一）帛書本、今本「言有序」之「序」，上博本作「舍」。

　　玉姍案：上博本「舍」，濮茅左以爲隸定爲「會」，或釋「舒」，讀爲「序」。

〔註257〕

〔註257〕馬承源主編：《上海博物館藏戰國楚竹書（三）》（上海：上海古籍出版社，2003

　　陳惠玲以爲「**参**從余、呂聲，即『舒』字。今字『舒』從舍，『舍』本從『余』聲；從『予』聲，『予』本從『呂』分化〔註258〕。帛書本、今本皆作『序』。『序』本從广、予聲，與『舒』同出一聲，可相通假。」〔註259〕濮茅左、陳惠玲之說可從。「**参**」從余、呂聲，即「舒」字。「序」與「舒」皆從「予」得聲，可相通假。釋作「舒」，讀爲「序」：

【爻辭考釋】

　　〈象〉曰：

　　　　「艮其輔」，以中正也。（頁116）

《周易集解》引虞翻云：

　　　　輔，面頰骨，上頰車者也。（頁463）

王弼《注》：

　　　　施止于輔，以處于中，故口无擇言，能亡其悔也。（頁116）

孔穎達《正義》：

　　　　輔，頰車也，能止于輔頰也。以處其中，故「口无擇言」也。言有倫序，能亡其悔，故曰「艮其輔，言有序，悔亡」。（頁116）

朱熹《易本義》：

　　　　六五當輔之處，故其象如此。而其占悔亡也。悔謂以陰居陽。（頁196）

南懷瑾、徐芹庭《周易今註今譯》：

　　　　六五以陰居尊位，當艮止之時，所以有止于其口，言語有秩序，治而不亂的象徵，這是沒有後悔的。（頁326）

　　玉姍案：六五處於中位，象徵艮止於輔頰（口），言語有序，而能無悔。

　　今本「六五：艮其輔，言有序，悔亡。」意思是：六五以陰居尊位，有止於輔頰的象徵。言語有序，就沒有後悔。

　　上博本作「六五：艮亓頌，言又奮，慭亡。」帛書本作「六五：根亓肢，言有序，悔亡。」其意均與今本同。

　　1. 上博《周易》：上九：臺艮，吉。

　　　　　年12月，頁203。

〔註258〕季師旭昇：《說文新證·上》（台北：藝文印書館，2002年10月，頁314。

〔註259〕陳惠玲：《《上海博物館藏戰國楚竹書（三）·周易》研究》（臺灣師範大學國文教學所碩論，2005年8月，頁656。

2. 阜陽《周易》：┃上九：敦艮，吉。┃

3. 帛書《周易》：尚九：敦根，吉。

4. 今本《周易》：上九：敦艮，吉。

【文字部份】

阜陽本上九爻辭殘，據今本補。

（一）帛書本、今本「敦艮」之「敦」，上博本作「（臺）」。

玉姍案：上博本「」，濮茅左以爲隸定爲「臺」，通「敦」〔註260〕。季師《說文新證・敦》以爲「臺」爲「敦」字初文，是以羊獻享的會意字，甲、金文多用爲「迫、伐」之意。戰國時期再加義符「攴」強調「迫、伐」之義。〔註261〕陳惠玲以爲：「敦，甲骨文作（《前》4.34.7），金文作（不娶簋），戰國文字作（《齊・璽彙》4033）、（《秦・璽彙》646），……簡本此字與帛書本、今本作『敦』同。」〔註262〕故「」即爲「敦」字，原考釋之說可從。

【爻辭考釋】

〈象〉曰：

「敦艮」之吉，以厚終也。（頁116）

《周易集解》引虞翻云：

无應靜止，下據二陰，故「敦艮吉」也。（頁465）

王弼《注》：

居止之極，極止者也。敦重在上，不陷非妄，宜其「吉」也。（頁116）

孔穎達《正義》：

敦，厚也。上九居艮之極，極止者也。在上能用敦厚以自止，不陷非妄，宜其吉也，故曰「敦艮，吉」也。（頁116）

朱熹《易本義》：

〔註260〕馬承源主編：《上海博物館藏戰國楚竹書（三）》（上海：上海古籍出版社，2003年12月，頁203。

〔註261〕季師旭昇：《說文新證・上》（台北：藝文印書館，2002年10月，頁230。

〔註262〕陳惠玲：《《上海博物館藏戰國楚竹書（三）・周易》研究》（臺灣師範大學國文教學所碩論，2005年8月，頁658。

以陽剛居止之極，敦厚於止者也。（頁 196）

南懷瑾、徐芹庭《周易今註今譯》：

上九居艮止之極，有敦厚于止的象徵，時止則止，這是吉利的。（頁 327）

玉姍案：上九爻爲艮山之極，艮山有止義，山之極則厚止，爲靜止之極。所以上九爻能敦厚自止，處靜之極，不陷入非妄，是吉象。王弼以下學者多從此立說，此亦從之。

今本「上九：敦艮，吉。」意思是：上九居艮止之極，象徵能敦厚以自止，這是吉利的。

上博本作「上九：臺艮，吉。」帛書本作「尙九：敦根，吉。」其意均與今本同。

第五十三節　漸　卦

一、卦名釋義

《說文》：「漸，漸水山丹陽、黝南、蠻中，東入海。」（頁 536）《說文》「漸」爲水名。然「漸」在古文獻中多假借作「進」之意，如《史記・平津侯主父列傳》：「公孫弘、卜式、兒寬皆以鴻漸之翼困於燕雀。」《集解》李奇曰：「漸，進也」。〈象〉曰：「漸之進也。」（頁 117）漸卦之「漸」取漸進之意。

〈序卦〉曰：「物不可以終止，故受之以漸。漸者，進也。」（頁 188）凡物無法永遠靜止，靜止而後又開始漸行運動，故漸卦在艮卦之後。

今本漸卦卦畫作「☴☶」，上巽風，下艮山。〈象〉曰：「山上有木，漸。君子以居賢德善俗。」（頁 117）《巽》象風、象木，其卦象爲山上有木，樹木成長是漸成的，非一朝一夕所致，這便是漸卦的道理。君子體察於此，不論求賢得使居位，或移風易俗皆須漸進行之。

二、卦爻辭考釋

（一）卦辭考釋

1. 上博《周易》：灪：女逯吉，秒貞。

2. 阜陽《周易》：【缺簡】

3. 帛書《周易》：漸：女歸吉，利貞。

4. 今本《周易》：漸：女歸吉，利貞。

【文字考釋】

（一）帛書本、今本「漸」，上博本作「🔲（漸）」。

　　玉姍案：上博本「🔲」。濮茅左隸定爲「漸」同「漸」字。〔註 263〕陳惠玲以爲：

> 「🔲」字……疑隸定爲「漸」。「堇」，楚系文字作🔲（之利殘片）、🔲（（載）《包》2.135 反）、🔲（（瘽）《包》2.13），簡文此字左上部件下並不從「土」，故和「堇」字不類。「莫」，甲骨文作🔲（《類纂》104），金文作🔲（董鼎）〔註 264〕、🔲（頌鼎），楚系文字作🔲（（難）《帛書乙》）、🔲（（灘）《鄂君啓節》），其「莫」字和簡文似，疑隸定作「漸」字。同簡另又出現三「漸」字，初六爻作🔲，六二爻🔲、九三爻作🔲，六二、九三爻明顯作從水，斬聲的「漸」字，卦辭及初六爻此字，對照今本當作「漸」。〔註 265〕

陳惠玲以爲上博簡「🔲」字當隸定爲「漸」，對照今本當作「漸」。就字形而言相當合理，故從之。

【卦辭釋讀】

　　〈彖〉曰：

> 漸之進也，「女歸吉」也。進得位，往有功也。進以正，可以正邦也。其位，剛得中也。止而巽，動不窮也。（頁 117）

　　〈象〉曰：

> 山上有木，漸。君子以居賢德善俗。（頁 117）

王弼《注》：

> 漸者，漸進之卦也。「止而巽」，以斯適進，漸進者也。以止巽爲進，

〔註 263〕馬承源主編：《上海博物館藏戰國楚竹書（三）》（上海：上海古籍出版社，2003年 12 月，頁 204。

〔註 264〕何琳儀：《戰國古文字典》（北京：中華書局，1998 年 9 月 975 頁，視爲「　」字。

〔註 265〕陳惠玲：《《上海博物館藏戰國楚竹書（三）・周易》研究》（臺灣師大國文教學所碩論，2005 年 8 月，頁 662。

故「女歸吉」也。進而用正，故「利貞」也。（頁 117）

孔穎達《正義》：

> 「漸」者，不速之名也。凡物有變移，徐而不速，謂之漸也。歸，
> 嫁也，女人生有外成之義，以夫爲家，故謂嫁曰「歸」也。婦人之
> 嫁，備禮乃動，故漸之所施，吉在女嫁，故曰「女歸吉」也。女歸
> 有漸，得禮之正，故曰「利貞」也。（頁 117）

朱熹《易本義》：

> 漸，漸進也。爲卦止於下而巽於上，爲不遽進之義，有女歸之象焉。
> 又自二至五，位皆得正，故其占爲女歸吉，而又戒以利貞也。（頁
> 197）

南懷瑾、徐芹庭《周易今註今譯》：

> 漸卦有漸進的意思，女子的嫁人，也是經納采、問名、納吉、納徵、
> 請期、親迎而成的，所以在漸之時，嫁女是吉利的，不過，須利于
> 守正，才可永久。（頁 327～328）

玉姍案：漸卦有循序漸進之義，〈彖〉曰：「漸之進也。『女歸吉』也。進
得位，往有功也。進以正，可以正邦也。其位，剛得中也。止而巽，動不窮
也。」（頁 117）以爲有如女子嫁人亦須依禮漸進，有一定的步驟，絲毫不亂，
方能得吉。

今本「漸：女歸吉，利貞。」意思是：漸卦有漸進的象徵，有如女子嫁
人也須依禮漸進，才能得吉。這是利於貞正的。

上博本作「漸：女逿吉，秒貞。」帛書本作「漸：女歸吉，利貞。」意
思皆與今本同。

1. 上博《周易》：初六：瑪漸于鷠，少子礪，又言，不冬。

2. 阜陽《周易》：【缺簡】

3. 帛書《周易》：初六：瑪漸于淵，小子瘋，有言，无咎。

4. 今本《周易》：初六：鴻漸于干，小子厲，有言，无咎。

【文字考釋】

（一）今本「鴻漸于干」之「鴻」，上博本與帛書本皆作「瑪」。

玉姍案：「瑪」（「隹」）與「鴻」古音皆爲匣紐東韻，可通。張立文以爲

「《一切經音易十一》引聲類：『鴻或鴻字同，胡工反。』《漢書司馬相如傳》：『鴻、鵁、鵁鴻。』顏注：『鴻，古鴻字』。鴻、鴻爲古今字。」〔註266〕濮茅左以爲「『鴻』同『鴻』，《玉篇》：『鴻，鳥肥大也，或作鴻。』」〔註267〕陳惠玲以爲「『鴻』，原考釋以爲同『鴻』。可從。此與《說文》釋爲『鳥肥大隹隹也』的『鴻』（『隹』的或體字）不同字。段玉裁注：『謂雁之肥大者也』。〔註268〕均可從。

（二）今本「鴻漸于干」之「干」，帛書本作「淵」，上博本作「🔣」。

　　玉姍案：上博本作「🔣」，濮茅左將「🔣」隸定爲「䲧」；會兩自夾水之意，亦「澗」字。〔註269〕季師以爲：「以字形而言，䲧字釋爲「兩山夾水」之「澗」（見／元）似乎最合理。今本作「干」（見／元），音義俱近。」〔註270〕

　　「🔣」可隸定爲「䲧」，會「兩自夾水」之意。季師以爲可能爲「澗」之初文。「干」與「澗」上古音同爲見紐元部，故可通假。此從之。

　　帛書本「淵」上古音影紐元部，「干」上古音見紐元部，韻同聲較遠。張立文舉《水經・穀水注》：「淵淵相似，時有字錯爲淵也。」及「干」與「澗」古通同。《詩・考槃》：「考槃在澗。」《經典釋文》：「澗，韓詩作干。」爲證，以爲「干」訓「澗」，則「淵」與「澗」則義同，故帛書本「淵」可通作「干」。〔註271〕張說可從。

（三）帛書本、今本「无咎」，上博本作「不冬」。

　　玉姍案：上博本作「不冬（終）」，帛書本、今本均作「无咎」。萃卦初六「有孚不終」，「不終」謂「做某事而未能至終」，與帛書本、今本「无咎」略有不同。

〔註266〕張立文（張憲江）：《周易帛書今注今譯》（台北：臺灣學生書局，1991年），頁697。

〔註267〕馬承源主編：《上海博物館藏戰國楚竹書（三）》（上海：上海古籍出版社，2003年12月，頁204。

〔註268〕陳惠玲：《《上海博物館藏戰國楚竹書（三）・周易》研究》（臺灣師範大學國文教學所碩論，2005年8月，頁698。

〔註269〕馬承源主編：《上海博物館藏戰國楚竹書（三）》（上海：上海古籍出版社，2003年12月，頁204。

〔註270〕季師旭昇主編：《上海博物館藏戰國楚竹書（三）讀本》（台北：萬卷樓，2005年10月，頁142。

〔註271〕張立文（張憲江）：《周易帛書今注今譯》（台北：臺灣學生書局，1991年），頁697。

【爻辭釋讀】

〈象〉曰：

> 「小子」之屬，義无咎也。（頁117）

王弼《注》：

> 鴻，水鳥也。適進之義，始于下而升者也，故以鴻爲喻之。又皆以進而履之爲義焉，始進而位乎窮下，又无其應。若履于干，危不可以安也。始進而未得其位，則困于小子，窮于謗言，故曰「小子屬有言」也。困于小子讒諛之言，未傷君子之義，故曰「无咎」也。（頁117）

孔穎達《正義》：

> 鴻，水鳥也。干，水涯也。漸進之道，自下升高，故取譬。鴻飛，自下而上也。初之始進，未得祿位，上无應援，體又窮下，若鴻之進于河之干，不得安寧也，故曰「鴻漸于干」也。始進未得顯位，易致陵辱，則是危于小子，而被毀于謗言，故曰「小子屬有言」。小人之言，「未傷君子之義」，故曰，「无咎」也。（頁117）

朱熹《易本義》：

> 鴻之行有序而進有漸。干，水涯也。始進於下，未得所安，而上復无應，故其象如此，而其占則爲小子屬。雖有言而於義則无咎也。（頁198）

南懷瑾、徐芹庭《周易今註今譯》：

> 初六居漸之始，未得其位，有鴻鳥漸息于江邊的象徵，這時職位低微的小子，是有危屬的，他人是有言語之譏，加於你身上的，但沒有災咎。（頁329）

玉姍案：初六處於漸卦之始，居窮下之位，又無相應，就宛如鴻鳥近於水涯，危險不可安處。以人事象徵，此時有小人謗言之危屬，但未傷及君子，故曰「無咎」。

今本作「初六：鴻漸于干，小子屬，有言，无咎。」意思是：初六處於漸卦之始而位於窮下之地，象徵鴻鳥漸進於水涯邊。此時雖有小子謗言危屬，但未傷君子之義，因此沒有災咎。

上博本作「初六：鳿漸于鵨，少子礭，又言，不冬。」意思是：初六處於漸卦之始而位於窮下之地，象徵鴻鳥漸進於水澗間。雖有小子謗言危屬，

但此謗言並不會延續至最終。

帛書本作「初六：鴻漸于淵，小子癘，有言，无咎。」其意與今本同。

1. 上博《周易》：六二：鴻漸于墜，酓飤蠲=，吉。

2. 阜陽《周易》：【缺簡】

3. 帛書《周易》：六二：鴻漸于坂，酒食衍衍，吉。

4. 今本《周易》：六二：鴻漸于磐，飲食衍衍，吉。

【文字考釋】

（一）今本「鴻漸于磐」之「磐」，上博本作「墜」，帛書本作「坂」。

玉姍案：「墜」、「坂」、「磐」上古音皆爲並紐元部，可通假。濮茅左以爲「墜」，亦「阪」字，或讀爲「磐」。〔註272〕可從。

（二）今本「飲食衍衍」，上博本作「酓飤𧮫（蠲=）」，帛書本作「酒食衍衍」。

玉姍案：今本「飲」，上博本作「酓」。濮茅左以爲「酓」，《集韻》：「飲，古作酓。」〔註273〕季師旭昇《說文新證・酓》：

甲骨文「歙」（玉姍案：如 𩙿（《甲・菁》4.1）字）從人張口伸舌飲酒，人形或省或略，略形作「酓」（玉姍案：如 𩚴（《甲・乙》8710）字）。西周金文將「口」形及「舌」形改造爲「今」聲（玉姍案：如 𩚴（《金》𩚴兒鐘）字），其後此二形並行。《說文》以「歙」、「酓」別字，當非。春秋曾孟嬭諫盆（玉姍案：指𩚴字）改從食從欠，爲今楷字所從。〔註274〕

故上博本「酓」與今本「飲」爲古今字，可通。

今本「飲食」，帛書本作「酒食」。張立文以爲「飲食衍衍」與「酒食衍衍」義近〔註275〕，可從。但亦不排除有「酒」乃「飲」之筆誤之可能。

上博本「𧮫」，濮茅左隸定爲「蠲=」，重文，字待考。〔註276〕陳偉以爲

〔註272〕馬承源主編：《上海博物館藏戰國楚竹書（三）》（上海：上海古籍出版社，2003年12月，頁204。

〔註273〕馬承源主編：《上海博物館藏戰國楚竹書（三）》（上海：上海古籍出版社，2003年12月，頁204。

〔註274〕季師旭昇：《說文新證・下》（台北：藝文印書館，2004年11月，頁61。

〔註275〕張立文（張憲江）：《周易帛書今注今譯》（台北：臺灣學生書局，1991年），頁700。

〔註276〕馬承源主編：《上海博物館藏戰國楚竹書（三）》（上海：上海古籍出版社，2003

此字從「侃」、從二「虫」〔註277〕。陳惠玲以爲

　　「𧈟」字，應爲從侃，從蚰。「侃」金文作侃（癭鐘），晉系文字作侃
　　（《侯馬》315），楚系文字作侃（《天星》8）、少（《郭店・緇衣》
　　32）、侃（《上博（一）・緇衣》16），簡文此字從陳偉之說，應視爲
　　「侃」字，下從二虫。「侃」上古音爲溪紐元部，帛書本作「衍」上
　　古音爲喻四元部，今本作「衎」上古音爲溪紐元部，「侃」、「衎」音
　　同，「侃」、「衍」上古牙、舌音相近，可通假。陳偉已舉出文獻中「侃」、
　　「衍」、「衎」相通假之例，此在補證之：《穀梁傳・襄公二十六年經》：
　　「衛侯衎復歸于衛」，《釋文》：「衎本作衍。」〔註278〕

故陳偉、陳惠玲之說可從。上博本「𧈟」字下半部爲「蚰」，上半部從陳偉之
說釋爲「侃」字，「=」爲重文符。

　　今本「衎衎」，上博本作「𧈟=」，帛書本作「衍衍」。「侃」、「衎」古音同
爲溪紐元部，可通假。《穀梁傳・襄公二十六年經》：「衛侯衎復歸于衛」，《釋
文》：「衎本作衍。」證明「衎」、「衍」可通假。

【爻辭釋讀】

　　〈象〉曰：

　　　　「飲食衎衎」，不素飽也。（頁117）

王弼《注》：

　　　　磐，山石之安者，少進而得位，居中而應，本无祿養，進而得之，
　　　　其爲歡樂，願莫先焉。（頁117）

孔穎達《正義》：

　　　　磐，山石之安者也。衎衎，樂也。六二「進而得位，居中而應」，得
　　　　可安之地，故曰「鴻漸于磐」。既得可安之地，所以「飲食衎衎」然，
　　　　樂而獲吉福也，故曰「鴻漸于磐，飲食衎衎，吉」也。馬季良云：「山
　　　　中石磐紆，故稱磐也。」鴻是水鳥，非是集于山石陵陸之禽，而爻
　　　　辭以此言「鴻漸」者，蓋漸之爲義，漸漸之于高，故取山石陵陸，
　　　　以應漸高之義，不復係水鳥也。（頁117）

年12月，頁204。

〔註277〕陳偉：〈楚竹書《周易》文字試釋〉，簡帛研究網站2004年4月18日。

〔註278〕陳惠玲：《《上海博物館藏戰國楚竹書（三）・周易》研究》（臺灣師範大學國
　　　　文教學所碩論，2005年8月，頁668～669。

朱熹《易本義》：

　　磐，大石也。漸遠於水，進於磐而益安矣。衎衎，和樂意。六二柔
　　順中正，進以其漸，而上有九五之應，故其象如此，而占則吉也。（頁
　　198）

南懷瑾、徐芹庭《周易今註今譯》：

　　六二居中得位，有鴻鳥漸進而棲息于磐石的現象，這是非常穩固的，
　　所以飲食及做諸事，都很和樂，這是吉利的。（頁329）

　　玉姍案：今本「磐」字，帛書本作「坂」、上博本作「塈」。陳惠玲以爲：
「『磐』字，有四說：一爲『山石』，如王弼、孔穎達。二爲『大石』，如朱熹。
三爲『水涯堆』，如王引之。四爲『泮』，如高亨。今本初六爻作『干』、六二
爻作『磐』、九三爻作『陸』、六四爻作『木』、九五爻作『陵』、上九作『陸』。
九三『陸』字，《釋文》引馬云：『山上高平曰陸。』〔註279〕」後四爻並與水
無關，故六二『磐』作『山石』解，義無不通。」〔註280〕故「磐」作「山石」
解，義可通，此從之。

　　六二居中而應，猶如鴻鳥由山澗漸進於山石，象徵進能得位，而有歡樂
之事。王弼以下多由此立說，此亦從之。

　　今本「六二：鴻漸于磐，飲食衎衎，吉。」意思是：六二居中得位，如
鴻鳥漸進於山石，象徵飲食和樂，這是吉利的。

　　上博本作「六二：鴻漸于塈，酓飤盚＝，吉。」意思與今本同。

　　帛書本作「六二：鴻漸于坂，酒食衎衎，吉。」意思是：六二居中得位，
如鴻鳥漸進於山石，象徵酒食和樂，這是吉利的。

1. 上博《周易》：九晶：鴻漸于陰，夫征不邅，婦孕而不 育，凶。利
　　禦寇。

2. 阜陽《周易》：【缺簡】

3. 帛書《周易》：九三：鴻漸于陸， 夫征不 復，婦繩不 育 ，凶。利所
　　寇。

4. 今本《周易》：九三：鴻漸于陸，夫征不復，婦孕不育，凶。利禦寇。

〔註279〕屈萬里：《讀易三種》（台北：聯經出版事業公司，1984年），頁326。
〔註280〕陳惠玲：《《上海博物館藏戰國楚竹書（三）‧周易》研究》（臺灣師範大學國
　　　　文教學所碩論，2005年8月，頁670～671。

【文字考釋】

上博本、帛書本九三爻辭殘，皆據今本補。上博本較它本多一「而」字，但文義仍可通。

（一）今本「婦孕不育」之「孕」，帛書本作「繩」。

玉姍案：張立文引《一切經音義九》「古文孕作𦼪。」與《集韻》：「孕亦作𧖻。」〔註281〕可見帛書本作「繩」應由「𧖻」、「𦼪」通假而來。「孕」上古音喻四蒸部，「繩」上古音澄紐蒸部，韻部相同，陳師新雄以爲「古無舌上音……知徹澄三母古讀同端透定」〔註282〕又喻四古歸定，故「孕」、「繩」可通假。

（二）今本「利禦寇」，帛書本作「利所寇」。

玉姍案：今本「利禦寇」，帛書本作「利所寇」。「禦」上古音疑紐魚部，「所」上古音疏紐魚部，疑紐爲牙音，疏紐爲齒音，聲紐略遠，然《詩·大雅·文王之什·下武》：「昭茲來許」，《後漢書·祭祀志》引作：「來禦」；王輝以爲「按御與從午聲之許相通。」〔註283〕《詩·小雅·鹿鳴之什·伐木》：「許許」，《說文》引作「所所」。「許」（曉紐魚部）與「所」可通假，故「禦」、「所」可相通。

【爻辭釋讀】

〈象〉曰：

「夫征不復」，離群醜也。「婦孕不育」，失其道也。「利用禦寇」，順相保也。（頁117）

《周易集解》引虞翻云：

高平稱「陸」。（頁467～468）

王弼《注》：

陸，高之頂也。進而之陸，與四相得，不能復反者也。「夫征不復」，樂于邪配，則婦亦不能執貞矣。非夫而孕，故「不育」也。三本艮體，而棄乎群醜，與四相得，遂乃不反，至使婦孕不育。見利忘義，

〔註281〕張立文（張憲江）：《周易帛書今注今譯》（台北：臺灣學生書局，1991年），頁701。
〔註282〕陳師新雄：《古音學發微》（台北：文史哲出版社，1996年10月，頁1142。
〔註283〕王輝：《古文字通假字典》（北京：中華書局，2008年2月，頁80。

貪進忘舊，凶之道也。異體合好，順而相保，物莫能間，故「利禦寇」也。（頁 117）

孔穎達《正義》：

陸，高之頂也。九三居下體之上，是進而得高之象，故曰「鴻漸于陸」也。進而之陸，无應于上，與四相比，四亦无應，近而相得。三本是艮體，與初二相同一家，棄其群類，與四合好，即是夫征而不反復也。夫既樂于邪配，妻亦不能保其貞。非夫而孕，故「不育」也。見利忘義，貪進忘舊，凶之道也，故曰「夫征不復，婦孕不育，凶」也。異體合好，恐有寇難離間之者。然和比相順，其相保安，物莫能間，故曰「利用禦寇」也。（頁 117）

朱熹《易本義》：

鴻，水鳥。陸非所安也。九三過剛不中而无應，故其象如此，而其占夫征則不復，婦孕則不育，凶莫甚焉。然以其過剛也，故利禦寇。

（頁 198）

南懷瑾、徐芹庭《周易今註今譯》：

九三有鴻鳥漸進而著陸的現象，鴻當高飛、而著陸，是不好的，以人事而言，就像丈夫出征不回來，婦人懷孕而不能養育子女，這是凶的，在此時只有利用大家團結，而抵禦外寇，寇退則夫回婦育了。

（頁 330）

玉姍案：「陸」，《周易集解》引虞翻曰：「高平稱陸。」《說文》：「陸高平地。」王弼《注》：「陸，高之頂也。」皆指山之高平處。九三居下體之上，有漸進而往高平之陸而不復之象徵；有如出征丈夫一去不回。「婦孕不育」，王弼、孔穎達皆以爲是「妻亦不能保其貞。非夫而孕，故不育也」。然筆者以爲九三爻辭並未出現「不貞」字詞，「婦孕不育」亦有可能是出征丈夫一去不回，妻子懷有遺腹子卻因經濟因素而無力養育，這是凶的。但九三進而得與六四相應，利於防禦敵寇。

今本「九三：鴻漸于陸，夫征不復，婦孕不育，凶。利禦寇。」意思是：九三居內卦之上，進而得高，象徵鴻鳥漸進於山之高平處而不回，此有丈夫出征不返，妻子懷孕而無法養育之象，這是凶的。九三進而得與六四相應，利於防禦敵寇。

上博本作「九晶：**瑪**漸于陸，夫征不遉，婦孕而不育，凶。利禦寇。」

與今本義同。

帛書本作「九三：瑪漸于陸，夫征不復，婦繩不育，凶。利所寇。」「利所寇」若依文詞直解，意思是：九三居內卦之上，進而得高，象徵鴻鳥漸進於山之高平處而不回，此有丈夫出征不返，妻子懷孕而無法養育之象，這是凶的，此時利於賊寇入侵。若將「利所寇」之「利」通假為「禦」，則解釋與今本同。

1. 上博《周易》：六四：鴻漸于木，或得其桷，无咎。

2. 阜陽《周易》：【缺簡】

3. 帛書《周易》：六四：瑪漸于木，或直其寇敳，无咎。

4. 今本《周易》：六四：鴻漸于木，或得其桷，无咎。

【文字考釋】

上博本六四爻辭殘，據今本補。

（一）今本「或得其桷，无咎」，帛書本作「或直其寇敳，无咎」。

玉姍案：趙建偉以為「得」為「值」之音假，「桷」為「寇」之音假〔註284〕。「值」上古音為定紐職部，「得」上古音為端紐職部，聲近韻同，可通；如《楚辭‧天問》、《大戴禮‧帝繫》「簡狄（定紐錫部）」，《路史‧發揮‧稷契考》作「簡逖（透紐錫部）」；「桷」上古音為見紐屋部，「寇」上古音為溪紐侯部，韻部可通轉，聲紐皆為牙音，如帛書《老子》甲本德經：「其邦夬夬」，今本「夬夬」（見紐月部）作「缺缺」（溪紐月部）。故趙說可從。

帛書本比今本多一「敳」字異文。「敳」右偏旁清楚，作「攴」不作「戈」；左偏旁下部模糊不清。〈馬王堆帛書六十四卦釋文〉隸定作「敳」，無考。于豪亮隸定為「設」，意為「擊也」〔註285〕。張立文以為當作「敳」，意為「棄也」〔註286〕。此字右偏旁確定為攴，左偏旁下部模糊不清難以辨識，今本亦無相對應字可供比對，故此暫從張立文之說，以待更佳版本。張立文以為「敳」亦作「靄」，卦辭的涵義為「鴻雁飛到樹木上，正當遇到盜寇（捕鳥者），但

〔註284〕趙建偉：《出土簡帛《周易》疏證》（台北：萬卷樓，2000年），頁110。

〔註285〕于豪亮：〈帛書《周易》〉，《文物》1984年第3期，頁18。

〔註286〕張立文（張憲江）：《周易帛書今注今譯》（台北：臺灣學生書局，1991年），頁703。

捕鳥者棄而不獵，故無災患。」〔註287〕趙建偉以爲「九四遇寇但擊之無咎」〔註288〕。

筆者以爲上述兩種說法皆是受〈馬王堆六十四卦釋文〉斷句爲「瑪漸于木，或直其寇，𣪠，無咎」之影響。筆者在此提出另一個假設，將帛書本的斷句方式改爲「六四：瑪漸于木，或直其寇𣪠，无咎。」將「𣪠」釋爲「讎」之假借字。「讎」上古音爲禪紐幽部，「𣪠」從壽得聲，上古音亦禪紐幽部，聲韻均同可以通假。「寇讎」在先秦爲常用詞，指「賊寇、仇敵」之義。如《孟子・離婁》：「君之視臣如土芥，則臣視君如寇讎。」「寇讎」與「寇」義近，如此解釋，則帛書本與今本的文義其實相同。亦可推測或許較早版本中作「寇𣪠（讎）」，後來傳抄時遺漏「𣪠（讎）」字，但文義仍可通故流傳至今。

【爻辭釋讀】

〈象〉：
　　「或得其桷」，順以巽也。（頁117）

王弼《注》：
　　「或得其桷」，遇安棲也。雖乘于剛，志相得也。（頁117）

孔穎達《正義》：
　　鳥而之木，得其宜也。六四進而得位，故曰「鴻漸于木」也。桷，榱也。之木而遇堪爲桷之枝，取其易直可安也。六四與二相得，順而相保，故曰「或得其桷」。既與相得，无乘剛之咎，故曰「无咎」。
　　（頁117）

朱熹《周易本義》：
　　鴻不木棲。桷，平柯也。或得平柯，則可以安矣。六四乘剛而順巽，故其象如此，占者如之，則无咎也。（頁199）

南懷瑾、徐芹庭《周易今註今譯》：
　　六四得位，有鴻飛而入于木，或得止息于木椽的象徵，這是無咎的。
　　（頁331）

　　玉姍案：由字面意義而言，今本之「或得其桷」與帛書本之「或直其寇𣪠」其吉凶正好相反。「或得其桷」，學者皆以爲鴻鳥能得平直如屋椽的樹枝棲息，

〔註287〕趙建偉：《出土簡帛《周易》疏證》（台北：萬卷樓，2000年），頁110。
〔註288〕趙建偉：《出土簡帛《周易》疏證》（台北：萬卷樓，2000年），頁110。

這是非常明顯的吉兆。但「或直其寇穀」就是遇到惡人之凶兆。這兩種說法，該取哪一種呢？筆者以為可以由「无咎」二字來作決斷。「无咎」二字在卦爻辭中出現八十一次之多，今整理列表如下：

乾	* 九三，君子終日乾乾，夕惕若厲，无咎。 * 九四，或躍在淵，无咎。
坤	* 六四，括囊，无咎无譽。
需	* 初九，需于郊，利用恆，无咎。
師	* 師貞，丈人，吉，无咎。 * 九二，在師中，吉，无咎。 * 六四，師左次，无咎。 * 六五，田有禽，利執言，无咎，長子帥師，弟子輿尸，貞凶。
比	* 比，吉，原筮，元永貞，无咎。 * 初六，有孚比之，无咎。
小畜	六四，有孚，血去惕出，无咎。
履	初九，素履往，无咎。
泰	* 九三，无平不陂，无往不復，艱貞，无咎，勿恤其孚，于食有福。
否	* 九四，有命无咎，疇離祉。
同人	* 初九，同人于門，无咎。
大有	* 初九，无交害，匪咎，艱則无咎。 * 九二，大車以載，有攸往，无咎。 * 九四，匪其彭，无咎。
豫	* 上六，冥豫成，有渝无咎。
隨	* 隨，元亨利貞，无咎。
蠱	* 初六，幹父之蠱，有子，考无咎，厲終吉。 * 九三，幹父之蠱，小有悔，无大咎。
臨	* 六三，甘臨，无攸利，既憂之，无咎。 * 六四，至臨，无咎。 * 上六，敦臨吉，无咎。
觀	* 初六，童觀，小人无咎，君子吝。 * 九五，觀我生，君子无咎。 * 上九，觀其生，君子无咎。

噬嗑	* 初九，屨校滅趾，无咎。 * 六二，噬膚滅鼻，无咎。 * 六三，噬腊肉，遇毒，小吝无咎。 * 六五，噬乾肉，得黃金，貞厲无咎。
賁	* 上九，白賁，无咎。
剝	* 六三，剝之无咎。
復	* 復，亨，出入无疾，朋來无咎。 * 六三，頻復，厲，无咎。
无妄	* 九四，可貞无咎。
頤	* 六四，顛頤吉，虎視眈眈，其欲逐逐，无咎。
大過	* 初六，藉用白茅，无咎。 * 九五，枯楊生華，老婦得其士夫，无咎无譽。
坎	* 六四，樽酒簋貳，用缶，納約自牖，終无咎。
離	* 初九，履錯然，敬之，无咎。 * 上九，王用出征，有嘉折首，獲匪其醜，无咎。
恆	* 恆，亨，无咎，利貞，利有攸往。
晉	* 初六，晉如摧如貞吉，罔孚，裕，无咎。 * 上九，晉其角，維用伐邑，厲吉无咎，貞吝。
睽	* 初九，悔亡，喪馬勿逐自復，見惡人，无咎。 * 九二，遇主于巷，无咎。* 九四，睽孤，遇元夫，交孚，厲无咎。
解	* 初六，无咎。
損	* 損，有孚，元吉，无咎可貞，利有攸往，曷之用，二簋可用享。 * 初九，已事遄往，无咎，酌損之。 * 六四，損其疾，使遄有喜，无咎。 * 上九，弗損，益之，无咎，貞吉，利有攸往，得臣无家。
益	* 初九，利用為大作，元吉，无咎。 * 六三，益之，用凶事，无咎。
夬	* 九三，壯于頄，有凶，君子夬夬，獨行，遇雨若濡，有慍，无咎。 * 九五，莧陸夬夬，中行无咎。
姤	* 九二，包有魚，无咎，不利賓。 * 九三，臀无膚，其行次且，厲，无大咎。 * 上九，姤其角，吝，无咎。

萃	* 初六，有孚不終，乃亂乃萃，若號一握爲笑，勿恤，往，无咎。
	* 六二，引吉无咎，孚乃利用禴。
	* 六三，萃如嗟如，无攸利，往无咎，小吝。
	* 九四，大吉，无咎，象曰，大吉无咎，位不當也。
	* 九五，萃有位，无咎匪孚，元永貞，悔亡。
	* 上六，齎咨涕洟，无咎。
升	* 九二，孚乃利用禴，无咎。
困	* 困，亨，貞大人吉，无咎，有言不信。
	* 九二，困于酒食，朱紱方來，利用享祀，征凶无咎。
井	* 六四，井甃无咎。
革	* 六二，巳日乃革之，征吉无咎。
鼎	* 初六，鼎顛趾，利出否，得妾以其子，无咎。
震	* 上六，震索索，視矍矍，征凶，震不于其躬，于其鄰，无咎，婚媾有言。
艮	* 艮其背，不獲其身，行其庭，不見其人，无咎。
	* 初六，艮其趾，无咎，利永貞。
	* 六四，艮其身，无咎。
漸	* 初六，鴻漸于干，小子厲有言，无咎。
	* 六四，鴻漸于木，或得其桷，无咎。
豐	* 初九，遇其配主，雖旬无咎，往有尚。
	* 九三，豐其沛，日中見沬，折其右肱，无咎。
巽	* 九二，巽在牀下，用史巫，紛若吉，无咎。
渙	* 九五，渙汗其大號，渙，王居无咎。
節	* 初九，不出戶庭，无咎。
	* 六三，不節若，則嗟若，无咎。
中孚	* 六四，月幾望，馬匹亡，无咎。
小過	* 六二，過其祖，遇其妣，不及其君，遇其臣，无咎。
	* 九四，无咎。
既濟	* 初九，曳其輪，濡其尾，无咎。
未濟	* 上九，有孚于飲酒，无咎，濡其首，有孚失是。

由上列的卦爻辭中我們可以發現，當「无咎」作爲斷辭時，絕大多數是

表示「有驚無險」的狀態，也就是即使過程不順遂，但最後總算能沒有災咎。

如果透過這種邏輯來思考，那麼帛書本「或直其寇毃」顯然比今本「或得其桷」更符合「過程不順遂，但最終沒有災咎」的敘述方式。故此處筆者傾向於視帛書本「或直其寇毃」之「寇」爲本字，今本「桷」爲假借字。將六四爻辭釋爲：「六四陰柔而乘九三之剛，象鴻鳥漸進於木，卻遭遇仇寇。過程雖艱險，但因得其位，故最終仍無災咎。」

若依傳統易學說法，今本「六四：鴻漸于木，或得其桷，无咎。」意思是：六四陰柔而乘九三之剛，象鴻鳥漸進於木，能得平直如屋椽的樹枝棲息，因此沒有災咎。

帛書本作「六四：鵡漸于木，或直其寇毃，无咎。」意思是：六四陰柔而乘九三之剛，象鴻鳥漸進於木，卻遭遇仇寇。過程雖艱險，但因得居其位，最終仍無災咎。

1. 上博《周易》：九五：鴻漸于陵，婦三歲不孕，終莫之勝，吉。

2. 阜陽《周易》：【缺簡】

3. 帛書《周易》：九五：鵡漸于陵，婦三歲不繩，終莫之勝，吉。

4. 今本《周易》：九五：鴻漸于陵，婦三歲不孕，終莫之勝，吉。

【爻辭釋讀】

〈象〉曰：

「終莫之勝，吉」，得所願也。（頁117）

王弼《注》：

進得中位，而膈乎三四，不得與其應合，故「婦三歲不孕」也。各履正而居中，三四不能久塞其塗者也。不過三歲，必得所願矣。進以正邦，三年有成，成則道濟，故不過三歲也。（頁117）

孔穎達《正義》：

陵，次陸者也。九五進于中位，處于尊高，故曰「鴻漸于陵」。有應在二而隔乎三、四，不得與其應合，是二、五情意，徒相感說，而隔礙不交，故曰「婦三歲不孕」也。「終莫之勝，吉」者，然二與五合，各履正而居中，三、四不能久塞其路，終得遂其所懷，故曰「終莫之勝，吉」也。九五居尊得位，故曰「進以正邦」也。三年有成，則三、四不敢塞其路，故曰「不過三歲」也。（頁117）

朱熹《易本義》：

> 陵，高阜也。九五居尊，六二正應在下，而爲三四所隔，然終不能
> 奪其正也。故其象如此，而占者如是則吉也。（頁199）

南懷瑾、徐芹庭《周易今註今譯》：

> 九五有鴻漸飛而入于山陵的象徵，這是先不好後終得所願的象徵，
> 以人事而言，有婦人三年不懷孕的現象，但終能得所願，是沒有人
> 能阻止它的，這是吉利的。（頁331）

玉姍案：九五隔九三、六四爻而不得與六二相應，但因九五得正居中，不久必能如願與六二應合。比喻於人事，如同國君發憤想要興正邦國，不到三年就能有成，這是吉利的。

今本「九五：鴻漸于陵，婦三歲不孕，終莫之勝，吉。」意思是：九五履正居中，位處尊高，有如鴻鳥漸漸高飛於山陵。九五欲與九二應合，但暫時被九三、六四阻隔而不能如意，有如想求子的婦人卻三年無法懷孕，但最後終能得其願，此爲吉象。

帛書本作「九五：𪁗漸于陵，婦三歲不繩，終莫之勝，吉。」意與今本同。

1. 上博《周易》： 上九：鴻漸于陸，其羽可用爲儀，吉。

2. 阜陽《周易》：【缺簡】

3. 帛書《周易》：尚九：𪁗漸于陸，其羽可用爲宜，吉。

4. 今本《周易》：上九：鴻漸于陸，其羽可用爲儀，吉。

【文字考釋】

上博本上九爻辭殘，皆據今本補。

【爻辭釋讀】

〈象〉曰：

> 「其羽可用爲儀，吉」，不可亂也。（頁117）

王弼《注》：

> 進處高潔，不累于位，无物可以屈其心而亂其志。峨峨清遠，儀可
> 貴也，故曰「其羽可用爲儀，吉」。（頁117）

孔穎達《正義》：

> 上九與三皆處卦上，故並稱「陸」。上九最居上極，是「進處高潔」，

故曰「鴻漸于陸」也。然居无位之地，是「不累于位」者也。處高
而能不以位自累，則其羽可用爲物之儀表，可貴可法也，故曰「其
羽可用爲儀，吉也」。必言「羽」者，既以鴻明漸，故用羽表儀也。
（頁 117）

朱熹《易本義》：

胡氏程氏皆云，陸，當作逵，謂雲路也。今以韻讀之良是。儀，羽
旄旌纛之飾也。上九至高，出乎人位之外，而其羽毛可用以爲儀飾。
位雖極高，而不爲无用之象，故其占爲如是則吉也。（頁 199）

南懷瑾、徐芹庭《周易今註今譯》：

上九有鴻鳥漸進而著陸，它的羽毛很整齊美麗，可以爲人類用于禮
儀的裝飾。（頁 332）

　　玉姍案：《說文》：「陸，高平地。」上九與九三皆處卦上，所以並稱「陸」。
朱熹以爲上九位高，「陸」當作「逵」，有「雲路」之義，亦可備一說。上九
居漸卦之極，處於高潔之處，不累於物，無事可以委屈其心，紛亂其志。因
此儀表是高潔的，此爲吉。

　　今本「上九：鴻漸于陸，其羽可用爲儀，吉。」意思是：上九居漸卦之
極，象徵鴻鳥漸進於高平之陸，處於高潔之位，其羽可作爲物之儀表，這是
吉的。

　　帛書本作「尙九：鳿漸于陸，其羽可用爲宜，吉。」意思與今本同。

第五十四節　歸妹卦

一、卦名釋義

　　《說文》：「歸，女嫁也。从止婦省，𠂤聲。」（頁 68）又：《說文》「妹，
女弟也。從女、未聲。」（頁 621）孔穎達《正義》：「歸妹者，卦名也。婦人
謂嫁曰歸，歸妹猶言嫁妹也。」「歸妹」即嫁妹也。

　　〈序卦〉曰：「漸者，進也。進必有所歸，故受之以歸妹。」（頁 188）取
漸進亦必有所歸屬，古人以爲女性的最佳歸宿即爲嫁夫，故歸妹卦在漸卦之
後。

　　歸妹卦今本卦畫作「䷵」，下兌澤，上震雷。〈象〉曰：「澤上有雷，歸妹。

君子以永終知敝。」（頁 118）孔穎達《正義》曰：「澤上有雷，說以動也，故曰『歸妹』。『君子以永終知敝』者，『歸妹相終始之道』也，故君子象此以永長其終，知應有不終之敝故也。」（頁 118）《說卦》中「震」代表長男，「兌」代表少女，澤上有雷即長兄嫁少女（妹）之象，正是「歸妹」之義。女子出嫁為人倫終始之道，君子觀此卦而體察人倫有永恒之善終，也知道會有妨礙善終的弊害，能事先預防就能沒有災咎。

二、卦爻辭考釋

（一）卦辭考釋

1. 上博《周易》：【缺簡】

2. 阜陽《周易》：歸妹：征凶，无攸利。

3. 帛書《周易》：歸妹：正凶，无攸利。

4. 今本《周易》：歸妹：征凶，无攸利。

【文字考釋】

阜陽本卦辭殘，據今本補。

【卦辭釋讀】

〈彖〉曰：

歸妹，天地之大義也。天地不交，而萬物不興。歸妹，人之終始也，說以動，所歸妹也。「征凶」，位不當也。「无攸利」，柔乘剛也。（頁118）

《周易集解》引王肅云：

男女交而後人民蕃，天地交然後萬物興，故歸妹以及天地交之義也。歸妹，人之終始也。（頁472）

王弼《注》：

妹者，少女之稱也。兌為少陰，震為長陽，少陰而乘長陽，說以動，嫁妹之象也。（頁118）

孔穎達《正義》：

「歸妹」者，卦名也。婦人謂嫁曰歸，「歸妹」猶言嫁妹也。然易論歸妹得名不同，泰卦六五云：「帝乙歸妹」，彼據兄嫁妹謂之歸妹。

此卦名歸妹，以妹從娣而嫁，謂之歸妹。故初九爻辭云「歸妹以娣」是也。上咸卦明二少相感，恒卦明二長相承，今此卦以少承長，非是匹敵，明是妹從娣嫁，故謂之「歸妹」焉。古者諸侯一取九女，嫡夫人及左右媵皆以姪娣從，故以此卦當之矣。不言歸姪者，女娣是兄弟之行，亦舉尊以包之也。「征凶，无攸利」者，歸妹之戒也。征謂進有所往也，妹從娣嫁本非正匹，唯須自守卑退以事元妃，若妄進求寵，則有並后凶咎之敗，故曰「征凶，无攸利」。（頁118）

朱熹《易本義》：

婦人謂嫁曰歸。妹，少女也。兌以少女而從震之長男，而其情又以說為動，皆非正也，故卦為歸妹。而卦之諸爻，自二至五，皆不得正，三五又皆以柔乘剛，故其占征凶，而無所利也。（頁200）

南懷瑾、徐芹庭《周易今註今譯》：

歸妹前往有凶，無所利。象辭上說：歸妹，是天地的大義，天地之氣如不互相交流，則萬物不興。歸妹，是人的終始；兌悅而震動，所嫁的原是少女呀！征凶，是因為位不當呀；无攸利，是因為柔弱乘於剛強之上呀。（頁332～333）

　　玉姍案：歸妹既為人倫之始、天地大義，為何卦辭卻是「征凶，无攸利」呢？孔穎達以為：「征謂進有所往也，妹從娣嫁本非正匹，唯須自守卑退以事元妃，若妄進求寵，則有並后凶咎之敗。」《詩・召南・鵲巢・疏》：「諸侯一娶九女，二國往媵之以姪娣從，凡有八人，是其多也。」古代有以姪娣從嫁之俗，孔穎達以為若嫁妹而以娣從之，媵娣卻進而求寵，則有凶咎之敗，故曰「征凶，无攸利」。孔說有據，此從之。

　　今本「歸妹：征凶，无攸利。」意思是：歸妹象徵人倫之始，但若嫁妹而以媵娣從之，媵娣卻進而求寵，則有凶咎之敗，而無所利也。

　　帛書本作「歸妹：正凶，无攸利。」意思與今本同。

（二）爻辭考釋

1. 上博《周易》：【缺簡】

2. 阜陽《周易》：初九：歸妹以娣。跛能履，征吉。

3. 帛書《周易》：初九：歸妹以弟。跛能利，正吉。

4. 今本《周易》：初九：歸妹以娣。跛能履，征吉。

【文字考釋】

阜陽本初九爻辭殘，據今本補。

（一）今本「跛能履」之「履」，帛書本作「利」。

玉姍案：今本「跛能履」之「履」，帛書本作「利」。「利」上古音來紐質部，「履」上古音來紐脂部，二字聲紐同，質、脂對轉。故「利」、「履」可相通假。

【爻辭釋讀】

〈象〉曰：

「歸妹以娣」，以恒也。「跛能履」，吉相承也。（頁 119）

王弼《注》：

少女而與長男爲耦，非敵之謂，是娣從之義也。妹，少女之稱也。少女之行善，莫若娣。夫承嗣以君之子，雖幼而不妄行。少女以娣，雖「跛能履」斯乃恒久之義，吉而相承之道也。以斯而進，吉其宜也。（頁 119）

孔穎達《正義》：

少女謂之妹，從娣而行謂之歸。初九以兌適震，非夫婦匹敵，是從娣之義也，故曰「歸妹以娣」也。妹而繼姊爲娣，雖非正配，不失常道，譬猶跛人之足然。雖不正，不廢能履，故曰「跛能履」也。少長非偶，爲妻而行則凶焉。爲娣而行，則吉，故曰「征吉」也。夫「承嗣以君之子，雖幼而不妄行」者，此爲少女作此例也，言君之子宜爲嗣承，以類妃之妹應爲娣也。立嗣宜取長，然君之子雖幼而立之，不爲妄也。以言行嫁宜匹敵，然妃之妹雖至少，而爲娣則可行也。（頁 119）

朱熹《易本義》：

初九居下而無正應，故爲娣象。然陽剛在女子爲賢正之德，但爲娣之賤，僅能成助其君而已，故又爲「跛能履」之象，而其占則「征吉」也。（頁 201）

南懷瑾、徐芹庭《周易今註今譯》：

初九居歸妹之初，有嫁妹而以娣從嫁爲妾的現象，娣之從嫁，如跛子的能走，前征也可以獲吉的。（頁 334）

玉姍案：初九居歸妹之始而無正應，象徵從嫁之娣的身分。妹而繼姊爲娣，雖非正配，不失常道，譬猶跛人之足，雖不正而不廢能履。初九陽剛象徵女子賢正之德，雖爲娣之賤，但能承事妹而助君，故吉。

今本「初九：歸妹以娣。跛能履，征吉。」意思是：初九居歸妹之始，有如從嫁之娣，雖非正配而有賢德，譬如跛人之足，雖不正而能行，故吉。

帛書本作「初九：歸妹以弟。跛能利，正吉。」意思與今本同。

1. 上博《周易》：【缺簡】

2. 阜陽《周易》：九二：眇能視，利幽人之貞。

3. 帛書《周易》：九二：眇能視，利幽人貞。

4. 今本《周易》：九二：眇能視，利幽人之貞。

【文字考釋】

阜陽本九二爻辭殘，據今本補。

（一）今本「利幽人之貞」，帛書本作「利幽人貞」，缺一「之」字，有可能爲抄手訛漏，但文義仍可通。

【爻辭釋讀】

〈象〉曰：

利幽人之貞，未變常也。（頁 119）

王弼《注》：

雖失其位，而居內處中，眇猶能視，足以保常也。在內履中，而能守其常，故「利幽人之貞」也。（頁 119）

孔穎達《正義》：

九二不云歸妹者，既在歸妹之卦，歸妹可知，故略不言也。然九二雖失其位，不廢居內處中。以言歸妹，雖非正配，不失交合之道，猶如眇目之人，視雖不正，不廢能視耳，故曰「眇能視」也。居內處中，能守其常，施之於人，是處幽而不失其貞正，也故曰「利幽人之貞」也。（頁 119）

朱熹《易本義》：

「眇能視」，承上爻而言。九二陽剛得中，女之賢也。上有正應，而反陰柔不正，乃女賢而配不良，不能大成內助之功，故爲「眇能視」之象，而其占則「利憂人之貞」也。幽人，亦抱道守正而不偶者也。

（頁 201）

南懷瑾、徐芹庭《周易今註今譯》：

　　九二有偏盲的人而能看物，抱道之守的隱士，利於守正。（頁 334）

　　玉姍案：九二以剛居柔，失位而居內卦之中。但居內處中，能守其常，是處幽而不失貞正也。猶如眇目之人，視雖不正，不廢而能視。王弼以下學者多由此立說，此亦從之。朱熹以為「象徵女子賢德而配不良之夫，雖不失交合之道，亦不能大成內助之功」，亦可聊備一說。

　　今本「九二：眇能視，利幽人之貞。」意思是：九二居內處中，雖失位而能守其常。猶如眇目之人，視雖不正而能視，雖處幽而不失貞正。

　　帛書本作「九二：眇能視，利幽人貞。」意思與今本同。

1. 上博《周易》：【缺簡】

2. 阜陽《周易》：六三：歸妹以須，反歸以娣。

3. 帛書《周易》：六三：歸妹以嬬，反歸以弟。

4. 今本《周易》：六三：歸妹以須，反歸以娣。

【文字考釋】

　　阜陽本、帛書本六三爻辭殘，皆據今本補。

（一）今本「歸妹以須」之「須」，帛書本作「嬬」。

　　張立文《周易帛書今注今譯》：

　　　「嬬」與「須」通。釋文：「須，荀、陸作嬬，陸云：『妾也』。」阮元周易注疏校勘記：「石經、岳本、閩、監、毛本同。釋文：須，荀、陸作嬬。」……「嬬」、「須」古音同而通，帛書作「嬬」，與子夏、孟、京、荀、陸本合。〔註289〕

　　玉姍案：今本「歸妹以須」之「須」，帛書本作「嬬」。「須」上古音心紐侯部，「嬬」上古音日紐侯部，二字韻部同，聲紐分屬心（齒音）、日（舌音）。但故「嬬」由「需」得聲，「需」、「須」皆上古音心紐侯部，從「需」得聲之字如「儒」、「孺」、「濡」、「蠕」則皆為日紐侯部，《周易‧既濟》：「繻有衣袽。」《說文‧系部》引作「需有衣絮。」故可證「嬬」、「須」可相通假。「嬬」為

〔註289〕張立文（張憲江）：《周易帛書今注今譯》（台北：臺灣學生書局，1991 年），頁 371。

妾義，當爲本字。

（二）今本「反歸以娣」之「娣」，帛書本作「苐」。

　　玉姍案：今本初九「歸妹以娣」之「娣」，帛書本作「弟」。今本六三「反歸以娣」之「娣」，帛書本作「苐」。「弟」、「娣」古通。《爾雅・釋名・釋親屬》：「長婦謂少婦爲娣。娣，弟也。」「苐」亦從「弟」得聲，故「苐」與「弟」、「娣」可以通假。

【爻辭釋讀】

　　〈象〉曰：

　　　　「歸妹以須」，未當也。（頁119）

王弼《注》：

　　　　室主猶存，而求進焉。進未値時，故有須也。不可以進，故「反歸」待時，「以娣」乃行也。（頁119）

孔穎達《正義》：

　　　　「歸妹以須」者，六三在「歸妹」之時，處下體之上，有欲求爲室主之象，而居不當位，則是室主獨存。室主既存，而欲求進，爲末値其時也。未當其時，則宜有待，故曰「歸妹以須」也。「反歸以娣」者，既而有須，不可以進，宜反歸待時，以娣乃行，故曰「反歸以娣」。（頁119）

朱熹《易本義》：

　　　　六三陰柔又不中正，又爲說之主。女之不正，人莫之取者也。故爲未得所適，而反歸爲娣之象。或曰：「須，女之賤者也。」（頁202）

南懷瑾、徐芹庭《周易今註今譯》：

　　　　六三有歸妹而要等待，反歸以娣嫁的現象。（頁335）

　　玉姍案：今本「歸妹以須」，虞翻以爲「須，需也。」王弼以下學者多以爲「須，待也。」朱熹則提出「或曰：須，女之賤者也。」阮元《周易注疏校勘記》：「石經、岳本、閩、監、毛本同。《釋文》：『須，荀、陸作孀』。」帛書本出土，於六三爻辭中「須」作「孀」，則肯定了石經、岳本、閩、監、毛本等版本中所保留的「須，荀、陸作『孀』」的說法。「孀」者，妾也，亦朱熹所謂「女之賤者也」。我們可以據此了解，今本的「須」其實是音近假借字，本字當爲「孀」，「歸妹以須」是指嫁妹時以地位低的僕妾爲媵陪嫁，如

－807－

此，則與六三以柔居剛，而失中正以及《象辭》曰「歸妹以須，未當也」的不正當、不合禮更能緊密貼切。

《禮記·曲禮疏》：「諸侯取一國之女，則二國同姓以姪娣媵。媵，送也。」可見送嫁的媵必須是新娘的同姓近親「姪」、「娣」，以表明血統的高貴純正。歸妹六三以柔居剛，而失中正，有如嫁妹時竟以賤妾為媵陪嫁，這是不合禮節的行為，也許還會因此而引發國際爭端，故〈象〉曰「歸妹以須，未當也」。必須將嬬追回，而依禮改陪嫁以娣，方合禮制。

今本「六三：歸妹以須，反歸以娣。」若依傳統易學將「須」釋為「待」，意思是：六三以柔居剛，而失中正，有如女未當可嫁其時，宜反歸待時，以娣乃行。若依帛書本將「須」釋為「嬬」，意思是：六三以柔居剛，而失中正，有如嫁妹時竟以賤妾為媵陪嫁，這是不合禮節的。必須將嬬追回，而依禮改陪嫁以娣，方合禮制。

帛書本作「六三：歸妹以嬬，反歸以苐。」是：六三以柔居剛，而失中正，有如嫁妹時竟以賤妾為媵陪嫁，這是不合禮節的。必須將身分卑賤的嬬追回，而依禮改陪嫁以身分高貴的娣，方合禮制。

1. 上博《周易》：【缺簡】

2. 阜陽《周易》：歸妹愆期，遲歸有時。

3. 帛書《周易》：九四：歸妹衍期，遲歸有時。

4. 今本《周易》：九四：歸妹愆期，遲歸有時。

【文字考釋】

阜陽本九四爻辭殘，據今本補。

（一）今本「歸妹愆期」之「愆」，帛書本作「衍」。

玉姍案：「愆」由「衍」得聲，二字可通假。

【爻辭釋讀】

〈象〉曰：

「愆期」之志，有待而行也。（頁119）

王弼《注》：

夫以不正无應而適人也，必須彼道窮盡，无所與交，然後乃可以往，故「愆期遲歸」，以待時也。（頁119）

孔穎達《正義》：

　　九四居下得位，又无其應，以斯適人，必待「彼道窮盡，无所與交，

　　然後乃可以往」，故日「愆期，遲歸有時」也。（頁119）

朱熹《易本義》：

　　九四以陽居上體而無正應，賢女不輕從人，而愆期以待所歸之象，

　　正與六三相反。（頁202）

南懷瑾、徐芹庭《周易今註今譯》：

　　九四有歸妹延誤時間，晚嫁有時的現象。（頁335）

　　玉姍案：九四以陽居陰，不正而无應，象徵女子不宜在此時嫁人，必須愆期遲歸，以待更好的時機。

　　今本「九四：歸妹愆期，遲歸有時。」意思是：九四以陽居陰，不正无應，象徵女子不宜在此時嫁人，必須愆期遲歸，以待更好的時機。。

　　帛書本作「九四：歸妹衍期，遲歸有時。」意思與今本同。

1. 上博《周易》：【缺簡】

2. 阜陽《周易》：六五：帝乙歸妹，其君之袂，不如其娣之袂良。月幾望，吉。

3. 帛書《周易》：六五：帝乙歸妹，其君之袂，不如其弟之快良。日月既望，吉。

4. 今本《周易》：六五：帝乙歸妹，其君之袂，不如其娣之袂良。月幾望，吉。

【文字考釋】

　　阜陽本六五爻辭殘，據今本補。

（一）今本「不如其娣之袂良」之「袂」，帛書本作「快」。

　　玉姍案：「快」與「袂」形似，今本歸妹六五爻辭「帝乙歸妹，其君之袂，不如其娣之袂良」有二「袂」字，帛書本一作「袂」，一作「快」，「快」應爲「袂」之訛。

（二）今本「月幾望」，帛書本作「日月既望」，多一「日」字異文。

　　玉姍案：今本「月幾望」，帛書本作「日月既望」，多一「日」字異文。張

立文以爲「此爻『日』字，指日期。」〔註290〕劉大鈞以爲「此爻『日』顯係衍文。」〔註291〕今本周易中出現三次「月幾望」，與帛書本之對應文字分別爲：

	今　本	帛書本
《小畜・上九》	月幾望	月幾望
《歸妹・六五》	月幾望	日月既望
《中孚・六四》	月幾望	月既望

其中僅有帛書本歸妹六五爻辭作「日月既望」。「望」爲農曆十五月圓，太陽不會有此現象，故「日」應爲衍文。

【爻辭釋讀】

〈象〉曰：

「帝乙歸妹，不如其娣之袂良」也。其位在中，以貴行也。（頁119）

王弼《注》：

歸妹之中，獨處貴位，故謂之「帝乙歸妹」也。袂，衣袖，所以爲禮容者也。「其君之袂」，爲帝乙所寵也，即五也。爲帝乙所崇飾，故謂之「其君之袂」也。配在九二，兌少震長，以長從少，不若以少從長之爲美也，故曰「不若其娣之袂良」也。位在乎中，以貴而行，極陰之盛，以斯適配，雖不若少，往亦必合，故曰「月幾望，吉」也。（頁119）

孔穎達《正義》：

六五居歸妹之中，獨處貴位，是帝王之所嫁妹也，故曰「帝乙歸妹」。六五雖處貴位，卦是長陽之卦，若以爻爲人，即是婦人之道，故爲帝乙之妹。既居長卦，乃是長女之象，其君即五也。袂，衣袖也，所舉斂以爲禮容，帝王嫁妹，爲之崇飾，故曰「其君之袂」也。配在九二，兌少震長，以長從少者，可以從少，雖有其君崇飾之袂，猶不若以少從長之爲美，故曰「不如其娣之袂良」也。陰而貴盛，如月之近望，以斯適配，雖不如以少從長，然以貴而行，往必合志，故得吉也，故曰「月幾望，吉」也。（頁119）

〔註290〕張立文（張憲江）：《周易帛書今注今譯》（台北：臺灣學生書局，1991年），頁375。

〔註291〕劉大鈞：《今、帛、竹書《周易》綜考》（上海古籍出版社，2005年8月，頁95。

朱熹《易本義》：

> 九五柔中居尊，下應九二，尚德而不貴飾，故爲帝女下嫁而服不盛
> 之象。然女德之盛，无以加此，故又爲「月幾望」之象，而占者如
> 之則吉也。（頁202）

南懷瑾、徐芹庭《周易今註今譯》：

> 六五有帝乙嫁妹，其妹的衣袖，還不如其娣的衣袖好之象徵，到了
> 月近十五時，行，是吉利的。十五月圓，取圓滿之意。（頁336）

　　玉姍案：六五爻居尊位，有如「帝乙歸妹」，地位與眾不同。但帝乙之妹
出嫁，衣袖上的紋飾卻反而不如陪嫁的娣之衣袖紋飾那樣華麗。朱熹以爲此
乃六五以柔居尊，象徵尚德而不貴飾，道德高貴的重要性遠勝過衣著華麗。
可從。

　　今本「六五：帝乙歸妹，其君之袂，不如其娣之袂良。月幾望，吉。」
意思是：六五爻居尊位，有如「帝乙歸妹」，地位崇高。但帝乙之妹嫁衣袖子
上的紋飾卻反而不如陪嫁者的衣袖紋飾那樣華麗。這是因爲帝乙之妹尚德而
不貴飾，這是非常高貴的德行，有如十五望月般圓滿，這是吉利的。

　　帛書本作「六五：帝乙歸妹，其君之袂，不如其弟之快良。日月既望，
吉。」意思與今本同。

1. 上博《周易》：【缺簡】
2. 阜陽《周易》：上六：女承筐，无實，士刲羊，无血，无攸利。
3. 帛書《周易》：尚六：女承筐，无實，士刲羊，无血，无攸利。
4. 今本《周易》：上六：女承筐，无實，士刲羊，无血，无攸利。

【文字考釋】

　　阜陽本上六爻辭殘，據今本補。

【爻辭釋讀】

〈象〉曰：

> 上六「无實」，承虛筐也。（頁119）

李道平《周易集解纂疏》：

> 案：女之適人，實筐以贄于舅姑；士之妻女，刲羊以告於祠廟。「筐
> 无實，羊无血」，約婚不終者也。曰「女」曰「士」，未成夫妻之辭。

先「女」後「士」，咎在「女」矣。(頁478)

王弼《注》：

> 羊謂三也，處卦之窮，仰无所承，下又无應，爲女而承命，則筐虛而莫之與。爲士而下命，則刲羊而无血。刲血而无血，不應所命也，進退莫與，故曰「无攸利」也。(頁119)

孔穎達《正義》：

> 女之爲行，以上有承順爲美；士之爲功，以下有應命爲貴。上六處卦之窮，仰則无所承受，故爲女承筐，則虛而无實；又下无其應，下命則无應之者，故爲「士刲羊」則乾而无和，故曰「女承筐无實，士刲羊无血」，則進退莫與，故无所利。(頁119)

朱熹《易本義》：

> 上六以陰柔居歸妹之終而無應，約婚而不終者也。故其象如此，而於占爲无所利也。(頁203)

南懷瑾、徐芹庭《周易今註今譯》：

> 上六居歸妹之終，有女人承筐以採蘋蘩之祭菜，而無實，沒有採到。男士殺羊而沒有血的象徵。這是無所利的。(頁336)

玉姍案：上六居歸妹之終，陰柔而無應，象徵婚事不協，約婚而無終。「女承筐无實，士刲羊无血」，王弼、孔穎達、朱熹皆以爲乃「無應」、「無和」之象徵，可從。李道平以爲實筐以贄于舅姑；士之妻女，刲羊以告於祠廟；「筐无實，羊无血」，即約婚而不終也。亦可聊備一說。

今本「上六：女承筐，无實，士刲羊，无血，无攸利。」意思是：上六居歸妹之終，陰柔而無應，向上則无所承受，如女子執筐，筐內卻則虛而无實；向下無應，如士人殺羊卻無血，乾枯而無以調和。象徵婚事不諧，約婚而無終；進退失據，故無所利。

帛書本作「尙六：女承筐，无實，士刲羊，无血，无攸利。」意思與今本同。

第五十五節　豐　卦

一、卦名釋義

《說文》：「豐，豆之豐滿也，从豆，象形。」（頁 210）「豐」爲象形字，象「豆」（祭祀禮器）中有豐盛祭品。引伸有盛大、豐厚之意。〈彖〉曰：「豐，大也。」（頁 126）豐卦之「豐」取豐富盛大之意。

〈序卦〉曰：「得其所歸者必大，故受之以豐。豐者，大也。」（頁 188）李道平以爲「『與人同者，物必歸焉』，人歸己也。物『得其所歸者必大』，己歸人也。二者皆足以致事應之大，故大有次同人，豐次歸妹也。」（頁 479）古人以爲女子若得到好歸宿則爲人生之大事，故豐卦在歸妹卦之後。

今本卦畫作「䷶」，上震雷，下離火。內爲明火，外爲雷動，明而動，所以能至豐大。〈象〉曰：「雷電皆至，豐。君子以折獄致刑。」（頁 126）雷電相交而至，有明而動的現象。君子體察此現象，以折斷獄情，決定刑罰。

二、卦爻辭考釋

（一）卦辭考釋

1. 上博《周易》：⟨豐：亨。王假之，勿憂，宜日中。⟩
2. 阜陽《周易》：【缺簡】
3. 帛書《周易》：豐：亨，王叚之。勿憂，宜日中。
4. 今本《周易》：豐：亨，王假之。勿憂，宜日中。

【文字考釋】

阜陽本卦辭殘，據今本補。

【卦辭釋讀】

〈彖〉曰：

豐，大也。明以動，故豐。王假之，尚大也。「勿憂，宜日中」，宜照天下也。日中則昃，月盈則食，天地盈虛，與時消息，而況於人乎？況於鬼神乎？（頁 126）

〈象〉曰：

雷電皆至，豐。君子以折獄致刑。（頁 126）

王弼《注》：

大而亨者，王之所至。豐之爲義，闡弘微細，通夫隱滯者也。爲天下之主，而令微隱者不亨，憂未已也，故至「豐亨」，乃得勿憂也。

用夫豐亨不憂之德，宜處天中，以偏照者也，故曰「宜日中」也。（頁
126）

孔穎達《正義》：

「豐」，卦名也。〈彖〉及〈序卦〉皆以「大」訓「豐」也，然則豐
者，多大之名，盈足之義，財多德大，故謂之爲豐。德大則无所不
容，財多則无所不濟，无所擁礙謂之爲「亨」，故曰「豐，亨」。假，
至也，豐亨之道，王之所尚，非有王者之德，不能至之，故曰「王
假之」也。勿，无也。王能至於豐亨，乃得无復憂慮，故曰「勿憂
也」。用夫豐亨无憂之德，然後可以君臨萬國，遍照四方，如日中之
時，遍照天下，故曰「宜日中」也。（頁126）

朱熹《易本義》：

豐，大也，以明而動，盛大之勢也，故其占有亨道焉。然王者至此，
盛極當衰，則又有憂道焉。聖人以爲徒憂无益，但能守常，不至於
過盛則可矣。故戒以勿憂宜日中也。（頁203）

南懷瑾、徐芹庭《周易今註今譯》：

在豐盛之時，是亨通的。王者一統天下，至于此豐盛。不必憂慮，
應該像日在當中，照遍天下一樣，使惠澤無窮。（頁337）

玉姍案：豐卦有大而亨通之意，這是王者之德。王者能至於豐盛亨通而
無憂慮，又如日在中天，遍照天下。「假」，至也。豐亨之道，非有王者之德
不能至之，故曰「王假之」。

今本「豐：亨，王假之。勿憂，宜日中。」意思是：豐卦盛大而亨通，
是王者才能達到的道德境界。王能豐盛亨通，沒有憂慮，正如日在中天，遍
照天下。

帛書本作「豐：亨，王叚之。勿憂，宜日中。」其意與今本同。

（二）爻辭考釋

1. 上博《周易》：初九：遇其配主，雖旬无咎，往有尚。

2. 阜陽《周易》：【缺簡】

3. 帛書《周易》：初九：禺亓肥主，唯旬无咎，往有尚。

4. 今本《周易》：初九：遇其配主，雖旬无咎，往有尚。

【文字考釋】

　　阜陽本初九爻辭殘，據今本補。

（一）今本「遇其配主」之「配」，帛書本作「肥」。

　　玉姍案：「肥」上古音並紐微部，「配」上古音皆爲滂紐物部，聲紐皆爲脣音，微、物對轉。如師克盨：「匍（並紐魚部）有四方」，《尚書・金縢》作「敷（滂紐魚部）佑四方」。故「肥」、「配」可通假。

【爻辭釋讀】

　　〈象〉曰：

　　　　「雖旬无咎」，過旬災也。（頁126）

王弼《注》：

　　　　處豐之初，其配在四，以陽適陽，以明之動，能相光大者也。旬，均也。雖均无咎，往有尚也。初、四俱陽爻，故曰「均」也。（頁126）

孔穎達《正義》：

　　　　豐者，文明必動，尚乎光大者也。初配在四，俱是陽爻，以陽適陽，以明之動，能相光大者也，故曰「遇其配主」也。旬，均也。俱是陽爻，謂之爲均，非是陰陽相應，嫌其有咎，以其能相光大，故雖均，可以无咎，而往有嘉尚也，故曰「雖均无咎，往有尚」也。（頁126）

朱熹《易本義》：

　　　　配主，謂四，旬，均也，謂皆陽也。當豐之時，明動相資，故初九之遇九四，雖皆陽剛，而其占如此也。（頁204）

南懷瑾、徐芹庭《周易今註今譯》：

　　　　初九居豐之時，有遇其配主，雖十日也沒有咎病，前往則有功的象徵。（頁339）

陳惠玲《《上海博物館藏戰國楚竹書（三）・周易》研究》：

　　　　「配」字，王弼……《釋文》、屈萬里作「配」，其云：「配主，匹配之主，言地位相當者。」孟喜、鄭玄、虞翻作「妃」〔註292〕，帛書本作「肥」。高亨「配主」作「女主人」。蕭漢明以爲「主管祭祀之官員自然成爲配角。」〔註293〕本文從王弼、孔穎達、《釋文》、屈萬

〔註292〕屈萬里：《讀易三種》（台北：聯經出版事業公司，1984年），頁336。
〔註293〕蕭漢明：〈釋豐卦〉，簡帛研究網站2004年9月20日。

里作「配」，爲地位高者。

「旬」字，王弼、孔穎達、朱熹作「均」。高亨、南、徐作「十日」。蕭漢明作「普遍、周遍」。李孝定以爲「旬」字有「十日之義」〔註294〕……《象傳》：「雖旬，无咎，過旬災也。」李孝定以甲骨文「旬亡囧」，「旬」有「十日之義」，以此義來解釋本爻的「旬无咎」，從《象傳》來看，可能是不適當的。本文從王、孔之說，「旬」字作「均」解較佳。〔註295〕

玉姍案：初九其配在四，二爻均爲陽爻，非陰陽相應，本應有咎，但能互相光大，所以沒有災咎，前往可以有嘉美之功。爻辭中的「配」與「旬」字釋義有歧，陳惠玲分析詳盡，故此直接接受陳氏結論，從傳統易學說法，釋「配」爲位高之配主，「旬」釋「均」。

今本「初九：遇其配主，雖旬无咎，往有尙。」意思是：初九往應於九四配主，二爻雖均是陽爻，但能互相光大，所以沒有災咎，前往可有嘉美之功。

帛書本作「初九：禺亓肥主，唯旬无咎，往有尙。」其意與今本同。

1. 上博《周易》：六二：豐其蔀，日中見斗，往得疑疾。有孚發若，吉。

2. 阜陽《周易》：【缺簡】

3. 帛書《周易》：六二：豐其剖，日中見斗，往得疑疾，有復洫若。

4. 今本《周易》：六二：豐其蔀，日中見斗，往得疑疾。有孚發若，吉。

【文字考釋】

上博本六二爻辭殘，據今本補。

（一）今本「有孚發若，吉」，帛書本作「有復洫若」，與較今本缺一「吉」字。

張立文《周易帛書今注今譯》：

〔註294〕李圃主編：《古文字詁林》第八冊，（上海：上海教育出版社，2003 年 12 月，頁 155。

〔註295〕陳惠玲：《《上海博物館藏戰國楚竹書（三）‧周易》研究》（臺灣師範大學國文教學所碩論，2005 年 8 月，頁 667。

「泧」又與「溢」通。莊子齊物論：「以言其老泧也。」釋文：「本作溢。」「溢」，爾雅釋詁邢昺疏：「舍人曰：溢，行之慎。」「發」，詩東方之日「履我發兮」毛傳、詩長發「遂視既發」鄭箋並曰：「發，行也。」「溢」、「發」意近相通。則「泧」、「溢」、「發」相通。〔註296〕

玉姍案：今本「有孚發若，吉。」帛書本作「有復泧若」。張立文以爲「泧」、「溢」、「發」皆有「行」義，意近相通，其實在舉證上有些錯誤；張舉《爾雅‧釋詁‧邢昺疏》：「舍人曰：溢，行之慎。」爲例證，然而這句話的意思是說：「爲了避免流於過分失當（溢），因此行爲需要謹慎。」「溢」字本身並無「行」義。故張立文以爲「溢」、「發」意近相通之立論還須斟酌。

「泧」上古音曉紐質部，「發」幫紐月部，二字韻近聲遠。趙建偉以爲「『發』爲幫母字，『泧』與幫母的必聲之字多通用」〔註297〕，但並無實證。此外，趙建偉所提出的帛本讀「發」爲「廢」，訓爲廢壞，今本「泧」亦訓爲敗壞，二字意近而通，但若將「發」釋爲「廢」，於整體爻辭解釋又無法與「有孚」連貫而略有不通。

筆者以爲，或可將「泧」視爲「溢」之訛寫，「溢（益）」字本意爲水太多而溢出器皿之外〔註298〕，「發」字本意則爲箭矢發射〔註299〕，二字皆可引申出表現於外之意，意近可相通。

【爻辭釋讀】

〈象〉曰：
　　「有孚發若」，信以發志也。（頁126）
王弼《注》：
　　蔀，覆曖，鄣光明之物也。處明動之時，不能自豐以光大之德，既處乎內，而又以陰居陰，所豐在蔀，幽而无睹也，故曰「豐其蔀，日中見斗」也。日中者，明之盛也；斗見者，暗之極也。處盛明而豐其蔀，故曰「日中見斗」。不能自發，故往得疑疾。然履中當位，

〔註296〕張立文（張憲江）：《周易帛書今注今譯》（台北：臺灣學生書局，1991年），頁393。
〔註297〕趙建偉：《出土簡帛《周易》疏證》（台北：萬卷樓，2000年），頁114。
〔註298〕季師旭昇主編《上海博物館藏戰國楚竹書（一）讀本》，（台北：萬卷樓，2004年6月，頁412。
〔註299〕季師旭昇主編《上海博物館藏戰國楚竹書（二）讀本》，（台北：萬卷樓，2003年7月，頁212。

處暗不邪，有孚者也。若，辭也。有孚可以發其志，不困於暗，故獲吉也。（頁126）

孔穎達《正義》：

二以陰居陰，又處於內，幽暗无所睹見，所豐在於覆蔽，故曰「豐其蔀」也。蔀者，覆曖，障光明之物也。二居離卦之中，如日正中，則至極盛者也。處日中盛明之時，而斗星顯見，是二之至暗，使斗星見明者也。處光大之世，而爲極暗之行，譬日中而斗星見，故曰「日中見斗」也。二、五俱陰，二已見斗之暗，不能自發，以自求於五，往則得見疑之疾，故曰「往得疑疾」也。然居中履正，處暗不邪，是有信者也。有信以自發其志，不困於暗，故獲吉也。故曰「有孚發若，吉」也。（頁126）

朱熹《易本義》：

六二居豐之時，爲離之主，至明者也，而上應五之柔暗，故爲豐蔀見斗之象。蔀，障蔽也，大其障蔽，故日中而昏也。往而從之，則昏暗之主，必反見疑。唯在積其誠意以感發之則吉。戒占者宜如是也。虛中，有孚之象。（頁204）

南懷瑾、徐芹庭《周易今註今譯》：

六二居豐盛之時，有雲層豐積，遮蔽太陽，而白日正當中之時，可以見到北斗的象徵，這是很不可能、很令人懷疑的現象，故前往則有疑疾，惟有以孚信存于中、發于外，則能去疑而獲吉。（頁339）

季師旭昇以爲：

星名「斗」有二義，一爲北斗七星，一爲二十八宿中之斗宿。以九三《釋文》釋「沫」爲「斗杓後星」來看，「斗」釋爲北斗七星比較能與九三相呼應。又，本爻日中見斗、九三爻日中見沫，學者或以日中有黑子解之。不過放到豐卦中，能取的意象有限，不如舊說。
〔註300〕

陳惠玲《《上海博物館藏戰國楚竹書（三）‧周易》研究》：

「蔀」，《釋文》：「馬云：『小也。』鄭、薛作菩，云：『小席。』」；王弼《周易略例》：「大闇謂之蔀。」；虞翻謂「日蔽雲中稱蔀」；聞

〔註300〕季師旭昇主編：《上海博物館藏戰國楚竹書（三）讀本》（台北：萬卷樓，2005年10月，頁149。

　　一多《周易義證類纂》引〈考工記・輪人〉「信其程（莛）圍以爲部
　　廣」鄭眾注，謂：「部，蓋斗也。」以九三「豐其沛」、上六「豐其
　　屋」來看，視爲名詞，解爲「小席」似較佳。〔註301〕

　　玉姍案：陳惠玲之分析可從。六二以陰居陰，又處於內卦，有如幽暗覆
蔽光明的日蝕現象，即使是日中時分，仍因天色極暗而可見到北斗七星。此
時六二不宜自求於六五，往則有見疑之疾。然六二居中履正，處暗不邪，有
孚信而自發其志，不困於暗，故終能獲吉也。高亨以爲「豐其蔀」之「豐」
本字作「寷」，有「大屋」之義〔註302〕。但九三爻辭「豐其沛」、九四爻辭「豐
其蔀」爻辭上六爻辭「豐其屋」與六二爻辭「豐其蔀」句型相同，而「豐」
字無法一概以「寷」釋之，筆者以爲高亨之說有瑕疵而不採用，此仍從王弼、
孔穎達舊說，取「豐」豐富盛大之義。

　　今本「六二：豐其蔀，日中見斗，往得疑疾。有孚發若，吉。」意思是：
六二以陰居陰，又處於內卦，象徵在小席中求豐大，亦有如幽暗覆蔽光明的
日蝕現象，即使是日中時分，仍因天色極暗而可見到北斗七星。此時六二若
前往自求於六五則會得到疑疾，只有誠信存於中、發於外，才能獲吉。

　　帛書本作「六二：豐其剖，日中見斗，往得疑疾，有復洫若。」意思是：
六二以陰居陰，又處於內卦，象徵在小席中求豐大，亦有如幽暗覆蔽光明的
日蝕現象，即使是日中時分，仍因天色極暗而可見到北斗七星。此時六二若
前往自求於六五則會得到疑疾，須將心中誠信溢發於外。

　　1. 上博《周易》：九晶：豐丌芾，日中見芅，折丌右肱，亡咎。

　　2. 阜陽《周易》：【缺簡】

　　3. 帛書《周易》：九三：豐亓蘈，日中見茉，折亓右弓，无咎。

　　4. 今本《周易》：九三：豐其沛，日中見沬，折其右肱，无咎。

【文字考釋】

（一）今本「豐其沛」之「沛」，上博本作「**芾**」（芾），帛書本作「蘈」。

　　玉姍案：上博本作「**芾**」，濮茅左隸定作「芾」，可從。帛書本作「蘈」。
「沛」、「芾」皆從「市」得聲，古相通。「蘈」上古音爲並紐元部，「沛」上

〔註301〕陳惠玲：《《上海博物館藏戰國楚竹書（三）・周易》研究》（臺灣師範大學國
　　　　文教學所碩論，2005 年 8 月，頁 689～690。
〔註302〕高亨：《周易古經今注》（台北：文笙書局，1981 年 3 月，頁 192～193。

古音爲滂紐月部。並、滂爲唇音，元、月陽入對轉，故可通。

（二）今本「日中見沫」之「沫」，上博本作「炎」（苃），帛書本作「茉」。

玉姍案：上博本「炎」字，濮茅左隸作「芇」，以爲「『芇』，讀爲『瞞』，《字彙補》：『芇，音瞞。』」〔註303〕何琳儀、程燕以爲此字形「從『艸』，下從『大』。疑『苃』之異體。」〔註304〕季師以爲「細審原簡，此字作『炎』，乍看的確像從『大』，其實本簡中間裂開，導致左右兩半稍稍分離，而且右半向上移動，我們把這些誤差調回來以後，重新摹寫的字形作『炎』，『艸』形下所從實爲標準的『友』字。」〔註305〕陳惠玲以爲「友字，楚系文字作友（《隨縣》170）、友（雯）《隨縣》44），與簡文此字『友』形同。」〔註306〕

濮茅左隸定作「芇」雖於字義可通，但「市」之古文市（西周.盂鼎）、市（戰國.楚.曾 131），與「炎」下方部件明顯有別。戰國楚文字「友」作友（戰國.楚.曾 170），與「炎」下方部件較近似，故筆者以爲從季師之說「炎」釋爲「苃」較佳。「苃」、「茉」屬明紐月部，「沫」屬明紐沒部，聲同、韻旁轉，可以通假。

【爻辭釋讀】

〈象〉曰：

豐其沛，不可大事也。折其右肱，終不可用也。（頁 126）

《周易集解》引虞翻云：

日在雲下稱沛。沛，不明也。沫，小星也。（頁 484）

王弼《注》：

沛，幡幔，所以禦盛光也。沫，微昧之明也。應在上六，志在乎陰，雖愈乎以陰處陰，亦未足以免於暗也，所豐在沛，日中則見沫之謂也。施明，則見沫而已，施用，則折其右肱，故可以自守而已，未足用也。（頁 126）

孔穎達《正義》：

〔註303〕馬承源主編：《上海博物館藏戰國楚竹書（三）》（上海：上海古籍出版社，2003年 12 月，頁 205。

〔註304〕何琳儀、程燕：〈滬簡《周易》選釋〉，簡帛研究網站 2004 年 5 月 16 日。

〔註305〕季師旭昇主編：《上海博物館藏戰國楚竹書（三）讀本》（台北：萬卷樓，2005年 10 月，頁 149。

〔註306〕陳惠玲：《《上海博物館藏戰國楚竹書（三）·周易》研究》（臺灣師範大學國文教學所碩論，2005 年 8 月，頁 668。

沫，微昧之明也，以九三應在上六，志在乎陰，雖愈於六二以陰處
陰，亦未見免於暗也，是所以「豐在沛，日中見沫」。夫處光大之時，
而豐沛見沫，雖愈於豐蔀見斗，然施於大事，終不可用。假如折其
右肱，自守而已，乃得无咎，故曰「折其右肱，无咎」。（頁 126）

朱熹《易本義》：

沛，一作旆，謂幡幔也，其蔽甚於蔀矣。沫，小星也，三處明極而
應上六，雖不可用，而非咎也，故其象占如此。（頁 205）

南懷瑾、徐芹庭《周易今註今譯》：

九三居內卦之極，在豐之時，有雲層豐積在太陽之上，在日中可以
見到小星之象。雲在日上這是危險的，故有折斷其右肱的現象，但
這還是無大咎的。（頁 340）

　　玉姍案：今本「豐其沛」之「沛」，虞翻以為「日在雲下稱沛。」王、孔、
朱以為有「幡幔」義。〈子夏傳〉作「芾」，「芾」是古代衣服上的蔽膝，《詩
經‧小雅‧采菽》：「赤芾在股」，鄭玄《箋》：「芾，大古蔽膝之象也，冕服謂
之芾，其他服謂之韠，以韋為之。」是以各說皆能引申出「遮蔽」之義。審
度爻辭，乃九三猶如正午太陽因日蝕而遮蔽光明，雖是正午時分，卻因天地
昏暗而連斗杓旁的小星星都看得到。是以虞翻之「日在雲下」與王、孔、朱
以為「幡幔」義較佳，此從王、孔舊說。九三光芒既遭遮掩，此時猶如折斷
右肱，應內斂自守而不應有積極作為，才能无咎。上博本「日中見芨」，季師
以為「芨」為「小星」義：

虞翻釋為「小星」；《釋文》：「《字林》作昧，亡太反，云：『斗杓後
星。』王肅云：『音妹。』鄭作昧。服虔云：『日中而昏也。』〈子夏
傳〉云：『昧，星之小者。』馬同。薛云：『輔星也。』」與九二「日
中見斗」相比較，釋為「斗杓後星」似乎較好。〔註307〕

此從之。

　　今本「九三：豐其沛，日中見沫，折其右肱，无咎。」意思是：九三象
徵欲求豐大卻被遮蔽於幡幔中，有如正午太陽被日蝕遮蔽光明，連斗杓旁的
小星星都能看見。此時如同折斷右小臂，應內斂自守才能無咎。

　　上博本作「九晶：豐丌芾，日中見芨，折丌右肱，亡咎。」帛書本作「九

〔註307〕季師旭昇主編：《上海博物館藏戰國楚竹書（三）讀本》（台北：萬卷樓，2005
　　年 10 月，頁 149。

三：豐亓蔀，日中見茉，折亓右弓，无咎。」意思均與今本同。

    1. 上博《周易》：九四：豐兀坿，日中見斗，遇兀㠱宔，吉。

    2. 阜陽《周易》：【缺簡】

    3. 帛書《周易》：九四：豐亓剖，日中見斗，禺亓夷主，吉。

    4. 今本《周易》：九四：豐其蔀，日中見斗，遇其夷主，吉。

【文字考釋】

    阜陽本九四爻辭殘，據今本補。

（一）今本「豐其蔀」之「蔀」，上博本作「坿」，帛書本作「剖」。

    玉姍案：今本「豐其蔀」之「蔀」，上博本作「坿」，帛書本作「剖」。「坿」上古音爲非紐侯部，「蔀」上古音爲並紐之部，「剖」上古音爲滂紐之部。「蔀」、「剖」均從「音」得聲，可以通假。「蔀」、「坿」同爲唇音，之、侯旁轉，可以通假。

（二）今本「遇其夷主」之「夷」，上博本作「㠱」。

    玉姍案：今本「遇其夷主」之「夷」，上博本作「㠱」。《玉篇》：「㠱，古文夷。」阮元《經籍纂詁》：「㠱，讀與夷同。」「夷」與「㠱」可通。

【爻辭釋讀】

    〈象〉曰：

        「豐其蔀」，位不當也。「日中見斗」，幽不明也。「遇其夷主」，吉行

        也。（頁126）

王弼《注》：

        以陽居陰，豐其蔀也。得初以發，夷主吉也。（頁126）

孔穎達《正義》：

        「豐其蔀」者，九四以陽居陰，暗同於六二，故曰「豐其蔀」也。「日

        中見斗，遇其夷主，吉」者，夷，平也，四應在初，而同是陽爻，

        能相顯發，而得其吉，故曰「遇其夷主，吉」也。言四之與初交相

        爲主者，若賓主之義也。若據初適四，則以四爲主，故曰「遇其配

        主」。自四之初，則以初爲主，故曰「遇其夷主」也。二陽體敵，兩

        主均平，故初謂四爲「旬」，而四謂初爲「夷」也。（頁126）

朱熹《易本義》：

象與六二同。夷，等夷也，謂初九也。其占爲當豐而遇暗主，下就
同德則吉也。（頁 205）

南懷瑾、徐芹庭《周易今註今譯》：

九四以陽居陰位，在豐盛之時，也有豐其蔀，日中見斗的象徵，如
前往遇其相等相類的伙伴，則能得助而獲吉利。（頁 341）

陳惠玲《《上海博物館藏戰國楚竹書（三）・周易》研究》：

九四作「遇其夷主」，是以初爲主。王、孔之説可從。朱熹以爲「夷」
作「等夷也」，朱説與王、孔同。于省吾以爲「夷」作「尸」〔註308〕，
二字古可通，見本爻文字考釋，但遇尸主如何能得吉，于説似疑。
高亨以爲「夷主」是「作客者所常寄寓之主人也。」〔註309〕其説無
據。南懷瑾、徐芹庭「夷主」作「相等相類的伙伴」，應是指九四與
初九，與王、孔之説似。（頁 341）

　　玉姍案：「夷主」一詞眾説紛紜，陳惠玲分析詳盡，此不再贅敘，此接受
陳氏結論從王、孔「九四遇其初六夷主」之説。「豐其蔀」與六二爻辭同。九
四以陽爻居陰位，象徵在小席內求豐大，幽暗而無所見。然九四與初九相應，
且同爲陽爻，能相顯並發而得吉；故初九作「遇其配主」，以九四爲主；九四
作「遇其夷主」，以初九爲主。

　　今本「九四：豐其蔀，日中見斗，遇其夷主，吉。」意思是：九四以陽
居陰，象徵在小席內求豐大，所以幽暗而不見，如正午時刻太陽被遮住，連
斗星都看得到。但九四與相應的初九都同是陽爻，能互相光大，所以是吉。

　　上博本作「九四：豐丌坿，日中見斗，遇丌䒸宔，吉。」帛書本作「九
四：豐亓剖，日中見斗，禺亓夷主，吉。」其意均與今本同。

1. 上博《周易》：六五：蓯章，又慶懇，吉。

2. 阜陽《周易》：【缺簡】

3. 帛書《周易》：六五：來章，有慶舉，吉。

4. 今本《周易》：六五：來章，有慶譽，吉。

【文字考釋】

（一）今本「有慶譽」之「譽」，上博本作「懇」、帛書本作「舉」。

〔註308〕于省吾：《易經新證》（台北：藝文印書館，1975 年 9 月，頁 168～169。
〔註309〕高亨：《周易古經今注》（台北：文笙書局，1981 年 3 月，頁 194。

玉姍案：今本「有慶譽」之「譽」，上博本作「懇」、帛書本作「舉」。三字皆以「與」爲聲符，故可通假。

【爻辭釋讀】

〈象〉曰：

六五之吉，有慶也。（頁 126）

王弼《注》：

以陰之質，來適尊陽之位，能自光大，章顯其德，獲慶譽也。（頁 126）

孔穎達《正義》：

六五處豐大之世，以陰柔之質，來適尊陽之位，能自光大，章顯其德，而獲慶善也，故曰「來章有慶譽，吉」也。（頁 126）

朱熹《易本義》：

質雖柔暗，若能來致天下之明，則有慶譽而吉矣。蓋因其柔暗而設此以開之，占者能如是，則如其占矣。（頁 205）

南懷瑾、徐芹庭《周易今註今譯》：

六五爻展望未來是光明的，開發的，有好的名譽而吉利。（頁 341）

玉姍案：六五以陰爻而居尊位，質雖柔弱，但能自光大而章顯其德，而獲得慶譽，這是吉的。「來」，王、孔以爲「來適（尊陽之位）」，朱熹以爲「來致（天下之明）」，南、徐以爲「展望未來」。審其文義，當下已「有慶譽，吉」，故不須展望未來，故南、徐。而六五之德能自光大，故不須「來致天下之明」。故此從王、孔之說。

今本「六五：來章，有慶譽，吉。」意思是：六五以陰爻而來居尊位，雖陰柔之質，但能彰顯明德，而能獲得喜慶美譽，這是吉的。

上博本作「六五：蒾章，又慶懇，吉。」帛書本作「六五：來章，有慶舉，吉。」其意均與今本同。

1. 上博《周易》：上六：豐丌芾，坿丌豪。閨丌㡯，𣪠丌亡人，晶戢不覿，凶。
2. 阜陽《周易》：【缺簡】
3. 帛書《周易》：尚六：豐亓屋，剖亓家。閨亓戶，嬰亓无人，三歲不遂，兇。

4. 今本《周易》：上六：豐其屋，蔀其家。闚其戶，闃其无人，三歲不覿，凶。

【文字考釋】

（一）今本「豐其屋」之「屋」，上博本作「帯」。

季師以爲「帯」讀爲「施」：

上六爻帛書、今本《周易》「屋」（影／屋），與簡本「帯」（非／月），聲韻俱遠，無法通假，當爲義近詞。「屋」本爲「帳幄」之「幄」的初文（參《說文新證》下冊頁42），與「帯」讀爲「施」，釋爲「幡幔」義近。〔註310〕

玉姍案：「豐其屋」之「屋」，上博本作「帯」，二字聲韻均遠，無法通假。蕭漢明以爲「帯」爲「蔽膝」〔註311〕，此說無法與今本「屋」契合，故不採用。季師以爲「屋」本爲「帳幄」之「幄」的初文，與「帯」讀爲「施」，釋爲「幡幔」義近，可從。

（二）「闃其无人」之「闃」，上博本作「𩏑（𩏑）」，帛書本作「哭」。

玉姍案：帛書本作「哭」。于豪亮以爲「哭」假借爲「闃」。「闃」，從門、臭聲，「臭」字或作「瞁」，帛書之「哭」與「瞁」形近，當爲「瞁」之異體。故「哭（瞁）」即「臭」，假借爲「闃」。〔註312〕筆者以爲以字形而言的確有可能，也不排除帛書本上字形原本即爲「瞁」，但因剝蝕等因素而被整理者訛寫爲「哭」。

上博本「𩏑」，濮茅左隸作「『𩏑』以爲『𩏑』，從臺，夬聲，讀爲『𥦗』。〔註313〕季師旭昇以爲：「此字左旁不從『臺』，實從『韋』，夬（見／月）聲，與今本『闃』（溪／錫）聲近，韻爲旁轉。」〔註314〕陳惠玲以爲：

「臺」，甲骨文作𠫇（《前》4.34.7），金文作𠫇（鼓臺𨚡），下形爲羊，二筆羊角往下，與簡文左形是不同的。「韋」，甲骨文作✧（《京都》

〔註310〕季師旭昇主編：《上海博物館藏戰國楚竹書（三）讀本》（台北：萬卷樓，2005年10月，頁149。

〔註311〕蕭漢明：〈釋豐卦〉，簡帛研究網站2004年9月20日。

〔註312〕于豪亮：〈帛書《周易》〉，《文物》1984年第3期，頁20。

〔註313〕馬承源主編：《上海博物館藏戰國楚竹書（三）》（上海：上海古籍出版社，2003年12月，頁207。

〔註314〕季師旭昇主編：《上海博物館藏戰國楚竹書（三）讀本》（台北：萬卷樓，2005年10月，頁149。

3241），金文作▉（章鼎），楚系文字作▉（《天策》）、▉（《曾侯乙鐘》293.4），至楚系文字其形與簡文左形似。故簡文「▉」當從師說隸作「馘」。〔註315〕

陳惠玲分析何哩，故當從季師之說隸定爲「馘」，從夬聲，上古音爲見紐月部，今本作「闋」爲溪紐錫韻，二字同爲牙音，月、錫旁轉。

（三）「三歲不覿」之「覿」，上博本作「▉」，帛書本作「遂」。

玉姍案：上博本作「▉」，濮茅左隸定爲「覿」，《說文・見部（新附）》：「覿，見也。」〔註316〕徐在國以爲此字釋「覿從『見』、『賣』聲。」〔註317〕黃錫全以爲釋「覿」，爲「價」之或體，即「覿」字〔註318〕。陳惠玲以爲「簡文隸作覿，與今本同，且與帛書本作『遂』是可相通假的。季師旭昇以爲隸作『覿』無誤，但字當從『視』、『賣』聲。觀原簡字形左部當是『視』，而非『見』，師說是。」〔註319〕

《上博一・緇衣》簡7「▉」字對照今本作「遂」，黃錫全認爲此字從「頁」「賣」聲，「頗疑其爲價之或體。價即今之覿字。」今本《禮記・緇衣》與之相對的字作「遂」。二字是通假關係。〔註320〕

帛書本作「遂」。濮茅左隸定爲「覿」，可從。黃錫全釋「價」通「遂」爲證，舉價（唐韻「余六切」）、賣同屬定母屋部。遂，唐韻「徐醉切」，古屬邪母物部。从㸤的隊屬定母物部。《易・豐・上六》：「三歲不覿」，馬王堆帛書本覿作遂。是　可作遂之證。〔註321〕足證從「賣」得聲之字可以通「遂」。季師旭昇以爲此字當從「視」、「賣」聲，可從。

【爻辭釋讀】

〔註315〕陳惠玲：《《上海博物館藏戰國楚竹書（三）・周易》研究》（臺灣師範大學國文教學所碩論，2005年8月，頁705。

〔註316〕馬承源主編：《上海博物館藏戰國楚竹書（三）》（上海：上海古籍出版社，2003年12月，頁207。

〔註317〕徐在國〈上博三《周易》釋文補正〉，簡帛研究網站2004年4月24日。

〔註318〕黃錫全：〈讀上博楚簡札記〉，《新出竹簡與儒學思想國際學術研討會論文集》，（北京：清華大學思想文化研究所，2002年3月31日～4月2日），頁29。

〔註319〕陳惠玲：《《上海博物館藏戰國楚竹書（三）・周易》研究》（臺灣師範大學國文教學所碩論，2005年8月，頁705～706。

〔註320〕黃錫全：《楚簡續貂》，《簡帛研究》第三輯（廣西教育出版社，1998，）頁79。

〔註321〕黃錫全：〈讀上博楚簡札記〉，《新出竹簡與儒學思想國際學術研討會論文集》，（北京：清華大學思想文化研究所，2002年3月31日～4月2日），頁29。

〈象〉曰：

「豐其屋」，天際翔也。「闚其戶，闃其无人」，自藏也。（頁 126）

王弼《注》：

屋，藏陰之物，以陰處極而最在外，不履於位，深自幽隱，絕跡深藏者也。既豐其屋，又蔀其家，屋厚家覆，暗之甚也。雖闚其戶，闃其无人，棄其所處，而自深藏也。處於明動尚大之時，而深自幽隱，以高其行；大道既濟，而猶不見，隱不爲賢，更爲反道，凶其宜也。三年，豐道之成。治道未濟，隱猶可也；既濟而隱，是以治爲亂者也。（頁 126）

孔穎達《正義》：

上六，以陰處陰，極以處外，不履於位，是深自幽隱，絕跡深藏也，事同豐厚於屋者也。既豐厚其屋，而又覆蔀其家，屋厚家暗，蔽蔀之甚也。雖闚視其戶，而闃寂无人，棄其所處，而自深藏也。處於豐大之世，隱不爲賢。治道未濟，隱猶可也；三年豐道已成，而猶不見，所以爲凶，故曰「豐其屋，蔀其家，闚其戶，闃其无人，三歲不覿，凶」。（頁 126）

朱熹《易本義》：

以陰柔居豐極，處動終明極而反暗者也，故爲豐大其屋而反以自蔽之象。无人，不覿，亦言障蔽之深，其凶甚矣。（頁 206）

南懷瑾、徐芹庭《周易今註今譯》：

上六有其屋豐大完美，但其家蒙著一片陰雲，窺看他的門戶，則寂靜而沒有人，一直到三年之久，都看不到，這是凶的。（頁 342）

　　玉姍案：上六以陰爻處豐卦之上極，因此有深自幽隱，絕迹蔽藏之意。既如深藏於幄帳之內，又如席蔽其家，實爲蔽障之甚。此時窺其戶而不見人，好像拋棄其居所而深自蔽藏。然今三年豐道已成，猶蔽藏不見，故爲凶象。

　　今本作「上六：豐其屋，蔀其家。闚其戶，闃其无人，三歲不覿，凶。」「屋」若釋爲「房屋」，意思是：上六以陰處上極，不履於位，深自幽隱，象求豐大於房屋之內，又席蔽其家。從門戶看去，家中空無一人，三年不得見，這是凶的。「屋」若釋爲「帷幄」，意思是：上六以陰處上極，不履於位，深自幽隱，象求豐大於幄帳之內，又席蔽其家。從門戶看去，家中空無一人，三年不得見，這是凶的。

上博本作「上六：豐亓芾，坿亓㝟。闈亓屍，斁亓亡人，晶戠不覿，凶。」意思是：上六以陰處上極，不履於位，深自幽隱，象求豐大於幡幔之內，又席蔽其家。從門戶看去，家中空無一人，三年不得見，這是凶的。

帛書本作「尚六：豐亓屋，剖亓家，闈亓戶，哭亓无人，三歲不逐，兇。」意思與今本同。

第五十六節　旅　卦

一、卦名釋義

《說文》：「旅，軍之五百人，从放，从从。从，俱也。」（頁 315）「旅」，指軍旅、行旅；又引伸有「客」義。孔穎達《正義》：「旅者，客寄之名，羈旅之稱，失其本居，而寄他方，謂之為旅。」（頁 127）旅卦之「旅」有失其本居而寄居他鄉之義。

〈序卦〉曰：「窮大者必失其居，故受之以旅。」（頁 188）欲求財富豐盛者往往離鄉羈旅，故旅卦在豐卦之後。

旅卦今本卦畫作「䷷」，上離火，下艮山。〈象〉曰：「山上有火，旅。君子以明，慎用刑而不留獄。」（頁 127）山上之火，木燒盡、火即止，不會延燒過久，有旅居不久留的現象。君子體悟此象而明察，審慎用刑，不稽留獄訟。

二、卦爻辭考釋

（一）卦辭考釋

1. 上博《周易》：遊：少鄉，遊貞吉。

2. 阜陽《周易》：旅：小亨，旅貞吉。

3. 帛書《周易》：旅：少亨，旅貞吉。

4. 今本《周易》：旅：小亨，旅貞吉。

【文字考釋】

阜陽本卦辭殘，皆今本補。

【卦辭釋讀】

〈象〉曰：

「旅，小亨」，柔得中乎外，而順乎剛，止而麗乎明，是以「小亨，
旅貞吉」也。旅之時義大矣哉！（頁 127）

〈象〉曰：

山上有火，旅。君子以明，慎用刑而不留獄。（頁 127）

王弼《注》：

不足全夫貞吉之道，唯足以爲旅之貞吉，故特重曰「旅，貞吉」也。
（頁 127）

孔穎達《正義》：

旅者，客寄之名，羇旅之稱，失其本居，而寄他方，謂之爲旅。既
爲羇旅，苟求僅存，雖得自通，非甚光大，故旅之爲義，小亨而已，
故曰「旅，小亨」。羇旅而獲小亨，是旅之正吉，故曰「旅，貞吉」
也。（頁 127）

朱熹《易本義》：

旅，羇旅也。山止於下，火炎於上，爲去其所止而不處之象，故爲
「旅」。以六五得中於外，而順乎上下之二陽，艮止而離麗於明，故
其占可以小亨，而能守其旅之貞則吉。旅非常居，若可苟者，然道
无不在，故自有其正，不可須臾離也。（頁 206）

南懷瑾、徐芹庭《周易今註今譯》：

旅，是稍有亨通的，惟羇旅于外，宜守正以獲吉。（頁 342）

玉姍案：「旅」爲客寄之名，羇旅之稱；客寄他鄉，唯求守正，不足以爲
全貞吉之道，故只謂「小亨」。

今本「旅：小亨，旅貞吉。」意思是：旅卦有小亨通的象徵，羇旅於外，
宜守正以獲吉。

上博本作「遊：少鄉，遊貞吉。」帛書本作「旅：少亨，旅貞吉。」其
意與今本同。

（二）爻辭考釋

1. 上博《周易》：初六：遊贏＝，此丌所取懇。

2. 阜陽《周易》：初六：旅瑣瑣，斯其所取災。

3. 帛書《周易》：初六：旅瑣瑣，此其所取火。

4. 今本《周易》：初六：旅瑣瑣，斯其所取災。

【文字考釋】

阜陽本卦辭殘，據今本補。

（一）帛書本、今本「旅瑣瑣」，上博本作「遊贏=」。

玉姍案：帛書本、今本「旅瑣瑣」，上博本作「遊贏=」。「遊」從「旅」得聲，二字可相通。「贏=」，从角，贏聲，有重文符，上古音來紐歌部；今本「瑣」上古音心紐歌部，二字韻同，來紐、心紐有互相通假之例，如《馬王堆帛書‧養生方‧□巾》：「弟選」，《馬王堆帛書‧養生方‧勺》：「勃贏」，影本注說「弟選（心紐元部）」、「勃贏（來紐歌部）」爲一物，即是「蝸牛也。」〔註322〕。

（二）今本「斯其所取災」之「災」，上博本作「**愚**」，帛書本作「火」。

玉姍案：今本「災」，帛書本作「火」。張立文以爲「『火』與『災』」義近，左傳宣公十六年：『凡火，人火曰火，天火曰災。』」〔註323〕季師旭昇以爲「火」字讀爲「禍」，災、禍義近〔註324〕，二說均可從。

上博本作「**愚**」，濮茅左以爲「**愚**」或讀爲「舉」。〔註325〕季師旭昇以爲「**愚**」（喻紐魚部）似可讀爲「瘏」（定紐魚部），《毛詩‧周南‧卷耳》：「我馬瘏矣。」毛傳；「瘏，病也」，與「災」、「禍」義近可通。〔註326〕「**愚**」、「瘏」同爲舌紐魚部字可通；且「瘏，病也」比「舉」更近今本「災」，故從季師之說。

【爻辭釋讀】

〈象〉曰：

「旅瑣瑣」，志窮災也。（頁127）

《周易集解》引陸績云：

瑣瑣，小也。艮爲小石，故曰「旅瑣瑣」也。履非其正，應離之始，離爲火。艮爲山以應火，災焚自取也，故曰「斯其所取災」也。（頁491）

〔註322〕王輝：《古文字通假字典》（北京：中華書局，2008年2月，頁556。

〔註323〕張立文（張憲江）：《周易帛書今注今譯》（台北：臺灣學生書局，1991年），頁615。

〔註324〕季師旭昇：〈《上博三‧周易》零釋七則〉，簡帛研究網站2004年4月24日。

〔註325〕馬承源主編：《上海博物館藏戰國楚竹書（三）》（上海：上海古籍出版社，2003年12月，頁208。

〔註326〕季師旭昇：〈《上博三‧周易》零釋七則〉，簡帛研究網站2004年4月24日。

王弼《注》：

　　最處下極，寄旅不得所安，而爲斯賤之役，所取致災，志窮且困。（頁
　　127）

孔穎達《正義》：

　　瑣瑣者，細小卑賤之貌也。初六當旅之時，最處下極，是寄旅不得
　　所安，而爲斯卑賤之役。然則爲斯卑賤勞役，由其處於窮下，故致
　　此災，故曰「旅瑣瑣，斯其所取災也」。（頁127）

朱熹《易本義》：

　　當旅之時，以陰柔居下位，故其象占如此。（頁207）

南懷瑾、徐芹庭《周易今註今譯》：

　　初六以陰居陽位，當旅之初始，位居下，故有斤斤計較於細小猥鄙
　　之事的象徵。以此而至旅之處所，必獲致災害。（頁343）

　　玉姍案：「瑣瑣」，細小卑賤貌，此指地位卑賤。初六處旅卦最下，象徵
寄旅而不得安，必須從事卑賤勞役。志窮困下，所以致災。

　　今本作「初六：旅瑣瑣，斯其所取災。」意思是：初六以陰居陽，象寄
旅不得所安，只能從事卑賤勞役，志意窮困，所以招致災禍。

　　上博本作「初六：遮嬴＝，此丌所取愍（瘏）。」意思是：初六以陰居陽，
象寄旅不得所安，只能從事卑賤勞役，志意窮困，所以招致禍病。

　　帛書本作「初六：旅瑣瑣，此其所取火。」其意與今本同。

1. 上博《周易》：六二：遮既宋，裹丌次，夏僮儳之貞。
2. 阜陽《周易》：六二：旅即其次，懷其資，得童僕貞。
3. 帛書《周易》：六二：旅既次，壞其茨，得童剟貞。
4. 今本《周易》：六二：旅即次，懷其資，得童僕貞。

【文字考釋】

　　阜陽本六二爻辭殘，據今本補。

（一）今本「旅即次」，阜陽本作「旅即其次」，多一「其」字異文。

　　今本「旅即次」，上博本作「遮既宋」，帛書本「旅既次」。阜陽本作「旅
即其次」較他本多一「其」字異文，由於較早的上博本與帛書本皆無「其」，
筆者以爲阜陽本作「旅即其次」之「其」可能爲受到下一句「懷其資」之「其」
而衍文。

（二）今本「懷其資」之「資」，上博本作「次」，帛書本作「茨」。

玉姍：今本「懷其資」之「資」，帛書本作「茨」，上博本作「次」。「茨」上古音清紐脂部，「資」上古音精紐脂部，「次」上古音邪紐元部，三字皆爲齒音，元、脂二部爲旁對轉，可以通假。

濮茅左以爲「次」亦作「涎」，有「慕欲口液」之義〔註 327〕，於爻義不能通讀，筆者以爲當從王弼、孔穎達之說，以「資」爲本字，「茨」、「次」爲通假字，釋爲「資貨」較佳。

（三）今本「得童僕貞」，上博本多一「之」字異文。

玉姍案：今本「得童僕貞」，帛書本「得童剝貞」。上博本作「夏僮儓之貞」，較他本多一「之」字異文，但文義仍可通。

【爻辭釋讀】

〈象〉曰：

「得童僕貞」，終无尤也。（頁 127）

《周易集解》引《九家易》：

次者，可以安行旅之地也。懷，來也。得位居中，體柔奉上，以此寄旅，必獲次舍。懷來資貨，得童僕之所正也。旅不可以處盛，故其美盡於童僕之正也。過斯以往，則見害矣。童僕之正，義足而已。（頁 491）

王弼《注》：

得位居中，體柔承上，以此而爲寄旅，必爲主君所安，旅得次舍，懷來資貨，又得童僕之正，不同初六賤役，故曰「旅即次，懷其資，得童僕」。（頁 127）

孔穎達《正義》：

即次則安，懷資則裕，得其童僕之貞信，則无欺而有賴。旅之最吉者也。二有柔順中正之德，故其象占如此。（頁 127）

朱熹《易本義》：

即，就。次，舍。資，財也。以陰居二，即就其舍，故「旅即次」。承陽有實，故「懷其資」。初者卑賤，二得履之，故「得僮僕」。處

〔註327〕馬承源主編：《上海博物館藏戰國楚竹書（三）》（上海：上海古籍出版社，2003年12月，頁 208。

和得位，正居，是故曰「得僮僕貞」矣。（頁 207）

南懷瑾、徐芹庭《周易今註今譯》：

六二當陰陽之正位，處內卦之中，以此處旅，有旅行而至旅舍，懷
著很多資財，又得到忠貞的童僕的象徵。（頁 344）

玉姍案：六二居中得位，體柔而奉上，象徵行旅時能獲得次舍，亦能懷
有資貨，得忠貞之童僕。

今本作「六二：旅即次，懷其資，得童僕貞。」意思是：六二居中得位，
象行旅時能居於旅舍，懷著資貨並得到童僕效忠。

上博本作「六二：遊既宋，襄丌次，旻僮僅之貞。」意思是：六二居中
得位，象行旅已經就住於旅舍，懷著資貨，得到童僕的忠貞。

帛書本作「六二：旅既次，壞其茨，得童剝貞。」意思與今本同。

1. 上博《周易》：九晶：遊焚丌宋，喪丌僮僅貞＝礪。
2. 阜陽《周易》：九三：旅焚其次，喪其童僕貞，厲。
3. 帛書《周易》：九三：旅焚其次，喪其童僕貞，厲。
4. 今本《周易》：九三：旅焚其次，喪其童僕貞，厲。

【文字考釋】

阜陽本、帛書本九三爻辭殘，據今本補。

（一）今本「喪其童僕貞，厲」，上博本作「喪丌僮僅貞＝礪」，「貞＝」下有重
文符。

玉姍案：上博本「貞＝」下有重文符，全句讀為「喪其童僕貞，貞厲」。
今本《周易》中「貞厲」連用為斷辭共七次，今整理如下：

1. 訟：六三，食舊德，貞厲終吉。
2. 小畜：上九，既雨既處，尚德載，婦貞厲。
3. 履：九五，夬履貞厲。
4. 噬嗑：六五，噬乾肉，得黃金，貞厲无咎。
5. 大壯：九三，小人用壯，君子用罔，貞厲，羝羊觸藩，羸其角。
6. 晉：九四，晉如鼫鼠，貞厲。
7. 革：九三，征凶貞厲。革言三就，有孚。

而以「厲」為斷辭者有八次：

1. 蠱：初六，幹父之蠱，有子，考无咎，厲，終吉。
2. 復：六三，頻復，厲，无咎。
3. 頤：上九，由頤，厲，吉。
4. 晉：上九，晉其角，維用伐邑，厲，吉，无咎。
5. 睽：九四，睽孤，遇元夫，交孚，厲，无咎。
6. 姤：九三，臀无膚，其行次且，厲，无大咎。
7. 旅：九三，喪其童僕貞，厲。
8. 既濟：上六，濡其首，厲。

「厲」與「貞厲」兩種狀況在《周易》中都相當常見。今本作「貞」，有可能是傳抄過程中遺漏重文符所致。「貞厲」是「即使持身貞正仍不免遭受危厲」，「喪其童僕貞，厲」是指「喪童僕之忠貞，是危厲的」，二者文義皆可通。

【爻辭釋讀】

〈象〉曰：

「旅焚其次」，亦以傷矣。以旅與下，其義喪也。（頁 127）

王弼《注》：

居下體之上，與二相得，以寄旅之身而爲施下之道，與萌侵權，主之所疑也，故次焚僕喪，而身危也。（頁 127）

孔穎達《正義》：

九三居下體之上，下據於二，上无其應，與二相得，是欲自尊而惠施於下也。以羈旅之身，而爲惠下之道，是與萌侵權，爲主君之所疑也。爲君主所疑，則被黜而見害，故焚其次舍，喪其童僕之正而身危也。（頁 127）

朱熹《易本義》：

過剛不中，居下之上，故其象占如此。喪其童僕，則不止於失其心矣，故貞字連下句爲義。（頁 207～208）

南懷瑾、徐芹庭《周易今註今譯》：

九三以陽剛居陽剛之位，處內卦艮陽之極，以當旅之時。過於剛強，所以有「旅行時旅舍被焚燒，而喪失了忠貞的僮僕的象徵」這是很危厲的。（頁 344）

玉姍案：九三居內卦之上，與六二相得，然而以寄旅身份而施惠於下之

六二，這是侵權的，必爲主上所疑，所以旅舍焚毀，失去童僕的忠貞，自身也遭遇危險。

今本作「九三：旅焚其次，喪其童僕貞，厲。」意思是：九三居下卦之上，惠施於下，而爲主上所疑，象徵行旅在外而旅舍被焚，喪童僕之忠貞，是危厲的。

上博本作「九晶：遮焚亓宋，喪亓僮僕貞＝礪。」意思是：九三居下卦之上，惠施於下，而爲主上所疑，象徵行旅在外而旅舍被焚，喪童僕之忠貞，即使持身貞正仍不免遭受危厲。

1. 上博《周易》：九四：遮于處，得其資斧，我心不快。
2. 阜陽《周易》：九四：旅于處，得其資斧，我心不快。
3. 帛書《周易》：九四：旅于處，得亓澬斧，我心不快。
4. 今本《周易》：九四：旅于處，得其資斧，我心不快。

【文字考釋】

上博本、阜陽本、帛書本九四爻辭殘，皆據今本補。

（一）今本「得其資斧」之「資」，帛書本作「澬」。

玉姍案：「資」上古音精紐脂部，「澬」上古音精紐眞部，二字聲紐相同，韻部爲陰陽對轉，可以通假。

【爻辭釋讀】

〈象〉曰：

「旅于處」，未得位也。「得其資斧」，心未快也。（頁127）

王弼《注》：

斧所以斫除荊棘，以安其舍者也。雖處上體之下，不先於物，然而不得其位，不獲平坦之地，客于所處，不得其次，而得其資斧之地，故其心不快也。（頁127）

孔穎達《正義》：

九四處上體之下，不同九三之自尊，然不得其位，猶寄旅之人，求其次舍，不獲平坦之所，而得用斧之地。言用斧除荊棘，然後乃處，故曰「旅于處，得其資斧」也。求安處而得資斧之地，所以其心不快也。（頁127）

朱熹《易本義》：

　　以陽居陰，處上之下，用柔能下，故其象占如此。然非其正位，又
　　上无剛陽之與，下唯陰柔之應，故其心有所不快也。（頁 208）

南懷瑾、徐芹庭《周易今註今譯》：

　　九四以陽剛居陰位，不得其正，而處艮剛之上，故有旅行而暫處于
　　荒山之上的象徵。雖然得到資財之助，斧頭之防。但是心並不痛快。
　　（頁 345）

　　玉姍案：九四以陽居陰，不得其位，有如旅者不獲平坦之地，必須以斧
斫除荊棘，才有居住之地。旅居而不順，故曰「我心不快」。

　　今本「九四：旅于處，得其資斧，我心不快。」意思是：九四以陽居陰，
又在外卦之下，象旅居於外，沒有居所。只有得利斧以砍除荊棘，才能有地
方可住，因此我心不快樂。

　　上博本作「九四：遊于處，得其資斧，我心不快。」帛書本「九四：旅
于處，得亓潛斧，我心不快。」意思當與今本同。

　　1. 上博《周易》：六五：射雉一矢，亡。終以譽命。

　　2. 阜陽《周易》：六五：射雉一矢，亡。終以譽命。

　　3. 帛書《周易》：六五：射雉一矢，亡。冬以舉命。

　　4. 今本《周易》：六五：射雉一矢，亡。終以譽命。

【文字考釋】

　　上博本、阜陽本六五爻辭殘，皆據今本補。

【爻辭釋讀】

　　〈象〉曰：

　　　「終以譽命」，上逮也。（頁 127）

王弼《注》：

　　射雉以一矢，而復亡之，明雖有雉，終不可得矣。寄旅而進，雖處
　　于文明之中，居于貴位，此位終不可有也。以其能知禍福之萌，不
　　安其處以乘其下，而上承於上，故終以譽而見命也。（頁 127）

孔穎達《正義》：

　　羈旅不可以處盛位，六五以羈旅之身，進居貴位，其位終不可保，譬

之射雉，惟有一矢，射之而復亡失其矢，其雉終不可得，故曰「射雉
一矢亡」也。然處文明之內，能照禍福之幾，不乘下以侵權，而承上
以自保，故得終以美譽而見爵命，故曰「終以譽命」也。（頁127）

朱熹《易本義》：

雉，文明之物，離之象也。六五柔順文明，又得中道，爲離之
主，故得此爻者，爲雉之象。雖不无亡矢之費，而所喪不多，終有譽命
也。（頁208）

南懷瑾、徐芹庭《周易今註今譯》：

六五處旅之時，以陰柔處尊位。故有射雉鳥，而亡失了一支箭的象
徵。因處中履尊，故終有佳譽之命降及其身。（頁345～346）

玉姍案：六五以陰爻居於尊位，如羈旅者卻居於尊位，終不可保。譬如
要射雉卻只有一隻箭，射畢又丟失了箭。但六五若不侵權而能承上以自保，
則能終得美譽而獲爵命。

今本「六五：射雉一矢，亡。終以譽命。」意思是：六五以陰居尊，象
徵以羈旅之身而進居貴位，其位終不可保；有如僅以一矢射雉，矢遺失而雉
不可得。但六五不乘下以侵權，而能承上以自保，故終得美譽而獲爵命。

帛書本「六五：射雉一矢，亡。冬以舉命。」意思與今本同。

1. 上博《周易》：上九：鳥焚其巢，旅人先笑後號咷。喪牛于易，凶。
2. 阜陽《周易》：上九：鳥焚其巢，旅人先笑後號咷。喪牛于易，凶。
3. 帛書《周易》：尚九：鳥梦亓巢，旅人先芙後掳桃。亡牛于易，兇。
4. 今本《周易》：上九：鳥焚其巢，旅人先笑後號咷。喪牛于易，凶。

【文字考釋】

上博本、阜陽本上九爻辭殘，皆據今本補。

【爻辭釋讀】

〈象〉曰：

以旅在上，其義焚也。「喪牛于易」，終莫之聞也。（頁127）

王弼《注》：

居高危而以爲宅，巢之謂也。客旅得上位，故先笑也。以旅而處于
上極，眾之所嫉也。以不親之身而當被害之地，必凶之道也，故曰

「後號咷」。牛者，稼穡之資。以旅處上，眾所同嫉，故「喪牛于易」，
不在於難。物莫之與，危而不扶，喪牛于易，終莫之聞。莫之聞，
則傷之者至矣。（頁 127）

孔穎達《正義》：

最居於上，如鳥之巢，以旅處上，必見傾奪，如鳥巢之被焚，故曰
「鳥焚其巢」也。客得上位，所以「先笑」。凶害必至，故「後號咷」。
眾所同嫉，喪其稼穡之資，理在不難，故曰「喪牛于易」。物莫之與，
則傷之者至矣，故曰「凶」也。（頁 127）

朱熹《易本義》：

上九過剛，處旅之上，離之極，驕而不順，凶之道也。故其象占如
此。（頁 208）

南懷瑾、徐芹庭《周易今註今譯》：

上九陽剛處陰位。處旅之極；有鳥焚燒其巢的象徵，因過于高傲剛
猛，故旅人有先樂後悲，先笑而樂，後則受災而號咷大哭了。又有
喪失了他的牛於郊外的象徵，這是凶的。（頁 346）

　　玉姍案：上九處旅卦之上極，此乃居高危之地，有如巢焚之鳥一般不安。
因爲上九過於剛亢高傲而失去他人幫助，雖得上位卻爲眾人所嫉，連牛（稼
穡者之生活資本）都會喪失，這是凶的。

　　「易」，王弼以下學者多釋「易」爲「難易」之「易」。高亨以爲此爲王
亥故事，「易」爲國名「有易」〔註328〕，因有上古材料對應，故可聊備一說。
《大壯》六五爻辭「喪羊于易」與本卦爻辭「喪牛于易」句型相近，只有動
物名稱不同。筆者在本論文第三章第三十四節六五爻辭考釋中曾提出：「喪羊
于易」之「易」，學者說法各異，孔穎達以爲「平易」，朱熹以爲「易，容易
之易，或作疆場之場，亦通」；南懷瑾亦以爲「場，田畔之地」。以《周易》
中所見之句法而言，常見〔動詞〕＋「于」＋〔地點〕之文法組合，如《乾》：
「上六：龍戰于野」、《需》：「上六：入于穴」、《睽》：「九二：遇主于巷」、《升》：
「六四：王用亨于岐山」……，故筆者以爲將「易」釋爲「場，田畔之地（田
界）」較「平易」、「容易」更佳。故本爻「喪牛于易」之「易」亦可釋爲「場，
田畔之地（田界）」，指喪其牛於田場。

〔註328〕高亨：《周易古經今注》（台北：文笙書局，1981 年 3 月，頁 196～197。

今本「上九：鳥焚其巢，旅人先笑後號咷。喪牛于易，凶。」意思是：上九居旅之上，剛而不中，爲眾所嫉，有如鳥居巢而被焚，人位高而見嫉、先笑後號咷。在田場失去了賴以維生的牛，這是凶的。

帛書本「尙九：鳥棼亓巢，旅人先芺後撯桃。亡牛于易，兇。」意思與今本同。

第五十七節　巽　卦

一、卦名釋義

《說文》：「巽，具也。從丌、𢀪聲。」又：《說文》「𢁅，㸦也。從丌從頁。此易𢁅卦爲長女、爲風者。」（頁 202）「巽」，季師以爲「𨾊之繁文，順從。」又「春秋以前未見，戰國文字從𨾊，加飾筆『一』，下部或訛爲『丌』。」〔註329〕季師之說可從。「巽」之本義爲順從，在巽卦中象徵「風」及「長女」。孔穎達《正義》：「巽者，卑順之名。《說卦》云：『巽，入也。』蓋以巽爲象風之卦。風行無所不入，故以入爲訓，若施之於人事，能自卑巽者，亦無所不容。然巽之爲義，以卑順爲體，以容入爲用，故受『巽』名矣。上下皆巽，不爲違逆，君唱臣和，教令乃行。故於重巽之卦，以明申命之理，雖上下皆巽，命令可行，然全用卑巽，則所通非大，故曰『小亨』。」可從。

〈序卦〉曰：「旅而无所容，故受之以巽。巽者，入也。」（頁 188）《周易集解》引崔覲曰：「旅寄於外，而无所容，則必入矣。故曰：『旅無所容，受之以巽』。」李道平《疏》：「羈旅親寡，宜無所容，爲巽順而後有所入也，故旅次以巽。」（頁 495）羈旅者無處容身，需自卑巽順，方得容入之理。故巽卦在旅卦之後。

巽卦今本卦畫作「䷸」，下巽風，上巽風。〈象〉曰：「隨風，巽。君子以申命行事。」（頁 128）《周易集解》引荀爽曰：「巽爲號令，兩巽相隨，故申命也。法教百端，令行爲上，貴其必從，故曰行事也。」（頁 496）。「巽」之本義爲柔順，「巽」之卦象爲風，故又有風行號令之義。兩巽相隨，象徵法教百端，政令行於上，臣民皆柔順遵從，君子得以申命行事。

〔註329〕季師旭昇：《說文新證・上》（台北：藝文印書館，2002 年 10 月初版），頁 372。

二、卦爻辭考釋

（一）卦辭考釋

1. 上博《周易》：【缺簡】

2. 阜陽《周易》：【缺簡】

3. 帛書《周易》： 筭 ：小亨，利有攸往，利見大 人 。

4. 今本《周易》：巽：小亨，利有攸往，利見大人。

【文字考釋】

帛書本卦辭殘，據今本補。

（一）今本「巽」，帛書本作「筭」。帛書卦辭殘，據九二爻辭補。

玉姍案：《爾雅・釋詁》：「算，數也。」《釋文》：「算，字又作筭。」「筭」爲「算」之異體字，與「巽」上古音同爲心紐元部，故可通假。

【卦辭釋讀】

〈彖〉曰：

重巽以申命，剛巽乎中正而志行。柔皆順乎剛，是以「小亨，利有攸往，利見大人」。（頁130）

王弼《注》：

全以巽爲德，是以小亨也。上下皆巽，不違其令，命乃行也。故申命行事之時，上下不可以不巽也。巽悌以行，物无距也。大人用之，道愈隆。（頁128）

孔穎達《正義》：

巽者，卑順之名。《說卦》云：「巽，入也。」蓋以巽爲象風之卦。風行無所不入，故以「入」爲訓，若施之於人事，能自卑巽者，亦無所不容。然巽之爲義，以卑順爲體，以容入爲用，故受「巽」名矣。上下皆巽，不爲違逆，君唱臣和，教令乃行。故於重巽之卦，以明申命之理。雖上下皆巽，命令可行，然全用卑巽，則所通非大，故曰「小亨」。巽悌以行，物无違距，故曰「利有攸往」。但能用巽者，皆无往不利，然大人用巽，其道愈隆，故曰「利見大人」。（頁128）

朱熹《易本義》：

巽，入也。一陰伏於二陽之下，其性能巽以入也。其象爲風，亦取
入義。陰爲主，故其占爲「小亨」。以陰從陽，故又利有所往。然必
知所從，乃得其正，故又曰「利見大人」也。（頁 209）

南懷瑾、徐芹庭《周易今註今譯》：

巽能順遜而入，是小有亨通，利有所往，利見大人的。（頁 347）

玉姍案：巽其象爲風，象徵順遜而入。又上下皆巽，象徵命令可行，然
全用卑巽，則所通非大，僅能得「小亨」。巽悌以行，物无違距，故能利有攸
往，无往不利。巽悌以行，物无距也；大人用巽，其道愈隆，故「利見大人」。
王弼以下學者多由此立說，此亦從之。

今本「巽：小亨，利有攸往，利見大人。」意思是：巽象徵順遜而入、
命令順行，故小有亨通，利有所往，也利於覲見大人。

帛書本作「筭：小亨，利有攸往，利見大囚。」其義應與今本同。

（二）爻辭考釋

1. 上博《周易》：【缺簡】

2. 阜陽《周易》：【缺簡】

3. 帛書《周易》：初六：進內，利武人之貞。

4. 今本《周易》：初六：進退，利武人之貞。

【文字考釋】

（一）今本「進退」之「退」，帛書本作「內」。

玉姍案：今本「進退」之「退」，帛書本作「內」。「內」上古音泥紐物部，
「退」上古音透紐物部，二字聲近韻同，可以通假，如《上博二・容成氏》
簡三三：「亓生賜羕（養），亓死賜葬，达苟匿（泥紐質部），是以爲名。」《左
傳昭公・十三年》：「苟慝（透紐質部）不作」。《說文》「退」之異體字作「㣠」
（頁 77）亦可佐證。

【爻辭釋讀】

〈象〉曰：

「進退」，志疑也。「利武人之貞」，志治也。（頁 128）

王弼《注》：

處令之初，未能服令者也，故進退也。成命齊邪，莫善武人，故「利

武人之貞」以整之。(頁 128)

孔穎達《正義》：

> 初六，處令之初，法未宣，著體於柔巽，不能自決，心懷進退，未
> 能從令者也。成命齊邪，莫善威武，既未能從令，則宜用武人之正，
> 以整齊之，故曰「進退，利武人之貞」也。「志疑」者，欲從之，則
> 未明其令；欲不從，則懼罪及己，志意懷疑，所以進退也。「志治也」
> 者，武非行令所宜，而言利武人者，志在使人從治，故曰「利武人」。
>
> (頁 128)

朱熹《易本義》：

> 初以陰居下，爲巽之主，卑遜之過，故爲進退不果之象。若以武人
> 之貞處之，則有以濟其所不及，而得所宜矣。(頁 209～210)

南懷瑾、徐芹庭《周易今註今譯》：

> 初六以陰居陽位，當巽順之時，有進退不決的樣子，利於如武人似
> 的，有陽剛之德，而守著正道。(頁 348)

玉姍案：初六以陰居陽，處巽之初，有處於號令之初，未能順服令者，
進退猶豫的樣子，此時利於以武人陽剛貞正之德以整治之。王弼以下學者多
由此立說，此亦從之。

今本「初六：進退，利武人之貞。」意思是：初六處巽之初而位不正，
有處令之初，未能順服令者，進退不決之貌。此時利於以武人貞正之德以整
治之。

帛書本作「初六：進內，利武人之貞。」意思與今本同。

1. 上博《周易》：【缺簡】

2. 阜陽《周易》：【缺簡】

3. 帛書《周易》：九二：箅在牀下，用使巫，忿若吉，无咎。

4. 今本《周易》：九二：巽在牀下，用史巫，紛若吉，无咎。

【文字考釋】

(一) 今本「紛若」之「紛」，帛書本作「忿」。

玉姍案：今本「紛若」之「紛」，帛書本作「忿」。「紛」「忿」均從「分」
得聲，故可通假。

【爻辭釋讀】

〈象〉曰：

紛若之吉，得中也。（頁 129）

《周易集解》引荀爽曰：

謂二以處中和，故能變。（頁 498）

王弼《注》：

處巽之中，既在下位，而復以陽居陰，卑巽之甚，故曰「巽在牀下」
也。卑甚失正，則入于咎過矣。能以居中而施至卑於神祇，而不用
之於威勢，則乃至于紛若之吉，而亡其過矣。（頁 129）

孔穎達《正義》：

九二處巽下體，而復以陽居陰，卑巽之甚，故曰「巽在牀下」。史謂
祝史，巫謂巫覡，並是接事鬼神之人也。紛若者，盛多之貌。卑甚失
正，則入於過咎。人有威勢，易爲行恭；神道无形，多生怠慢。若能
用居中之德，行至卑之道，用之於神祇，不行之於威勢，則能致之於
盛多之吉，而无咎過，故曰「用史巫，紛若吉，无咎」也。（頁 129）

朱熹《易本義》：

二以陰處陽而居下，有不安之意。然當巽之時，不厭其卑，而二又
居中，不至已甚，故其占爲能過於巽，而丁寧煩悉其辭，以自道達，
則可以吉而無咎，亦竭誠意以祭祀之吉占之。（頁 210）

南懷瑾、徐芹庭《周易今註今譯》：

九二以陽居陰，當巽順之時，與初相比，所以有巽在牀下過於卑弱
的象徵，如能像史巫的勤敏繽紛的樣子，則吉而無咎。（頁 349）

玉姍案：九二處巽下而以陽居陰，有位在牀下而過於卑弱的象徵。卑甚
失正，將有過咎，若能用居中之德，行至卑之道，如祝史、巫覡之事神祇，
則能致盛多之吉而无咎。「用史巫，紛若吉」，王弼以爲「能以居中而施至卑
於神祇，而不用之於威勢，則乃至于紛若之吉」，孔穎達以爲「用居中之德，
行至卑之道，用之於神祇，不行之於威勢，則能致之於盛多之吉」，南懷瑾以
爲「如能像史巫的勤敏繽紛的樣子，則吉」各說法略有出入，筆者以爲「史
巫」者，並是以至卑之態以順事鬼神之人。南懷瑾之說未能緊扣本卦「卑巽」
之義，孔穎達之說較完整，故從孔說。

今本「九二：巽在牀下，用史巫，紛若吉，无咎。」意思是：九二處巽

下而以陽居陰，有位在牀下過於卑弱之象。卑甚失正，將有過咎，若能如祝史、巫覡之事神祇般，用居中之德，行至卑之道，則能致盛多之吉而无咎。

帛書本作「九二：筭在牀下，用使巫，紛若吉，无咎。」意思與今本同。

1. 上博《周易》：【缺簡】

2. 阜陽《周易》：【缺簡】

3. 帛書《周易》：九三：編筭，闔。

4. 今本《周易》：九三：頻巽，吝。

【文字考釋】

（一）今本「頻巽」之「頻」，帛書本作「編」。

玉姍案：「編」假借為「頻」，說詳見本論文第二章第二十四節復卦六三爻辭【文字考釋】。

【爻辭釋讀】

〈象〉曰：

頻巽之吝，志窮也。（頁 129）

王弼《注》：

頻，頻蹙，不樂而窮，不得已之謂也。以其剛正而為四所乘，志窮而巽，是以吝也。（頁 129）

孔穎達《正義》：

頻者，頻蹙憂戚之容也。九三體剛居正，為四所乘，是志意窮屈，不得申遂也。既處巽時，只得受其屈辱也，頻蹙而巽，鄙吝之道，故曰「頻巽，吝」也。（頁 129）

朱熹《易本義》：

過剛不正，居下之上，非能巽者，兔為屢失，吝之道也，故其象占如此。（頁 210）

南懷瑾、徐芹庭《周易今註今譯》：

九三居巽之時，以陽剛處內卦之極，居外卦之下，內外皆巽，故有數次巽順，而常常有失的象徵，這是卑吝的。（頁 349）

玉姍案：九三以陽居陽，體剛居正，卻因處內卦之極、居外卦之下，而為六四所乘，象徵志意窮屈不得申遂，故卑順頻蹙，這是鄙吝之道。王弼、

孔穎達以爲九三爲六四所乘，所以卑吝。朱熹、南、徐以爲九三處內卦之極，過剛不正而失之卑吝。二說皆可通，此從王弼、孔穎達之說。

今本「九三：頻巽，吝。」意思是：九三爲六四所乘，體剛居正而志屈不得申遂，故卑順頻蹙，這是鄙吝之道。

帛書本作「九三：編籌，閵。」意思與今本同。

1. 上博《周易》：【缺簡】

2. 阜陽《周易》：【缺簡】

3. 帛書《周易》：六四：悔亡，田獲三品。

4. 今本《周易》：六四：悔亡，田獲三品。

【爻辭釋讀】

〈象〉曰：

田獲三品，有功也。（頁 129）

李鼎祚《周易集解》：

《穀梁傳》曰「春獵曰田，夏曰苗，秋曰蒐，冬曰狩。」田獲三品：「一爲乾豆；二爲賓客；三爲充君之庖。」注云：「上殺中心，乾之爲豆實；次殺中髀骼，以供賓客；下殺中腹；充君之庖廚。尊神敬客之義也。」（頁 489）

王弼《注》：

乘剛，悔也，然得位承五，卑得所奉。雖以柔乘剛，而依尊履正，以斯行命，必能獲強暴、遠不仁者也。獲而有益，莫善三品，故曰「悔亡，田獲三品。」一曰乾豆，二曰賓客，三曰充君之庖。（頁 129）

孔穎達《正義》：

六四有乘剛之悔，然得位承尊，得其所奉，雖以柔乘剛，而依尊履正，以斯行命，必能有功，取譬田獵，能獲而有益，莫善三品，所以得悔亡。故曰「悔亡，田獲三品」也。三品者，一曰乾豆，二曰賓客，三曰充君之庖廚也。（頁 129）

朱熹《易本義》：

陰柔无應，承乘皆剛，宜有悔也。而以陰居陰，處上之下，故得悔亡，而又爲卜田之吉占也。三品者：一爲乾豆，一爲賓客，一以充庖。（頁 210）

南懷瑾、徐芹庭《周易今註今譯》：

> 六四當陰陽之正位，當巽順的時候，是沒有後悔的，且有田獲而得
> 三品之物的象徵。（頁350）

玉姍案：「三品」者，《禮記・王制》及《穀梁傳・桓公四年》皆以為「一
為乾豆；二為賓客；三為充君之庖。」將田獵所獲放入「豆」中用以祀天、
饗宴賓客並充君之庖廚，以明尊神敬客之義。此從之。

六四以柔居陰，得位而承九五之尊，得其所奉，以柔乘剛而依尊履正，
以斯行命，必能有功，就好比田獵能有收獲，所以不會有悔吝。王弼以下各
家皆以此立說，此亦從之。

今本「六四：悔亡，田獲三品。」意思是：六四得位而上承九五之尊，
以柔乘剛而依尊履正，就好比田獵能獲三品以尊神、宴賓及充君之庖廚，如
此則沒有悔吝。

帛書本作「六四：悔亡，田獲三品。」意思與今本同。

1. 上博《周易》：【缺簡】

2. 阜陽《周易》：【缺簡】

3. 帛書《周易》：九五：貞吉，悔亡，无不利。无初有終。先庚三⊡，
   後庚三日，吉。

4. 今本《周易》：九五：貞吉，悔亡，无不利。无初有終。先庚三日，
   後庚三日，吉。

【爻辭釋讀】

〈象〉曰：

> 九五之吉，位正中也。（頁129）

王弼《注》：

> 以陽居陽，損於謙巽。然秉乎中正以宣其令，物莫之違，故曰「貞
> 吉，悔亡，无不利也」。化不以漸，卒以剛直用加於物，故初皆不說
> 也。終於中正，邪道以消，故有終也。申命令謂之庚，夫以正齊物，
> 不可卒也。民迷固久，直不可肆也，故先申三日，令著之後，復申
> 三日然後誅，而无咎怨矣。甲、庚皆申命之謂也。（頁129）

孔穎達《正義》：

> 九五以陽居陽，違於謙巽，是悔也。然執乎中正，以宣其令，物莫之

違，是由貞正獲吉，故得悔亡而无不利，故曰「貞吉，悔亡，无不利
也」。若卒用剛直，化不以漸，物皆不說，故曰「无初」也。終於中
正，物服其化，故曰「有終」也。申命令謂之庚，民迷固久，申不可
卒，故先申之三日，令著之後，復申之三日，然後誅之，民服其罪，
无怨而獲吉矣，故曰「先庚三日，後庚三日，吉」也。（頁129）

朱熹《易本義》：

九五剛健中正，而居巽體，故有悔，以有貞而吉也，故得亡其悔而
无不利。有悔，是無初也；亡之，是有終也。庚，更也，事之變也。
先庚三日，丁也；後庚三日，癸也。丁，所以丁寧於其變之前；癸，
所以揆度於其變之後。有所變更而得此占者，如是則吉也。（頁211）

南懷瑾、徐芹庭《周易今註今譯》：

九五以陽處中得正，居巽順之時，是正而且吉，沒有後悔，沒有不
利的。雖然有時在初始時不好，但最終一定良好得有善終的。如要
申命行事，在先庚三日－丁日、戊日、己日，或庚後三日－辛日、
壬日、癸日則吉利。（頁350～351）

　　玉姍案：有關「先庚三日，後庚三日」之說法，學者各異。王弼、孔穎
達以爲庚即申也，先申令三日，令著之後，復申之三日，然後誅不遵號令之
人。朱熹以爲是庚日之前三日的丁日，與庚日之後三日的癸日。南懷瑾以爲
是在庚日之前的丁日、戊日、己日，與庚日之後的辛日、壬日、癸日。三種
說法於文義中均可通。但蠱卦卦辭中有「先甲三日，後甲三日」，與「先庚三
日，後庚三日」句型同（請詳見本論文第二章第十八節蠱卦【卦辭釋讀】），
故此採朱熹說法，以爲政令須提前公佈，用庚前三日的「丁」有叮嚀之雙關
義，庚日之後第三日的癸日可假借爲「揆」，有揆度政令施行後之得失之義。
九五以陽居陽，違於謙巽之道，故有悔也。然執中正以宣號令，貞正獲吉，
故得悔亡而无不利。若卒用剛直，化不以漸，起初民皆不悅；終於中正，物
服其化，方能有終。

　　今本「九五：貞吉，悔亡，无不利。无初有終。先庚三日，後庚三日，
吉。」意思是：九五以中正宣其令，貞正獲吉，故能無悔而無所不利。宣令
之初剛強正直，人民無法適應而不悅；但以中正行令，民終能服其教化，有
所善終。新政令實施三日前，要反覆宣導叮嚀，新令實施後三日之後，要揆
度反省得失，這樣才能无怨而獲吉。

帛書本作「九五：貞吉，悔亡，无不利。无初有終。先庚三日，後庚三日，吉。」意思與今本同。

1. 上博《周易》：【缺簡】

2. 阜陽《周易》：【缺簡】

3. 帛書《周易》：尚九：筭在牀下，亡其湝斧，貞凶。

4. 今本《周易》：上九：巽在牀下，喪其資斧，貞凶。

【文字考釋】

（一）今本「喪其資斧」之「資」，帛書本作「湝」。

　　玉姍案：請見本論文第三章第五十六節旅卦九四爻辭【文字考釋】。

【爻辭釋讀】

　　〈象〉曰：

　　「巽在牀下」，上窮也。「喪其資斧」，正乎凶也。（頁 129）

《周易集解》引虞翻云：

　　陽窮上反下，故曰「上窮」也。上應於三，三動失正，故曰「正乎凶」也。（頁 501）

王弼《注》：

　　處巽之極，極巽過甚，故曰「巽在牀下」也。斧，所以斷者也，過巽失正，喪所以斷，故曰「喪其資斧，貞凶」也。（頁 129）

孔穎達《正義》：

　　上九處巽之極，巽之過甚，故曰「巽在牀下」。斧能斬決，以喻威斷也，巽過則不能行威命。命之不行，是喪其所用之斧，故曰「喪其資斧」也。失其威斷，是正之凶，故曰「貞凶」也。（頁 130）

朱熹《易本義》：

　　「巽在牀下」，過於巽者也。「喪其資斧」，失所以斷也。如是，則雖貞亦凶矣。居巽之極，失其陽剛之德，故其象占如此。（頁 211）

南懷瑾、徐芹庭《周易今註今譯》：

　　上九以陽處陰位，當巽順之極，是巽順到極點了，所以也有「巽在牀下」的象徵，巽順至極，人亦侵凌，所以必喪失它的資財，及斧斤的護衛，這是正當獲凶的。（頁 351）

玉姍案：上九處巽之極，爲卑巽之甚，有位在牀下而過於卑弱的象徵。太過卑巽則號令不行，有如失去能斬決的利斧而無作爲。雖有陽剛貞正之德，但失其威斷，故遭凶矣。王弼以下學者多由此立說，此亦從之。

今本「上九：巽在牀下，喪其資斧，貞凶。」意思是：上九處巽之極，有位在牀下而太過卑弱的象徵。卑巽則號令不行，有如失去利斧而無作爲。雖然貞正，但失其威斷而有凶。

帛書本作「尙九：筭在牀下，亡其溍斧，貞凶。」意思與今本同。

第五十八節　兌　卦

一、卦名釋義

《說文》：「兌，說也。从儿、谷聲。」段注：「說者，今之悅字。其義見易。《大雅》：『行道兌矣』。」（頁409）于省吾《甲骨文字詁林》：「《說文》：『兌，說也。从儿、谷聲。』徐鉉以爲谷非聲，當『从口、从八，象气之分散。』朱駿聲從其說。孔廣居《說文疑疑》以爲『兌从人從八口，八，分也。人喜悅則解頤。』林義光《文源》亦同此說，謂『兌即悅之本字，古作𠔌（師兌敦）从人口八，八，分也。人笑故口分開。』諸說皆難以置信，存以待考。卜辭諸『兌』字皆用作『銳』，徐灝《段注箋》謂『兌即古悅字』、『亦古銳字。』……『悅』、『銳』皆『兌』之孳乳字。」〔註330〕「兌」本義不明，甲骨文中皆用作「銳」；先秦典籍中則多以爲「悅」義。孔穎達《正義》：「以兌爲名澤，以潤生萬物，所以萬物皆說，施於人事，猶人君以恩惠養民，民无不說也。」卦名兌即取「悅」之義。賴師貴三提出「兌」爲人以口禱告上天，即「祝禱」之「祝」也。若上天實現心願即「悅」然而喜，故「兌」有「悅」義〔註331〕。可備一說。

〈序卦〉曰：「巽者，入也。入而後說之，故受之以兌。兌者，悅也。」（頁188）《周易集解》引崔覲曰：「巽以申命行事，入于刑者也。入刑而後說之，所謂人忘其勞死也。」（頁502）巽入於政刑而施之以喜悅之事，能令百姓忘其勞死，而爲國事獻身犯難。故兌卦在巽卦之後。

兌卦今本卦畫作「☱」，下兌澤，上兌澤。〈象〉曰：「麗澤，兌。君子以

〔註330〕于省吾：《甲骨文字詁林》（北京：中華書局，1999年12月，頁84。
〔註331〕賴師貴三於2009年12月17日博士論文發表會中提出。

朋友講習。」（頁130）《周易集解》引虞翻曰：「君子，大壯乾也。陽息見兌，學以聚之，問以辯之。兌二陽同類為朋，伏艮為友，坎為習，震為講，兌兩口對，故朋友講習也。」（頁502）兩澤附麗，互相滋益；象徵君子能與朋友探討義理，傳習道業。

二、卦爻辭考釋

（一）卦辭考釋

1. 上博《周易》：【缺簡】

2. 阜陽《周易》：【缺簡】

3. 帛書《周易》：奪：亨，小利貞。

4. 今本《周易》：兌：亨，利貞。

【文字考釋】

（一）今本「兌」，帛書本作「奪」。

玉姍案：今本「兌」，帛書本作「奪」。「奪」、「敓」、「兌」古音皆為定紐月部，聲韻皆同，可以通假。《尚書・呂刑》：「奪攘矯虔」，《說文》引作「敓攘」。

（二）今本「利貞」，帛書本作「小利貞」。

玉姍案：今本「利貞」，帛書本作「小利貞」。文義略有不同，可視為版本之異。

【卦辭釋讀】

〈彖〉曰：

兌，說也。剛中而柔外，說以利貞，是以順乎天而應乎人。說以先民，民忘其勞，說以犯難，民忘其死，說之大，民勸矣哉。（頁130）

孔穎達《正義》：

澤以潤生萬物，所以萬物皆說。施於人事，猶人君以恩惠養民，民无不說也。惠施民說，所以為亨，以說說物，恐陷諂邪，其利在於貞正，故曰「兌：亨，利貞」。（頁129）

朱熹《易本義》：

兌，說也。一陰近於二陽之上，喜之見乎外也。其象為澤，取齊說萬物，又取坎水而塞其下流之象。卦體中剛而柔外，剛中故說而亨，柔

外故利於貞。蓋說有亨道，而其妄說不可以不戒，故其占如此。又柔
外，故為說亨；剛中，故利於貞，亦一義也。（頁212）

南懷瑾、徐芹庭《周易今註今譯》：

兌是亨通的，利於守正。（頁352）

玉姍案：兌者，悅也。兌卦會二澤，象徵人君以恩惠養民，如名澤潤生萬
物，萬物皆悅，故能有亨，而其利在於貞正。

今本「兌：亨，利貞。」意思是：兌卦有人君以恩惠養民，如名澤潤生萬
物的象徵，故能亨通，其利在於貞正。

帛書本作「奪：亨，小利貞。」意思是：兌卦有人君以恩惠養民，如名澤
潤生萬物的象徵，故能亨通，稍微有利於貞正。

（二）爻辭考釋

1. 上博《周易》：【缺簡】

2. 阜陽《周易》：【缺簡】

3. 帛書《周易》：初九：休奪，吉。

4. 今本《周易》：初九：和兌，吉。

【文字考釋】

（一）今本「和兌吉」之「和」，帛書本作「休」。

玉姍案：今本「和兌吉」之「和」，帛書本作「休」。「和」上古音匣紐歌部，
「休」上古音曉紐幽部，聲近韻遠，無法通假。張立文舉《集韻》：「烋，美也，
和也，善也。通作休。」以為「休」、「和」義近可通。〔註332〕可從。

【爻辭釋讀】

〈象〉曰：

「和兌」之吉，行未疑也。（頁130）

王弼《注》：

居兌之初，應不在一，无所黨係，和兌之謂也。說不在諂，履斯而行，
未見有疑之者，吉其宜矣。（頁130）

孔穎達《正義》：

〔註332〕張立文（張憲江）：《周易帛書今注今譯》（台北：臺灣學生書局，1991年），
　　　頁493。

初九居兑之初，應不在一，无所私說，說之和也，說物以和，何往不
吉，故曰「和兑吉」也。（頁 130）

朱熹《易本義》：

以陽爻居說體而處最下，又無係應，故其象占如此。居卦之初，其說
也正，未有所疑也。（頁 212）

南懷瑾、徐芹庭《周易今註今譯》：

初九得陰陽之正位，居悅之始，有和悅的現象，這是吉利的。（頁 353）

玉姍案：初九居兑之初，無所係應而无私悅，符合君子和悅之道，因此得
吉。王弼以下學者多由「无所私係」立說，此亦從之。

今本「初九：和兑，吉。」意思是：初九居兑之初，无所私悅，符合君子
和悅之道，因此得吉。

帛書本作「初九：休奪，吉。」意思與今本同。

1. 上博《周易》：【缺簡】

2. 阜陽《周易》：【缺簡】

3. 帛書《周易》：九二：諄吉，悔亡。

4. 今本《周易》：九二：孚兑，吉，悔亡。

【文字考釋】

（一）今本「孚兑，吉」，帛書本作「諄吉」，較今本缺一「兑」字。

玉姍案：帛書本作「諄吉」「諄」從「孚」得聲，故可相通。張立文以爲就
初九「休兑」、九三「來兑」、九四「商兑」、上六「景兑」之句型觀之，九二「孚
吉」似應作「孚兑，吉」，應是帛書抄寫時脫一「兑」字。〔註333〕張說可從。

【爻辭釋讀】

〈象〉曰：

孚兑之吉，信志也。（頁 130）

王弼《注》：

說不失中，有孚者也。失位而說，孚吉，乃悔亡也。（頁 130）

孔穎達《正義》：

〔註333〕張立文（張憲江）：《周易帛書今注今譯》（台北：臺灣學生書局，1991 年），
頁 494。

九二說不失中，有信者也，說而有信，則吉從之，故曰「孚兌，吉」
也。然履失其位，有信而吉，乃得亡悔，故曰「孚兌，吉，悔亡」也。
（頁 130）

朱熹《易本義》：

剛中爲孚，居陰爲悔，占者以孚而說，則吉而悔亡也。（頁 213）

南懷瑾、徐芹庭《周易今註今譯》：

九二居兌悅之時，居於內卦之中，故有孚信於和悅的象徵。這是吉利
的，沒有後悔的。（頁 353）

玉姍案：九二以陽居陰，履失其位，但九二居於內卦之中，有悅不失中，
悅而有信之象，有信而吉，乃得悔亡。王弼以下學者多由此立說，此亦從之。

今本「九二：孚兌，吉，悔亡。」意思是：九二居於內卦之中，象徵悅而
有信、不失中正，雖履失其位，但有信而吉，故能無悔。

帛書本作「九二：諤吉，悔亡。」意思與今本同。

1. 上博《周易》：【缺簡】

2. 阜陽《周易》：【缺簡】

3. 帛書《周易》：九〈六〉三：來奪，凶。

4. 今本《周易》：六三：來兌，凶。

【文字考釋】

今本「六三」，帛書本誤作「九三」，當爲抄手之訛，據今本改之。

【爻辭釋讀】

〈象〉曰：

「來兌」之凶，位不當也。（頁 130）

王弼《注》：

以陰柔之質，履非其位，來求說者也。非正而求說，邪佞者也。（頁
130）

孔穎達《正義》：

三爲陽位，陰來居之，是進來求說，故言「來兌」，而以不正來說，
佞邪之道，故曰：「來兌，凶」也。（頁 130）

朱熹《易本義》：

陰柔不中正，爲兌之主，上無所應，而反來就二陽以求說，凶之道也。

（頁213）

南懷瑾、徐芹庭《周易今註今譯》：

六三以陰居陽位，二下比於九二，故有來取悅於人的象徵，這是凶的。

（頁354）

玉姍案：六三以陰居陽，履非其位，象徵以非正道的手段來求悅，這是凶的。王弼以下學者多由「其位不正故有凶」立說，此亦從之。

今本「六三：來兌，凶。」意思是：六三以陰居陽，履非其位，象徵以非正道的手段來求悅，這是凶的。

帛書本作「九〈六〉三：來奪，凶。」意思與今本同。

1. 上博《周易》：【缺簡】

2. 阜陽《周易》：【缺簡】

3. 帛書《周易》：九四：章奪未寧，介疾有喜。

4. 今本《周易》：九四：商兌未寧，介疾有喜。

【文字考釋】

帛書本九四爻辭殘，據今本補。

（一）今本「商兌未寧」之「商」，帛書本作「章」。

玉姍案：「商」上古音審紐陽部，「章」上古音知紐陽部，陳師新雄以爲，「知徹澄三母古讀同端透定」〔註334〕又「照穿神審禪古讀同端透定」〔註335〕是以聲紐上古音同屬舌音，韻部相通，可通假。

【爻辭釋讀】

〈象〉曰：

九四之喜，有慶也。（頁130）

王弼《注》：

商，商量裁制之謂也。介，隔也。三爲佞說，將近至尊。故四以剛德，裁而隔之，匡內制外，是以未寧也。處於幾近，閑邪介疾，宜其有喜也。（頁130）

〔註334〕陳師新雄：《古音學發微》（台北：文史哲出版社，1996年10月，頁1142。
〔註335〕陳師新雄：《古音學發微》（台北：文史哲出版社，1996年10月，頁1166。

孔穎達《正義》：

> 「商兌未寧」者，商，商量裁制之謂也。夫佞邪之人，國之疾也，三為佞説，將近至尊。故四以剛德，裁而隔之，使三不得進，匡内制外，未遑寧處，故曰「商兌未寧」。居近至尊，防邪隔疾，宜其有喜，故曰「介疾有喜」。（頁130）

朱熹《易本義》：

> 四上承九五之中正，而下比六三之柔邪，故不能決，而商度所説，未能有定。然質本陽剛，故能介然守正，而疾惡柔邪也，如此則有喜矣。象占如此，為戒深矣。（頁213）

南懷瑾、徐芹庭《周易今註今譯》：

> 九四居外卦之初，比於六三，當兌悦之時，無所適從，故有「商寧度於和悦，而又未能寧於和悦」的現象。但以陽剛之故，雖介於陰柔之六三，亦介然不改其喜慶之事。（頁354～355）

玉姍案：「商」，虞翻則以為「商」為獲利之義，王弼、孔穎達、朱熹皆以為是「商量裁制」之義；筆者以為九四以陽居陰，上承九五中正，下比六三柔邪；此時當能商度所説，陽剛守正，匡内制外，未遑寧處；居近至尊，防邪隔疾，故能有喜。「商」以獲利之義較無法切合「匡内制外，防邪隔疾」的爻義，故此從王、孔「商量裁制」之説。

今本「九四：商兌未寧，介疾有喜。」意思是：九四能夠商度所悦，未遑寧處；陽剛守正，防邪隔疾，故能有喜。

帛書本作「九四：章奪未寧，介疾有喜。」意思與今本同。

1. 上博《周易》：【缺簡】

2. 阜陽《周易》：【缺簡】

3. 帛書《周易》：九 五：孚于 剝 ，有厲。

4. 今本《周易》：九五：孚于剝，有厲。

【文字考釋】

帛書本九五爻辭殘，據今本補。

【爻辭釋讀】

〈象〉曰：

「孚于剝」，位正當也。（頁 130）

王弼《注》：

比於上六，而與相得，處尊正之位，不說信乎陽，而說信乎陰，「孚于剝」之義也，「剝」之爲義，小人道長之謂。（頁 130）

孔穎達《正義》：

「剝」者，小人道長，消君子之正，故謂小人爲剝也。九五處尊正之位，下无其應，比於上六，與之相得，是說信於小人，故曰「孚于剝」。信而成剝，危之道也，故曰「有屬」。（頁 130）

朱熹《易本義》：

剝，謂陰能剝陽者也。九五陽剛中正，然當說之時，而居尊位，密進上六；上六陰柔，爲說之主，處說之極，能妄說以剝陽者也。故其占但戒以信於上六，則有危也。（頁 213）

南懷瑾、徐芹庭《周易今註今譯》：

九五居尊位，而承於上六陰柔。故有孚信於剝落的現象，這是有危屬的。但以陽剛之故，雖介於陰柔之六三，亦介然不改其喜慶之事。（頁 355）

玉姍案：九五居於尊位而比於上六，與之相得，象徵悅信於陰柔小人，這是剝危之道，會遭致危屬。

今本「九五：孚于剝，有屬。」意思是：九五比於上六，象徵悅信於陰柔小人，這是剝危之道，會遭致危屬。

1. 上博《周易》：【缺簡】

2. 阜陽《周易》：【缺簡】

3. 帛書《周易》：上六：景奪。

4. 今本《周易》：上六：引兌。

【文字考釋】

上博本、阜陽本上六爻辭殘，皆據今本補。

（一）今本「引兌」之「引」，帛書本作「景」。

玉姍案：今本「引兌」之「引」，帛書本作「景」。「引」上古音喻紐眞部，「景」上古音見陽部，聲韻皆遠。張立文以爲「景」可通「影」，「影」有影響

之義、「引」有引導之義，二字義近可通〔註336〕；此從張說。

【爻辭釋讀】

〈象〉曰：

「上六，引兌」，未光也。（頁130）

王弼《注》：

以夫陰質，最處說後，靜退者也。故必見引，然後乃說也。（頁130）

孔穎達《正義》：

上六以陰柔之質，最在兌後，是自靜退，不同六三自進求說，必須他

人見引，然後乃說，故曰「引兌」也。（頁130）

朱熹《易本義》：

上六成說之主，以陰居說之極，引下二陽相與為說，而不能必其從也。

故九五當戒，而此爻不言其吉凶。（頁214）

南懷瑾、徐芹庭《周易今註今譯》：

上六居兌之極，有引導之而入於和悅的現象。象辭上說，上六引兌，

是說未能光大的關係。（頁336）

　　玉姍案：王弼以為上六以陰柔之質，居於兌之極，象徵靜退者，須由他人

見引，然後乃悅，故曰「引兌」也。虞翻、孔穎達指出是「六三自進求說」，其

餘學者則持保留態度，此從王弼之說，不專指六三爻「自進求說」之言。

　　今本「上六：引兌。」意思是：上六居於兌之極，象徵靜退者，須由他人

見引，然後乃悅。

　　帛書本作「上六：景奪。」意思是：上六居於兌之極，象徵靜退者，易受

他人影響，然後乃悅。

第五十九節　渙　卦

一、卦名釋義

　　《說文》：「渙，散流也。」（頁552）孔穎達《正義》：「『渙』者，散釋之

名。〈雜卦〉曰：『渙，離也。』此又『渙』是離散之號也。」（頁131）朱熹《易

本義》：「渙，散也。」（頁 214）渙卦之「渙」有離散之意。

〈序卦〉曰：「說而後散之，故受之以渙。渙者，離也。」（頁 188）人兌悅而忘其勞死，因此散以征役、離其家邦，皆在所不惜。故渙卦在兌卦之後。

渙卦今本卦畫作「䷺」，上巽風，下坎水。〈象〉曰：「風行水上，渙。先王以享于帝，立廟。」（頁 131）風吹水面有離散之義，此為渙卦之象徵。君子觀之而效法先王能離散險難，並能享祀上帝以告太平，建立宗廟以祭祖考。

二、卦爻辭考釋

（一）卦辭考釋

1. 上博《周易》：𡮣：鄉。王叚于窞，秎見大人，秎涉大川。

2. 阜陽《周易》：【缺簡】

3. 帛書《周易》：渙：亨。王叚于廟，利涉大川，利貞。

4. 今本《周易》：渙：亨。王假有廟，利涉大川，利貞。

【文字考釋】

上博本較帛書本、今本多出「秎見大人」四字，但無「利貞」二字。

（一）今本、帛書本「渙」，上博本作「𡮣（𡮣）」。

玉姍案：上博本作「𡮣」。濮茅左隸作「𡮣」，可讀為「渙」〔註337〕。「𡮣」從睿、從廾、爰聲，可隸定為「𡮣」。「渙」上古音曉紐元部，「爰」上古音匣紐元部，二字同為喉音元部，可以通假。如郭店老子甲簡六：「化莫大虖（乎）不智（知）足。」乙本及王弼本「化」（曉紐歌部）作「禍」（匣紐歌部）。

【卦辭釋讀】

〈彖〉曰：

「渙，亨」，剛來而不窮，柔得位乎外而上同。「王假有廟」，王乃在中也。「利涉大川」，乘木有功也。（頁 131）

〈象〉曰：

風行水上，渙。先王以享于帝，立廟。（頁 131）

孔穎達《正義》：

〔註337〕馬承源主編：《上海博物館藏戰國楚竹書（三）》（上海：上海古籍出版社，2003年 12 月，頁 209。

「渙」，卦名也。〈序卦〉曰：「說而後散之，故受之以渙。」然則「渙」
者，散釋之名。《雜卦》曰：「渙，離也。」此又「渙」是離散之號
也。蓋「渙」之爲義，小人遭難，離散奔迸而逃避也。大德之人，
能於此時建功立德，散難釋險，故謂之爲渙；能釋險難，所以爲亨，
故曰「渙，亨」。王能渙難而亨，可以至於建立宗廟，故曰「王假有
廟」也。德洽神人，可濟大難，故曰「利涉大川」。大難既散，宜以
正道而柔集之，故曰「利貞」。（頁131）

朱熹《易本義》：

渙，散也。爲卦下坎上巽，風行水上，離披解散之象，故爲渙。其
變則本自漸卦，九來居二而得中，六往居三得九之位，而上同於四，
故其占可亨。又以祖考之精神既散，故王者當至於廟以聚之。又以
巽木坎水，舟楫之象，故利涉大川。其曰利貞，則占者之深戒也。（頁
214）

南懷瑾、徐芹庭《周易今註今譯》：

渙，是亨通的，當天下離散之時，王能以至誠之心，團結人心，如
至於廟堂，聚至誠以獲神佑般的，就能聚合人心，而利於跋涉大川，
行天下險難的事了。這是利于以正道行之的。（頁356）

陳惠玲《《上海博物館藏戰國楚竹書（三）・周易》研究》：

「渙」字有三解：一爲「渙散」義，如王弼、孔穎達、朱熹、南懷
瑾、徐芹庭等。二爲「文」義，即「奐、煥」之義，如揚雄、尚秉
和〔註338〕、屈萬里〔註339〕等。三爲「水流」義，如高亨〔註340〕。
《象傳》作「風行水上，『渙』。」風行水上，會有激動的波濤，此
爲散釋之象。據此，以王、孔等舊説爲佳。〔註341〕

　　玉姍案：根據陳惠玲統計，歷來學者釋「渙」字有三解：一爲「渙散」
義，二爲「煥然」義，三爲「水流」義，筆者以爲水流之義應由「風行水上，
渙」引伸而出，可並觀之，實際上應該只有二解。帛書〈二三子〉關於渙卦
之傳文目前所見有二版本，一爲鄧球柏《帛書周易校釋》：「□日□其肝□□

〔註338〕尚秉和《周易尚氏學》，（北京：中華書局，2003年12月，頁261。
〔註339〕屈萬里：《讀易三種》（台北：聯經出版公司，1984年），頁355。
〔註340〕高亨：《周易古經今注》，（台北：文笙書局，1981年3月，頁205。
〔註341〕陳惠玲：《《上海博物館藏戰國楚竹書（三）・周易》研究》（臺灣師範大學國
　　　　文教學所碩論，2005年8月，頁731～732。

□□魚，大羹也。肝言亓內。亓內大美。其外必有大聲問。」〔註342〕二為廖
名春《帛書《周易》論集》：「【卦】曰：奐其肝，大號。【孔子曰】：奐，大美
也。肝言亓內。亓內大美。其外必有大聲問。」〔註343〕兩種版本比對下，我
們可以發現鄧球柏釋文中的「魚，大羹也」應就是廖名春釋文中之「奐，大
美也。」之訛。因此依據〈二三子〉傳文內容，可知「煥然」之義亦非空穴
來風。

　　〈象〉：「風行水上，渙」說法，以為風行水上而產生波瀾，此為水流渙
散之象，就其卦象而言，「渙」釋為「渙散」義最佳。然〈二三子〉內容亦保
存「美」義；賴師以為此乃一名二義〔註344〕，風行水上產生波瀾，故有「水
流渙散」而成漣漪之貌；而波紋如縠，美不勝收，故又有「美」義。賴師之
說可從。

　　「渙」為卦名，象徵王在遇難之時能散難釋險得亨通，因此可以建立宗
廟。大難既散，宜守正道，故曰「利貞」。

　　今本作「渙：亨。王假有廟，利涉大川，利貞。」意思是：渙卦有風行
水上，離披解散之象。象徵王在此時能散難釋險，就能得亨通，可至宗廟祭
享。此時利於涉水過大川，利於守正道。

　　上博本作「𤔌：鄉。王叚于窖，利見大人，利涉大川。」意思是：渙卦
有風行水上，離披解散之象。象徵王在此時能散難釋險，就能得亨通，可至
宗廟祭享。此時利於見大人，利於涉水過大川。

　　帛書本作「渙：亨。王叚于廟，利涉大川，利貞。」意思與今本同。

（二）爻辭考釋

1. 上博《周易》：初六：敓馬藏，吉，愳亡。

2. 阜陽《周易》：【缺簡】

3. 帛書《周易》：初六：撜馬，吉，悔亡。

4. 今本《周易》：初六：用拯馬壯，吉。

【文字考釋】

〔註342〕鄧球柏：《帛書周易校釋》（長沙：湖南人民出版社，2002 年 6 月，頁 478。
〔註343〕廖名春：《帛書《周易》論集》（上海：上海古籍出版社，2008 年 12 月，頁
　　　　374。
〔註344〕賴師貴三於 2009 年 12 月 17 日博士論文發表會中提出。

（一）今本「用拯馬壯」，上博本作「![字]馬藏」、帛書本作「撜馬」。

　　玉姍案：今本有「用」字，其他兩版本無。帛書本無「壯（藏）」字，其他兩版本有，但文義亦可通。

　　今本「拯」，帛書本作「撜」，「撜」上古音端紐蒸部，「拯」上古音知紐蒸部，韻部相同，聲紐皆爲舌音，故二字可相通。上博本「![字]」字，濮茅左以爲隸作「拯」〔註345〕，徐在國以爲應從「攴」、「升」聲，釋爲「扴」〔註346〕，陳惠玲以爲此字右形爲「攴」，左形與「丞」、「升」皆不類，應存疑待考。〔註347〕細審字形，左半部確實無法詳辨，故從陳惠玲存疑待考之說。

（二）上博本有「愳亡」二字，帛書本有「悔亡」二字，今本則無。

　　玉姍案：《周易集解》引虞翻云：「坎爲『馬』，初失正動，體大壯得位，故『拯馬壯吉』。悔亡之矣。」（頁508），洪頤煊據虞注，謂「吉」下當有「悔亡」二字〔註348〕。漢上易引虞，有「悔亡」二字〔註349〕。上博本及帛書本皆有「愳（悔）亡」二字，可證實洪頤煊之推測有據。

【爻辭釋讀】

　　〈象〉曰：

　　　「初六」之「吉」，順也。（頁131）

王弼《注》：

　　渙，散也。處散之初，乖散未甚，故可以遊行，得其志而違於難也，不在危處而後乃逃竄，故曰「用拯馬壯，吉」。（頁131）

孔穎達《正義》：

　　初六處散之初，乖散未甚，可用馬以自拯拔，而得壯吉也，故曰「用拯馬壯，吉」。（頁131）

朱熹《易本義》：

　　居卦之初，渙之始也。始渙而拯之，爲力既易，又有壯馬，其吉可

〔註345〕馬承源主編：《上海博物館藏戰國楚竹書（三）》（上海：上海古籍出版社，2003年12月，頁210。
〔註346〕徐在國：〈上博三《周易》釋文補正〉，簡帛研究網站2004年4月24日。
〔註347〕陳惠玲：《《上海博物館藏戰國楚竹書（三）・周易》研究》（臺灣師範大學國文教學所碩論，2005年8月，頁732～733。
〔註348〕屈萬里：《讀易三種》（台北：聯經出版公司，1984年），頁357。
〔註349〕屈萬里：《讀易三種》（台北：聯經出版公司，1984年），頁357。

知。初六非有濟渙之才，但能順乎九二，故其象占如此。（頁206）

南懷瑾、徐芹庭《周易今註今譯》：

> 初六在天下渙散之始，如得強大之支援，可救其危。故有拯救散離
> 的局面，用強壯的馬救之的象徵，這是吉利的。（頁358）

玉姍案：初六爻處在下卦之下，處渙散之初，乖散未甚，情勢不至於太
危，拯救爲易，此時有壯馬之助，則爲吉。

今本作「初六：用拯馬壯，吉。」意思是：初六爻處渙之初，乖散未甚，
不至於太危險，此時能利用壯馬之拯助，故爲吉。

上博本作「初六：𤼵馬藏，吉，悬亡。」意思是：初六處渙之初，乖散
未甚，不至於太危險，此時有壯馬之拯助則吉，沒有悔恨。

帛書本作「初六：撜馬，吉。悔亡。」意思是：初六處渙之初，乖散未
甚，不至於太危險，此時有馬之拯助則吉，沒有悔恨。

1. 上博《周易》：九二：𤣥走开尻，悬亡。

2. 阜陽《周易》：【缺簡】

3. 帛書《周易》：九二：渙賁其階，悬亡。

4. 今本《周易》：九二：渙奔其机，悔亡。

【文字考釋】

（一）今本「渙奔其机」，上博本作「𤣥走开尻」，帛書本作「渙賁其階」。

玉姍案：今本「奔」，上博本作「走」，帛書本作「賁」。「走」本義同「奔」，
二字義近可通。「奔」、「賁」二字上古音皆幫紐元部，聲韻皆同，可以通假。

「階」與「机」上古音皆爲見紐脂部，聲韻皆同，可以通假。「尻」、「机」
皆由「几」得聲，亦可通假。季師旭昇以爲「尻」字讀「居」或「處」皆可
通：

> 此字實爲「處」之分化字，於楚簡可讀爲「居」，也可讀同「處」。
> 此處讀「居」讀「處」都可通。據《馬王堆帛書周易》作「渙賁亓
> 階」，則知今本《周易》作「渙奔其机」，「机」恐怕是「尻」的誤字。
>
> 〔註350〕

季師旭昇以爲「机」是「尻」的誤字，由文義觀之，以「尻」爲本字較通，

〔註350〕季師旭昇：〈《上博三・周易》零釋七則〉，簡帛研究網站 2004 年 4 月 24 日。

季師之說可從；或言「尻」爲本字、「机」爲借字亦可。

【爻辭釋讀】

〈象〉曰：

「渙奔其机」，得願也。（頁131）

王弼《注》：

机，承物者也，謂初也。二俱无應，與初相得，而初得散道，離散
而奔，得其所安，故「悔亡」也。（頁131）

孔穎達《正義》：

初承於二，謂初爲机，二俱无應，與初相得，而初得遠難之道，今
二散奔歸初，故曰「渙奔其机」也。初得散道而二往歸之，得其所
安，故悔亡也。（頁131）

朱熹《易本義》：

机，音几。九而居二，宜有悔也。然當渙之時，來而不窮，能亡其
悔者也，故其象占如此，蓋九奔而二机也。（頁215）

南懷瑾、徐芹庭《周易今註今譯》：

九二當渙之時，處內卦之中，如以事神之至誠迅奔而救之，猶有可
救，故有渙奔於廟中机案以祭祀的現象，這是沒有後悔的。（頁358）

玉姍案：今本「机」字，上博本作「尻」，今本「机」恐爲「尻」字之誤
〔註351〕。由於初六爲陰爻，實在不適合承九二之陽剛，故「九二歸於居所」
的說法較「九二與上無應，而歸奔於初」合理，如〈象〉：「離渙而能奔其處
所以獲安，是得其願也」之說是也。

今本作「九二：渙奔其机，悔亡。」若將「机」釋爲「承物者也，謂初
也。」意思是：九二以陽居陰位，處在坎險渙散之中，與上無應，而歸奔於
初六，這是沒有悔恨的。若將「机」釋爲「尻」之借字（或訛字）意思是：
九二以陽居陰位，處在坎險渙散之中，象能奔走到所居之處，是沒有悔恨的。

上博本作「九二：龏走亓尻，忢亡。」意思是：九二以陽居陰位，處在
坎險渙散之中，象能奔走到所居之處，是沒有悔恨的。

帛書本作「九二：渙賁其階，忢亡。」意思與上博本同。

1. 上博《周易》：六晶：龏亓躳，亡咎。

〔註351〕季師旭昇：〈《上博三・周易》零釋七則〉，簡帛研究網站2004年4月24日。

2. 阜陽《周易》：【缺簡】

3. 帛書《周易》：六三：渙其軀，无咎。

4. 今本《周易》：六三：渙其躬，无悔。

【文字考釋】

（一）今本「无悔」，上博本作「亡咎」，帛書本作「无咎」。筆者推斷今本可能是在傳抄過程中誤將「无咎」寫成「无悔」。

【爻辭釋讀】

〈象〉曰：

「渙其躬」，志在外也。（頁131）

王弼《注》：

散躬志外，不固所守，與剛合志，故得无悔也。（頁131）

孔穎達《正義》：

渙之爲義，內險外安，六三內不比二，而外應上九，是不固所守，能散其躬，故得无悔，故曰「渙其躬，无悔」。（頁131）

朱熹《易本義》：

陰柔而不中正，有私於己之象也。然居得陽位，志在濟時，能散其私以得无悔，故其占如此。大率此上四爻，皆因渙以濟渙者也。（頁216）

南懷瑾、徐芹庭《周易今註今譯》：

六三有離其身的現象，這是無悔的。（頁358）

玉姍案：六三以柔居剛，又於內卦之上，象徵爻內有險而不能固守，但六三外應於上九，象徵能發散己身之私心，故無咎無悔。

今本作「六三：渙其躬，无悔。」意思是：六三以陰爻處內卦之上，其位不正，但能與上九相應，象徵能發散己身之私心，因此無悔。

上博本作「六晶：鑿丌躬，亡咎。」意思是：六三以陰爻處內卦之上，其位不正，但能與上九相應，象徵能發散己身之私心，因此沒有災咎。

帛書本作「六三：渙其軀，无咎。」意思與上博本同。

1. 上博《周易》：六四：鑿丌群，元吉。鑿丌丘，非匋所思。

2. 阜陽《周易》：【缺簡】

3. 帛書《周易》：九〈六〉四：渙其群，元吉。渙<u>有丘，匪</u>娣所思。

4. 今本《周易》：六四：渙其群，元吉。渙有丘，匪夷所思。

【文字考釋】

　　帛書本六四爻辭殘，據今本補。帛書本「六四」之「六」訛寫爲「九」，據今本改之。

（一）今本「匪夷所思」之「夷」，上博本作「🀄（𤔲）」，帛書本作「娣」。

　　玉姍案：上博本「🀄」，濮茅左以爲「🀄」隸作「台」，讀爲「夷」。〔註352〕陳惠玲以爲：

> 疑應隸定作「𤔲」。「司」字，甲骨文作🀄（《菁》2.1），金文作🀄（司母戊鼎）、🀄（夒妸鼎），楚系文字作🀄（《望》1.15）、🀄（《包》2.2）。「台」字，金文作🀄（余義鐘），楚文字作🀄（《郭》3.21），簡文合「台」、「司」二字，下方部件「口」形共用。爲從「台」與「司」之兩聲字〔註353〕。楚簡本「𤔲」讀從台聲，上古音爲喻四之部，與今本作「夷」上古音爲喻四脂部，聲同韻近，可通假。之、脂韻旁轉之例，如《禮記・月令》以齊（脂部）韻時（之部）。〔註354〕

陳惠玲之說可從。「🀄」合「台」、「司」二字，「口」形共用，隸定作「𤔲」。「夷」上古音喻四脂部，帛書本「娣」上古音定紐脂部，「𤔲」從台得聲，上古音喻四之部。「夷」、「娣」韻同聲近（喻爲定之變聲），可通假。「𤔲」、「夷」聲同、韻部旁轉，亦可通假。

【爻辭釋讀】

　　〈象〉曰：

> 「渙其群，元吉」，光大也。（頁131）

王弼《注》：

> 踰乎險難，得位體巽，與五合志，內掌機密，外宣化命者也，故能散群之險，以光其道。然處於卑順，不可自專，而爲散之任，猶有

〔註352〕馬承源主編：《上海博物館藏戰國楚竹書（三）》（上海：上海古籍出版社，2003年12月，頁210。

〔註353〕季師旭昇主編：《上海博物館藏戰國楚竹書（一）・性情論》（台北：萬卷樓，2004年6月，頁156。

〔註354〕陳惠玲：《《上海博物館藏戰國楚竹書（三）・周易》研究》（臺灣師範大學國文教學所碩論，2005年8月，頁739。

丘虛匪夷之慮，雖得元吉，所思不可忘也。（頁 131）

孔穎達《正義》：

六四出在坎上，已踰於險，得位體巽，與五合志，內掌機密，外宣化命者也。能為群物散其險害，故曰「渙其群」也。能散群險，則有大功，故曰「元吉」。然處上體之下，不可自專，而得位承尊，憂責復重，雖獲元吉，猶宜於散難之中，有丘墟未平之慮，為其所思，故曰「渙有丘，匪夷所思」也。（頁 131）

朱熹《易本義》：

居陰得正，上承九五，當濟渙之任者也。下无應與，為能散其朋黨之象，占者如是，則大善而吉。又言能散其小群以成大群，使所散者聚而若丘，則非常人思慮之所及也。（頁 216）

南懷瑾、徐芹庭《周易今註今譯》：

六四渙之時，得陰陽之位，所以有散離小人之私群的象徵，這是大吉的，又分散其丘陵土地，以分封有功之人。這不是平常人所能想的。（頁 359）

玉姍案：「渙其丘」一句，學者說法紛歧。孔穎達以為「雖獲元吉，猶宜於散難之中，有丘墟未平之慮」，朱熹以為「能散其小群以成大群，使所散者聚而若丘」，于省吾以為「易之言丘、言虛、言陵者，（困難）皆迎刃而解」〔註355〕，高亨以為「水之所渙，上及於丘」〔註356〕，南、徐以為「分散其丘陵土地，以分封有功之人」。

筆者以為六四已離內卦之坎險，而能與九五應合，因此能散群之險。既能散群之險，故不可能還見「水之所渙，上及於丘」之驚險貌；而六四非居九五大位，是以無權力以「分散其丘陵土地，以分封有功之人」，故以為高亨、南、徐之說尚待商榷。《說文》：「丘，土之高也。」「丘」是小土山、小土堆，雖較平地高而未高險如山巒，較易登越，引申為較容易克服的小難，與于省吾「易之言丘、言虛、言陵者，皆迎刃而解」之說相合。故孔穎達以為「雖獲元吉，猶宜於散難之中，有丘墟未平之慮」較能切合六四爻義，意指此時居於外卦巽順，雖有元吉，但仍然要有擔心小患未平的憂慮，不可忘卻所承擔的憂思。故此從孔穎達之說。

〔註355〕于省吾：《易經新證》（台北：藝文印書館，1975 年 9 月，頁 109～112。
〔註356〕高亨：《周易古經今注》（台北：文笙書局，1981 年 3 月，頁 206～207。

今本「六四：渙其群，元吉。渙有丘，匪夷所思。」意思是：六四已出坎險而入巽順，能散去群體的危險，故有大吉。但是心中要常存有小患未除如丘墟未平的憂慮，不可忘卻所當承擔的憂思。

上博本作「六四：爩丌群，元吉。爩丌丘，非䢔所思。」帛書本作「九〈六〉四：渙其群，元吉。渙 有丘，匪 娣所思。」意思與今本同。

1. 上博《周易》：九五：爩丌大虖，爩丌凥，亡咎。

2. 阜陽《周易》：【缺簡】

3. 帛書《周易》：九五：渙其肝，大號，渙王居，无咎。

4. 今本《周易》：九五：渙汗其大號，渙王居，无咎。

【文字考釋】

（一）今本「渙汗其大號」，帛書本作「渙其肝大號」。上博本作「爩丌大虖」。

張立文《周易帛書今注今譯》：

> 考九二「渙奔其階。」六三「渙其躬。」六四「渙其群。」上九「渙其血去。」則九五應作「渙其肝（汗）」。帛書周易則優於通行本。
>
> 通行本作「渙汗其」乃轉寫錯亂。〔註357〕

玉姍案：今本「渙汗其大號」，帛書本作「渙其肝大號」，上博本作「爩丌大虖」。上博本無「汗（肝）」字，今本與帛書本「汗（肝）」與「其」字位置顛倒。張立文以爲帛書本「渙其肝大號」優於今本「渙汗其大號」，與其他爻辭相比對，張說確可從。筆者以爲今本可能是傳抄過程中訛誤所致，但然仍以「汗」爲本字之義較佳，孔穎達以爲：「人遇險阨驚怖而勞，則汗從體出，故以汗喻險阨也。」可從。「渙汗，其大號」指能散險而行大號令。

【爻辭釋讀】

〈象〉曰：

> 「王居无咎」，正位也。（頁131）

《周易集解》引荀爽云：

> 布其德教，王居其所，故「无咎」矣。（頁510）

王弼《注》：

〔註357〕張立文（張憲江）：《周易帛書今注今譯》（台北：臺灣學生書局，1991年），頁727。

處尊履正，居巽之中，散汗大號，以盪險阨者也。爲渙之主，唯王
居之，乃得无咎也。（頁 131）

孔穎達《正義》：

人遇險阨驚怖而勞，則汗從體出，故以汗喻險阨也。九五處尊履正，
在號令之中，能行號令，以散險阨者也，故曰「渙汗其大號」也。
爲渙之主，名位不可假人，惟王居之，乃得无咎，故曰「渙，王居
无咎」。（頁 131）

朱熹《易本義》：

陽剛中正以居尊位，當渙之時，能散其號令，與其居積，則可以濟
渙而无咎矣。故其象占如此。九五巽體，有號令之象。汗，謂汗之
出而不反也。渙王居，如陸贄所謂小儲而成大儲之意。（頁 216）

南懷瑾、徐芹庭《周易今註今譯》：

九五以陽剛處尊，得陰陽之正位，當渙之時，有大爲發號施令，改
變天下遷居王城，如病之出汗，而病即改變成爲好的象徵。這是无
咎的。（頁 360）

　　玉姍案：「號」有「哭號」及「號令」二義，九五尊位，此當釋爲「號令」
較佳。九五得位中正，有處於王居之象，能散險而行大號令，故無災咎。

　　今本作「九五：渙汗其大號，渙王居，无咎。」應從帛書本修訂爲「九
五：渙其汗，大號，渙王居，无咎。」意思是：九五處尊履正，象能散險並
行大號令，處渙卦之王位，故無災咎。

　　上博本作「九五：豂开大虍，豂开尻，亡咎。」意思是：九五處尊履正，
象徵能行大號令，爲渙之主，處渙卦之王位，故無災咎。

　　帛書本作「九五：渙其肝，大號，渙王居，无咎。」意思與今本同。

1. 上博《周易》：上九：豂开血，欿昜出。

2. 阜陽《周易》：【缺簡】

3. 帛書《周易》：尚九：渙其血，去湯出。

4. 今本《周易》：上九：渙其血，去逖出，无咎。

【文字考釋】

（一）今本較上博本、帛書本多出「无咎」二字異文。可能爲後世傳抄時自
　　　行增補所致。

（二）今本「去逖出」之「去」，上博本作「（字形）」，帛書本作「去」。

　　玉姍案：上博本「（字形）」，濮茅左隸定爲「欲」。陳偉以爲「（字形）字左部上從大，下從口，是楚簡中常見的『去』字。」故當釋爲『欿』。」〔註358〕季師旭昇亦以爲「細審此字左旁，實從『去』，其上作『大』形，與『欲』字左旁之『谷』其上作『重八』形者完全不同。字當從『欠』、『去』聲，隸作『欿』，與『去』同音，本簡當迻讀爲『去』。」〔註359〕何有祖以爲「茲補充一條證據，《汗簡》卷中之二『欠』部引《義雲章》去字作（字形），正與楚簡（字形）、（字形）形近。（字形）、（字形），當俱是『去』字。」〔註360〕陳惠玲以爲：「『欲』字，楚系文字作（字形）（《信陽》1.026）、（字形）（《天》3604），『去』字，楚系文字作（字形）（《郭‧老甲》18）、（字形）（《郭‧語三》4）、（字形）（（法）《天‧卜》）。楚簡本（字形）字，與『欲』字之左半不類，應爲『去』。」〔註361〕學者舉證詳盡，「（字形）」當隸定作「欿」無疑。

【爻辭釋讀】

　　〈象〉曰：
　　　　「渙其血」，遠害也。（頁131）

王弼《注》：
　　　　逖，遠也。最遠於害，不近侵害，散其憂傷，遠出者也。散患於遠害之地，誰將咎之哉！（頁131）

孔穎達《正義》：
　　　　血，傷也。逖，遠也。上九處於卦上，最遠於險，不近侵害，是能散其憂傷，去而遠出者也。故曰「渙其血，去逖出」也。散患於遠害之地，誰將咎之矣，故曰「无咎」。（頁131）

朱熹《易本義》：
　　　　上九以陽居渙極，能出乎渙，故其象如此。血，謂傷害。逖，當作惕，與小畜六四同。言渙其血則去，渙其惕則出也。（頁216）

南懷瑾、徐芹庭《周易今註今譯》：

〔註358〕陳偉：〈楚竹書《周易》文字試釋〉，簡帛研究網站 2004 年 4 月 18 日。
〔註359〕季師旭昇：〈《上博三‧周易》零釋七則〉，簡帛研究網站 2004 年 4 月 24 日。
〔註360〕何有祖：〈竹書《周易》補證一則〉，簡帛研究網站 2004 年 6 月 6 日。
〔註361〕陳惠玲：《《上海博物館藏戰國楚竹書（三）‧周易》研究》（臺灣師範大學國文教學所碩論，2005 年 8 月，頁 744～745。

上九以陽剛居渙散之終，有散去其流血之災，而除去憂患，而遠離的象徵，這是沒有災咎的。（頁360）

玉姍案：上九「渙其血」與九五「渙其汗」句型相似。人遇險阨驚怖而勞，則汗從體出，故以「汗」喻險阨。人因傷害而出血，故以「血」喻傷害。「逖」，歷代學者釋「逖」字共有三義，一為「憂也」，如虞翻之說。二為「遠」，如王、孔之說。三為「惕」，如朱熹之說。筆者以為因上九最遠於渙害，故當從其「遠」義。上九遠離於害，不受侵害而免於傷，故不會有災咎。

今本作「上九：渙其血，去逖出，无咎。」意思是：上九處於渙卦之上，象能遠離險境傷害，去而遠出，這是沒有災咎的。

上博本作「上九：䫻丌血，欿昜出。」意思是：上九處於渙卦之上，象能遠離險境傷害，去而遠出。

帛書本作「尙九：渙其血，去湯出。」意思與上博本同。

第六十節　節　卦

一、卦名釋義

《說文》：「節，竹約也。從竹、即聲。」（頁191）「節」為形聲字，本義為竹節，引申有「節約、節制」之義。孔穎達《正義》：「節者，制度之名，節止之義。制事有節，其道乃亨。」卦名節即「節制」之義。

〈序卦〉曰：「物不可以終離，故受之以節。」（頁188）渙散之道不可終行，當以節制止之。故節卦在渙卦之後。

節卦今本卦畫作「☵」，下兌澤，上坎水。〈象〉曰：「澤上有水，節。君子以制數度，議德行。」（頁132）《周易集解》引侯果曰：「澤上有水，以隄防為節。」（頁512）澤上有水，須以堤防為節度，以防大水散渙。君子亦須制定法度，論德議行皆不逾節。

二、卦爻辭考釋

（一）卦辭考釋

1. 上博《周易》：【缺簡】

2. 阜陽《周易》：節：亨。苦節不可貞。

3. 帛書《周易》：節：亨。枯節不可貞。

4. 今本《周易》：節：亨。苦節不可貞。

【文字考釋】

阜陽本卦辭殘，據今本補。

（一）今本「苦節」之「苦」，帛書本作「枯」。

玉姍案：「枯」、「苦」皆以「古」爲聲符，可以通假。

【卦辭釋讀】

〈彖〉曰：

「節，亨」，剛柔分而剛得中。「苦節不可貞」，其道窮也。說以行險，當位以節，中正以通。天地節而四時成，節以制度，不傷財，不害民。（頁132）

〈象〉曰：

澤上有水，節。君子以制數度，議德行。（頁132）

孔穎達《正義》：

「節」，卦名也。〈彖〉曰：「節以制度。」《雜卦》云「節，止也。」然則節者制度之名。節，止之義。制事有節，其道乃亨，故曰「節，亨」。節須得中，爲節過苦，傷於刻薄，物所不堪，不可復正，故曰「苦節不可貞」也。（頁132）

朱熹《易本義》：

節，有限而止也。爲卦下兌上坎，澤上有水，其容有限，故爲節。節固自有亨道矣，又其體陰陽各半，而二五皆陽，故其占得亨。然至於太甚，則苦矣。故又戒以不可守以爲貞也。（頁217）

南懷瑾、徐芹庭《周易今註今譯》：

節約是亨通的，但過於苦的節約，則不可爲正道。（頁361）

玉姍案：節乃有限而止，節制不違中道，所以得亨。但太過則爲節過苦，不可爲正，若以苦節爲正，則其道困窮。王弼以下學者多由此立說，此亦從之。

今本「節，亨。苦節不可貞。」意思是：節不違中，所以得亨。但節制

太過則其道困苦，不可爲正。

帛書本作「節，亨。枯節不可貞。」意思與今本同。

（二）爻辭考釋

1. 上博《周易》：【缺簡】
2. 阜陽《周易》：初九：不出戶庭，无咎。
3. 帛書《周易》：初九：不出戶牖，无咎。
4. 今本《周易》：初九：不出戶庭，无咎。

【文字考釋】

阜陽本初九爻辭殘，據今本補。

（一）今本「不出戶庭」之「庭」，帛書本作「牖」。

玉姍案：今本「不出戶庭」之「庭」，帛書本作「牖」。「庭」上古音定紐耕部，「牖」上古音喻紐幽部，聲近韻遠，無法通假。《說文》：「牖，穿壁以木，爲交窗也。從片、戶，甫聲。」（頁 321）又《說文》：「庭，宮中也。從广、廷聲。」（頁 448）「戶牖」、「戶庭」皆可指家室之內。

【爻辭釋讀】

〈象〉曰：

「不出戶庭」，知通塞也。（頁 132）

王弼《注》：

爲節之初，將整離散而立制度者也，故明於通塞，慮於險僞，不出戶庭，慎密不失，然後事濟而无咎也。（頁 132）

孔穎達《正義》：

初九處節之初，將立制度，宜其慎密，不出戶庭，若不慎而泄，則民情姦險，應之以僞，故慎密不失，然後事濟而无咎。故曰「不出戶庭，无咎」。（頁 132）

朱熹《易本義》：

戶庭，戶外之庭也。陽剛得正，居節之初，未可以行，能節而止者也。故其象占如此。（頁 218）

南懷瑾、徐芹庭《周易今註今譯》：

初九以陽居陽位，當節制收斂之時，有不離開戶庭，以節制自己的

象徵。這是無咎的。（頁362）

玉姍案：王弼、孔穎達以為初九以陽居陽，為節卦之初，象徵將整頓渙散而立制度，為達慎密不失，故不出戶庭，以求事濟而无咎也。朱熹以為居節之初，未可以行，故不出戶庭。南懷瑾以為不離開戶庭，以節制自己。以上諸說皆可通，此從王、孔之說。

今本「初九：不出戶庭，无咎。」意思是：初九為節卦之初，象徵將立制度，為求慎密而不出戶庭，以求无咎。

帛書本作「初九：不出戶牖，无咎。」意思是：初九為節卦之初，象徵將立制度，為求慎密而不出戶牖，以求无咎。

1. 上博《周易》：【缺簡】

2. 阜陽《周易》：九二：不出門庭，凶。

3. 帛書《周易》：九二：不出門廷，凶。

4. 今本《周易》：九二：不出門庭，凶。

【文字考釋】

阜陽本九二爻辭殘，據今本補。

【爻辭釋讀】

〈象〉曰：

「不出門庭，凶」，失時極也。（頁132）

王弼《注》：

初已造之，至二宜宣其制矣，而故匿之，失時之極，則遂廢矣。故不出門庭，則凶也。（頁132）

孔穎達《正義》：

初已制法，至二宜宣，若猶匿之，則失時之極，可施之事，則遂廢矣。不出門庭，所以致凶，故曰「不出門庭，凶」。（頁132）

朱熹《易本義》：

門庭，門內之庭也。九二當可行之時，而失剛不正，上無與應，知節而不知通。故其象占如此。（頁218）

南懷瑾、徐芹庭《周易今註今譯》：

九二以陽剛居內卦之中，當節之時可以有為而不為，所以有不出門

庭，以守其節之道。這是有凶的。（頁362）

玉姍案：九二以陽剛居內卦之中，此時制度已立，應當宣而布之，而不當局限於門庭之內，否則可施之事遂廢，必然致凶。

今本「九二：不出門庭，凶。」意思是：九二節度已立，應當宣而布之，而不當局限於門庭之內，否則制度遂廢，必然致凶。

帛書本作「九二：不出門廷，凶。」意思與今本同。

1. 上博《周易》：【缺簡】
2. 阜陽《周易》：六三：不節若，則嗟若，无咎。
3. 帛書《周易》：六三：不節若，則嗟若，无咎。
4. 今本《周易》：六三：不節若，則嗟若，无咎。

【文字考釋】

阜陽本、帛書本六三爻辭殘，皆據今本補。

【爻辭釋讀】

〈象〉曰：

「不節之嗟」，又誰咎也。（頁132）

王弼《注》：

若，辭也。以陰處陽，以柔乘剛，違節之道，以至哀嗟。自己所致，无所怨咎，故曰「无咎」也。（頁132）

孔穎達《正義》：

節者，制度之卦，處節之時，位不可失，六三以陰處陽，以柔乘剛，失位驕逆，違節之道，禍將及己，以至哀嗟，故曰「不節苦，則嗟若」也。禍自己致，无所怨咎，故曰「无咎」。（頁132）

朱熹《易本義》：

陰柔而不中正，以當節時，非能節者，故其象占如此。此「无咎」與諸爻異，言无所歸咎也。（頁219）

南懷瑾、徐芹庭《周易今註今譯》：

六三以陰居陽位，在節之時，如不節約於目前，勢必嗟嘆愁苦於未必然。（頁363）

玉姍案：「无咎」，王弼、孔穎達、朱熹皆以為「禍由己致，无所怨咎」。

六三以陰處陽，陰柔不正，失位驕逆，違節之道，禍將及已，以至哀嗟，但禍乃自招，无所怨咎，故「禍由己致，无所怨咎」之說可從。

今本「六三：不節若，則嗟若，无咎。」意思是：六三失位而違節招禍，以至哀嗟，但禍乃自招，无所怨咎。

帛書本「六三：不節若，則嗟若，无咎。」意思與今本同。

1. 上博《周易》：【缺簡】
2. 阜陽《周易》：六四：安節，亨。
3. 帛書《周易》：六四：安節，亨。
4. 今本《周易》：六四：安節，亨。

【文字考釋】

阜陽本、帛書本六四爻辭殘，皆據今本補。

【爻辭釋讀】

〈象〉曰：

「安節」之「亨」，承上道也。（頁 132）

王弼《注》：

得位而順，不改其節，而能亨者也。承上以斯，得其道也。（頁 132）

孔穎達《正義》：

六四得位，而上順於五，是得節之道。但能安行此節而不改變，則何往不通？故曰「安節，亨」。明六三以失位乘剛，則失節而招咎，六四以得位承陽，故安節而致亨。（頁 132）

朱熹《易本義》：

柔順得正，上承九五，自然有節者也。故其象占如此。（頁 219）

南懷瑾、徐芹庭《周易今註今譯》：

六四當節之時，上承九五，又得陰陽之正位，故有安和的節約之象徵。這是亨通的。（頁 363）

玉姍案：六四得位而上順於五，可謂得節之道，若能安行節制而不改變，將無往不通。

今本「六四：安節，亨。」意思是：六四得位而上順於五，安行節制，故得亨通。

1. 上博《周易》：【缺簡】
2. 阜陽《周易》： 九五：甘節，吉。往有尚。
3. 帛書《周易》： 九五：甘節，吉。 往得尚。
4. 今本《周易》：九五：甘節，吉。往有尚。

【文字考釋】

　　阜陽本、帛書本九五爻辭殘，皆據今本補。

【爻辭釋讀】

　　〈象〉曰：

　　　　「甘節」之「吉」，居位中也。（頁 132）

王弼《注》：

　　　　當位居中，爲節之主不失其中，不傷財、不害民之謂也。爲節之不
　　　　苦，非甘而何？術斯以往，往有尚也。（頁 132）

孔穎達《正義》：

　　　　甘者，不苦之名也。九五居於尊位，得正履中，能以中正爲節之主，
　　　　則當〈象〉曰「節以制度，不傷財、不害民」之謂也。爲節而无傷
　　　　害，則是不苦而甘，所以得吉，故曰「甘節，吉」。以此而行，所往
　　　　皆有嘉尚。（頁 132）

朱熹《易本義》：

　　　　所謂「當未以節，中正以通」者也，故其象占如此。（頁 219）

南懷瑾、徐芹庭《周易今註今譯》：

　　　　九五陽剛中正，有甘美於節約的象徵，這是吉利的。前往而有尚。（頁
　　　　364）

　　玉姍案：「往有尚」，虞翻以爲二失正，變往應五，故「往有尚」也。孔
穎達以爲九五中正以行節度，以此而行，所往皆有嘉尚，故曰「往有尚也」。
二說皆可通，但孔穎達之說較能發揚九五居尊，爲節以利百姓之道，故此從
孔穎達之說。九五居於尊位，得正履中，爲節之主，爲節而无傷害，則是不
苦而甘。引申於人事，則如君主能節以制度，不傷財、不害民，百姓自能不
苦而甘。以此而行，所往皆有嘉尚，故曰「往有尚也」。

　　今本作「九五：甘節，吉。往有尚」意思是：九五爲節之主，爲節而无
傷財害民，百姓能不苦而甘。以此而行，所往皆有嘉尚。

1. 上博《周易》：【缺簡】
2. 阜陽《周易》：上六：苦節，貞凶，悔亡。
3. 帛書《周易》：尚六：枯節，貞凶，悔亡。
4. 今本《周易》：上六：苦節，貞凶，悔亡。

【文字考釋】

阜陽本上六爻辭殘，據今本補。

【爻辭釋讀】

〈象〉曰：

「苦節，貞凶」，其道窮也。（頁 132）

王弼《注》：

過節之中，以致亢極，苦節者也。以斯施人，物所不堪，正之凶也，以斯脩身，行在无妄，故得悔亡。（頁 132）

孔穎達《正義》：

上六處節之極，過節之中，節不能甘，以至於苦，故曰「苦節」也。為節過苦，物所不堪，不可復正，正之凶也，故曰「貞凶」。若以苦節施人，是正道之凶。若以苦節脩身，則儉約无妄，可得亡悔，故曰「悔亡」也。（頁 132～133）

朱熹《易本義》：

居節之極，故為苦節。既處過極，故雖得正，而不免於凶。然禮奢寧儉，故雖有悔，而終得亡之也。（頁 219）

南懷瑾、徐芹庭《周易今註今譯》：

上六居節卦之時，有苦守節約的象徵。這是正當有凶的。不過沒有後悔之時。（頁 364）

玉姍案：上六處節之極，有窮守節制，以至於苦之象徵。若以苦節施人，物所不堪，是正道之凶。若以苦節脩身，則儉約无妄，可得無悔。學者多由此觀點立說，此亦從之。

今本作「上六：苦節，貞凶，悔亡。」意思是：上六處節之極，象徵窮守節制，以至於苦。若以苦節施人，是正道之凶。若以苦節脩身，可得無悔。

帛書本作「尚六：枯節，貞凶，悔亡。」意思與今本同。

第六十一節　中孚卦

一、卦名釋義

　　《說文》：「孚，卵即孚也。从爪、子。一曰信也。」（頁 114）「孚」，甲骨文作🦶（《商》乙 6694），金文作🦶（師寰簋），楚系文字作🦶（《璽彙》339），季師旭昇以爲「甲骨文象俘子之形，古文字學家都以爲是『俘』字的初文。」〔註362〕據此，「孚」乃會意字，象以「爪」俘「子」，「俘」之初文，假借有「信」義。孔穎達《正義》：「信發於中，謂之中孚」，卦名中孚即「發自內心的中正誠信」。

　　〈序〉曰：「節而信之，故受之以中孚。」（頁 188）君子節之以度，人皆信之。故中孚卦在節卦之後。

　　中孚卦今本卦畫作「☲」，下兌澤，上巽風。〈象〉曰：「澤上有風，中孚君子以議獄緩死。」（頁 133）《周易集解》引崔覲：「流風令于上，布澤惠于下，中孚之象也。」（頁 517）惠澤上有流風，這是中正孚信的象徵，君子體察此現象，則應明斷獄訟之實情，設法寬緩被判處死刑之囚犯。

二、卦爻辭考釋

（一）卦辭考釋

1. 上博《周易》：【缺簡】
2. 阜陽《周易》：中孚：豚魚吉，利涉大川，利貞。……大谷。
3. 帛書《周易》：中復：豚魚吉，和涉大川，利貞。
4. 今本《周易》：中孚：豚魚吉，利涉大川，利貞。

【文字考釋】

　　阜陽本卦辭殘，據今本補。阜陽本較他本多出「……大谷」等字，應爲卜辭卜問的內容，但因殘缺而不明其義。

（一）今本「利涉大川」，帛書本作「和涉大川」。

　　張立文《周易帛書今注今譯》：

　　　「和」假借爲「利」。說文：「利，銛也。从刀。和然後利，从和省。

〔註362〕季師旭昇：《說文新證・上》（台北：藝文印書館，2002 年 10 月，頁 179。

易曰：利者，義之和也。」廣雅釋詁三：「利，和也。」易乾「元亨利貞。」子夏傳曰：「利，和也」。「和」、「利」義同相通。〔註363〕

玉姍案：今本《周易》六十四卦共出現十次「利涉大川」或「不利涉大川」，與帛書本之對應如下：

	今本《周易》	帛書《周易》
需・卦辭	利涉大川	利涉大川
訟・卦辭	不利涉大川	不利涉大川
同人・卦辭	利涉大川	利涉大川
蠱・卦辭	利涉大川	利涉大川
畜・卦辭	利涉大川	利涉大川
頤・上九爻辭	利涉大川	□涉大川
益・卦辭	利涉大川	利涉大川
渙・卦辭	利涉大川	利涉大川
中孚・卦辭	利涉大川	和涉大川
未濟・六三爻辭	利涉大川	利涉大川

由圖表中可明顯看出，帛書本與今本「利涉大川」（或「不利涉大川」）所對應的十次中，有八次皆與今本同作「利涉大川」，僅頤卦上九爻辭「涉大川」前一字殘損不可辨，及中孚卦辭作「和涉大川」，可見在帛書本中「利涉大川」仍是常態，「和涉大川」則是特例。張立文以為「和」、「利」義同相通，但筆者以為十次中僅有一次特例，亦有可能是作者筆誤而將成「利」訛寫為「和」。

【卦辭釋讀】

〈彖〉曰：

中孚，柔在內而剛得中。說而巽，孚，乃化邦也。「豚魚吉」，信及豚魚也。「利涉大川」，乘木舟虛也。中孚以「利貞」，乃應乎天也。（頁133）

〈象〉曰：

澤上有風，中孚。君子以議獄緩死。（頁133）

〔註363〕張立文（張憲江）：《周易帛書今注今譯》（台北：臺灣學生書局，1991年），頁710～711。

孔穎達《正義》：

「中孚」，卦名也。信發於中，謂之中孚。魚者，蟲之幽隱。豚者，獸之微賤。人主內有誠信，則雖微隱之物，信皆及矣，莫不得所而獲吉，故曰「豚魚吉」也。微隱獲吉，顯者可知。既有誠信，光被萬物，萬物得宜，以斯涉難，何往不通？故曰「利涉大川」。信而不正，凶邪之道，故利在貞也。（頁 133）

朱熹《易本義》：

孚，信也。爲卦二陰在內，四陽在外，而二五之陽，皆得其中，以一卦言之爲中虛，以二體言之爲中實，皆孚信之象也。右下說以應上，上巽以順下，亦爲孚義。豚魚，無知之物。又木在澤上，外實內虛，皆舟楫之象。至信可感豚魚，涉險難，而不可以失其貞。故占者能至豚魚之應，則吉；而「利涉大川」，又必利於貞也。（頁 220）

南懷瑾、徐芹庭《周易今註今譯》：

中孚，能孚信于中，而見之于外物，如信及于豚魚，這是吉利的。利於跋涉大川等艱難的事，利於守著正道。（頁 365）

　　玉姍案：「中孚，豚魚吉，利涉大川，利貞。」意謂人主中心有誠信，則雖微隱之物如豚如魚，信皆及矣而獲吉。以誠信被萬物，何險而不涉？因貞正則能獲利。

　　今本「中孚，豚魚吉，利涉大川，利貞。」意思是：人主中心有孚信，即使最低微的豚魚之物皆能感受，這是吉的。此時利於涉渡大川，謹守貞正則能獲利。

　　帛書本作「中復，豚魚吉，和涉大川，利貞。」意思與今本同。

（二）爻辭考釋

1. 上博《周易》：【缺簡】

2. 阜陽《周易》：初九：吳吉，有它不燕。

3. 帛書《周易》：初九：杅吉，有它不寧。

4. 今本《周易》：初九：虞吉，有它不燕。

【文字考釋】

　　阜陽本初九爻辭殘，據今本補。

（一）今本「虞吉」之「虞」，阜陽本作「吳」，帛書本作「杅」。

　　玉姍案：今本「虞吉」之「虞」，阜陽本作「吳」，帛書本作「杅」。「吳」、「虞」上古音皆疑紐魚部。「杅」從「于」得聲，上古音匣紐魚部，三字韻同，聲紐可，通，如郭店《唐虞之道》簡十八：「軍民而不喬（驕），卒亡天下而不矣。」影本「矣」（匣紐之部）讀爲「疑」（疑紐之部）。

（二）今本「有它不燕」之「燕」，帛書本作「寧」。

　　張立文《周易帛書今注今譯》：

　　　　「不寧」與「不燕」義近。「寧」，書大禹謨：「萬邦咸寧。」釋文：
　　　　「寧，安。」……不寧即不安也。……詩鹿鳴「以燕樂家賓之心」……
　　　　鄭注並曰：「燕，安也。」「不燕」，即不安也；與「不寧」義同。

　　　　〔註364〕

　　玉姍案：今本「有它不燕」之「燕」，帛書本作「寧」。「燕」上古音影紐元部，「寧」上古音泥紐耕部，聲韻皆遠。張立文以爲「寧」與「燕」皆有「安」義，義同可通。此從之。

【爻辭釋讀】

　　〈象〉曰：

　　　　「初九，虞吉」，志未變也。（頁133）

《周易集解》引荀爽云：

　　　　虞，安也。初應於四，宜自安虞；無意于四，則吉。故曰「虞吉」也。
　　　　四者承五，有它意於四，則不安，故曰「有它不燕」也。（頁517）

王弼《注》：

　　　　虞猶專也。爲信之始，而應在四，得乎專吉者也。志未能變，繫心
　　　　於一，故「有它不燕」也。（頁133）

孔穎達《正義》：

　　　　燕，安也。初爲信始，應在于四，得其專一之吉，故曰「虞吉」。既
　　　　係心於一，故更有他求，不能與之共相燕安也，故曰「有它不燕」
　　　　也。（頁133）

朱熹《易本義》：

───────────────
〔註364〕張立文（張憲江）：《周易帛書今注今譯》（臺北：臺灣學生書局，1991年），
　　　　頁712。

當中孚之初，上應六四，能度其可信而信之，則吉。復有他焉，責
失其所以度之之正，而不得其所安矣。戒占之辭也。（頁 221）

南懷瑾、徐芹庭《周易今註今譯》：

初九以陽剛居於陽位，在孚信之始，這是安逸而吉利的，如不守信
而有它意，則不能燕樂了。（頁 367）

玉姍案：「虞」，荀爽以為「虞，安也。」王弼以為「虞猶專也。」筆者
以為誠信貴在專一不變，故此從王弼之說。中孚初九以陽居剛，位於孚信之
始，又能上應六四，故能得吉。但孚信貴專，若有貳心則無法得其所安。

今本「初九：虞吉，有它不燕。」意思是：初九位於孚信之始，能得專
一之吉。但孚信貴在專一而有恒，若有它心則無法得其安樂。

帛書本作「初九：杅吉，有它不寧。」意思是：初九位於孚信之始，能
得專一之吉。但孚信貴在專一而有恒，若有它心則無法得其安寧。

1. 上博《周易》：【缺簡】
2. 阜陽《周易》：九二：鶴鳴在陰，其子和之。我有好爵，吾與爾靡之。
3. 帛書《周易》：九二：鶴鳴在陰，其子和之。我有好爵，吾與爾嬴之。
4. 今本《周易》：九二：鶴鳴在陰，其子和之。我有好爵，吾與爾靡之。

【文字考釋】

阜陽本九二爻辭殘，據今本補。

（一）今本「吾與爾靡之」之「靡」，帛書本作「嬴」。

玉姍案：今本「吾與爾靡之」之「靡」，帛書本作「嬴」。「靡」上古音皆
明紐歌部。「嬴」上古音來紐歌部。形聲字裡有來母、明母相諧之例，例如明
母字的「蠻」是以來母字「䜌」為聲符。「嬴」、「靡」兩字韻同，聲紐亦有相
諧之例，故可通假。

【爻辭釋讀】

〈象〉曰：

「其子和之」，中心願也。（頁 133）

王弼《注》：

處內而居重陰之下，而履不失中，不徇於外，任其真者也。立誠篤
至。雖在闇昧，物亦應焉，故曰「鳴鶴在陰，其子和之」也。不私

權利，唯德是與，誠之至也，故曰「我有好爵」，與物散之。（頁133）

孔穎達《正義》：

> 九二體剛，處於卦內，又在三四重陰之下，而履不失中，是不徇於
> 外，自任其眞者也。處於幽昧，而行不失信，則聲聞于外，爲同類
> 之所應焉。如鶴之鳴於幽遠，則爲其子所和，故曰「鳴鶴在陰，其
> 子和之」也。靡，散也。又无偏應，是不私權利，惟德是與。若我
> 有好爵，吾願與爾賢者分散而共之，故曰「我有好爵，吾與爾靡之」。
> （頁133）

朱熹《易本義》：

> 九二中孚之實，而九五亦以中孚之實應之，故有鶴鳴子和，我爵爾
> 靡之象。鶴在陰，謂九居二。好爵，謂得中。靡，與縻同。言懿德
> 人之所好，故好爵雖我之獨有，而彼亦繫戀之也。（頁221）

南懷瑾、徐芹庭《周易今註今譯》：

> 九二以陽居中實之位，在中孚之時，故有鶴鳴於陰蔽之處，雖不顯
> 見，但它的孩子也能循聲應合，互相孚信的象徵。施之于人事，則
> 君臣互相孚信，故我有好的爵位，我與你共治之的現象。（頁367）

　　玉姍案：「靡」，虞翻以爲「靡，共也。」孔穎達《正義》：「靡，散也。」
朱熹以爲「靡，與縻（繫）同」，以文義考之，「靡」應有無私分享之意，故
從虞翻、孔穎達之說。朱熹以爲「靡，與縻（繫）同」，「繫」與「散」義正
好相反，故不從朱說。九二居內卦之中，又處於六三、六四兩陰爻之下，但
能剛正自守、履不失中，即使是闇昧之時，亦能得到聲氣應和，有如鶴鳴於
陰蔽之處，雖不顯見，但其子也能循聲應合。表現在人事上，則是國君无私
而惟德是與，願意將好的爵位與賢者分而共之。

　　今本「九二：鶴鳴在陰，其子和之。我有好爵，吾與爾靡之。」意思是：
九二能剛正自守而得應和，有如鶴鳴於陰蔽之處，但其子也能循聲相和。表
現在人事上，則是惟德是與的國君說：「我有好的爵位，願意與賢者分而共之。」

　　帛書本作「九二：鶴鳴在陰，其子和之。我有好爵，吾與爾贏之。」意
思與今本同。

1. **上博《周易》：【缺簡】**

2. **阜陽《周易》：** 六三：得敵，或鼓或罷，或泣或歌。

3. 帛書《周易》：六三：得敵，或鼓或皮，或汲或歌。

4. 今本《周易》：六三：得敵，或鼓或罷，或泣或歌。

【文字考釋】

阜陽本六三爻辭殘，據今本補。

（一）今本「或鼓或罷，或泣或歌」，帛書本作「或鼓或皮，或汲或歌」。

玉姍案：「皮」、「罷」上古音皆爲並紐歌部，聲韻皆同，可以通假。「汲」上古音爲見紐緝部、「泣」上古音爲溪紐緝部，聲近韻同，可以通假。如《郭店楚簡・忠信之道》：「忠之爲術（道），百工不古」，影本裘錫圭案語以爲「古」（見紐魚部）當讀爲「楛」（溪紐魚部）。

【爻辭釋讀】

〈象〉曰：

「或鼓或罷」，位不當也。（頁134）

王弼《注》：

三居少陰之上，四居長陰之下，對而不相比，敵之謂也。以陰居陽，欲進者也。欲進而閡敵，故或鼓也。四履正而承五，非己所克，故或罷也。不勝而退，懼見侵陵，故或泣也。四履乎順，不與物校，退而不見害，故或歌也。不量其力，進退无恆，憊可知也。（頁134）

孔穎達《正義》：

六三與四俱是陰爻，相與爲類。然三居少陰之上，四居長陰之下，各自有應對，而不相比，敵之謂也，故曰「得敵」。欲進礙四，恐其害己，故或鼓而攻之，而四履正承尊，非己所勝，故或罷而退敗也。不勝而退，懼見侵陵，故或泣而憂悲也。四履于順，不與物校，退不見害，故或歌而歡樂也，故曰「或鼓或罷，或泣或歌」也。（頁134）

朱熹《易本義》：

敵謂上九，信之窮者。六三陰柔不中正，以居說極，而與之爲應，故不能自主，而其象如此。（頁221）

南懷瑾、徐芹庭《周易今註今譯》：

六三以陰居陽位，位既不正，以當中孚之時，而應於上九，故有得對敵於上九的象徵。因位不正，而又陰柔，故有時想鳴鼓前進，有時又止而不前，有時悲泣。怕不能孚信。有時又高歌，想必能孚信

于上九。（頁 368）

　　玉姍案：王弼、孔穎達以爲「得敵」之「敵」乃六四；朱熹、南、徐以爲「敵」指上九。孔穎達以爲「六三與四俱是陰爻，相與爲類，然三居少陰之上，四居長陰之下，各自有應對，而不相比敵之謂也，故曰得敵，欲進礙四，恐其害己，故或鼓而攻之，而四履正承尊，非己所勝，故或罷而退敗也，不勝而退，懼見侵陵，故或泣而憂悲也。四履于順，不與物校，退不見害，故或歌而歡樂也。」明確點出六三、六四兩陰相比，並導致「或鼓或罷，或泣或歌」的因果關係，說法較爲全面完整。朱熹、南、徐以爲「敵」指上九，只能注解「得敵」，對於上九與六三「或鼓或罷，或泣或歌」的關係則無以著墨，故此採王、孔之說。

　　六三以陰居陽，象徵陰柔不正。又與六四兩陰相比，欲進而畏四害己，故擊鼓而攻之；又因六四履正承尊攻之不克，而罷兵退敗，退則憂泣。若能順服於四則樂而歡歌，故曰「或鼓或罷，或泣或歌」。

　　今本「六三：得敵，或鼓或罷，或泣或歌。」意思是：六三敵對於六四，欲鳴鼓攻伐六四，又因六四履正而罷退，敗退則悲泣，但退而發現六四並無害己之意，故歡樂高歌。

　　帛書本作「六三：得敵，或鼓或皮，或汲或歌。」意思與今本同。

1. 上博《周易》：【缺簡】
2. 阜陽《周易》：六四：月幾望，馬匹亡，无咎。
3. 帛書《周易》：六四：月既望，馬必亡，无咎。
4. 今本《周易》：六四：月幾望，馬匹亡，无咎。

【文字考釋】

　　阜陽本六四爻辭殘，據今本補。

（一）阜陽本、今本「月幾望」之「幾」，帛書本作「既」。

　　玉姍案：阜陽本、今本「月幾望」之「幾」，帛書本作「既」。「幾」上古音皆爲見紐微部，「既」上古音爲見紐物部，二字聲同，韻部可以通轉，故二字可通假。《易・歸妹》：「月幾望。」《釋文》：「幾，荀作既。」帛書本中「幾」亦多作「既」。

（二）今本「馬匹亡」，帛書本作「馬必亡」。

　　玉姍案：今本「馬匹亡」，帛書本作「馬必亡」。「必」上古音為幫紐質部，「匹」上古音為滂紐質部，二字韻同，聲皆唇音，故二字可通假。然「馬匹亡」與「馬必亡」文意相近，若不視為聲韻通假，文義亦可通。

【爻辭釋讀】

　　〈象〉曰：
　　　　「馬匹亡」，絕類上也。（頁 134）

王弼《注》：
　　　　居中孚之時，處巽之始，應說之初，居正履順，以承於五，內毗元首，外宣德化者也。充乎陰德之盛，故曰「月幾望」。「馬匹亡」者，棄群類也。若夫居盛德之位，而與物校其競爭，則失其所盛矣，故曰絕類而上，履正承尊，不與三爭，乃得无咎也。（頁 134）

孔穎達《正義》：
　　　　六四居中孚之時，處巽應說，得位履順，上承於五，內毗元首，外宣德化，充乎陰德之盛，如月之近望，故曰「月幾望」也。三與己敵，進來攻己，己若與三校戰，則失其所盛，故棄三之類，如馬之亡匹；上承其五，不與三爭，乃得无咎，故曰「馬匹亡，无咎」也。
　　　　（頁 134）

朱熹《易本義》：
　　　　六四居陰得正，位近於君，為「月幾望」之象。馬匹，謂初與己為匹，四乃絕之，而上以信於五，故為馬匹亡之象。占者如是，則無咎也。（頁 222）

南懷瑾、徐芹庭《周易今註今譯》：
　　　　六四得陰陽之正位，當孚信之時，不繫戀於初九，而上從於九五之尊位。故有月近於十五，月圓可望時，亡其馬的匹配之象，這是無咎也。（頁 369）

　　玉姍案：六四以柔居陰，得位履順，又位近於九五，以人事比擬則為內毗元首，外宣德化，充乎陰德之盛，有如月近十五望日。但六三卻與六四為敵，故棄六三如亡失之馬匹，上承其五，不與三爭，乃得无咎。各家均由此觀點立說，此亦從之。

　　今本「六四：月幾望，馬匹亡，无咎。」意思是：六四以得位履順，上

比九五，充乎陰德之盛，有如月近十五望日。但與六三齟齬而棄六三，如遺失馬匹，乃得无咎。

帛書本作「六四：月既望，馬必亡，无咎。」意思與今本同。

1. 上博《周易》：【缺簡】

2. 阜陽《周易》：九五：有孚攣如，无咎⋯⋯。取婦嫁女不吉，田不得。

3. 帛書《周易》：九五：有復論如，无咎。

4. 今本《周易》：九五：有孚攣如，无咎。

【文字考釋】

阜陽本九五爻辭殘，據今本補。

（一）今本「有孚攣如」之「攣」，帛書本作「論」。

玉姍案：今本「有孚攣如」之「攣」，帛書本作「論」。「論」上古音來紐文部，「攣」上古音來紐元部，二字聲同，元、文旁轉，如今本《周易》遯卦，帛書本「遯」（定紐文部）作「掾」（喻紐元部），故「攣」、「論」二字可通假。

【爻辭釋讀】

〈象〉曰：

有孚攣如，位正當也。（頁134）

王弼《注》：

「攣如」者，繫其信之辭也。處中誠以相交之時，居尊位以爲群物之主，信何可舍？故「有孚攣如」，乃得无咎也。（頁134）

孔穎達《正義》：

攣如者，相牽繫不絕之名也。五在信時，處於尊位，爲群物之主，恆須以中誠交物，孚信何可暫舍？故曰「有孚攣如」。繫信不絕，乃得无咎，故曰「有孚攣如，无咎」也。（頁134）

朱熹《易本義》：

九五剛健中正，中孚之實，而居尊位，爲孚之主者也。下應九二，與之同德，故其象占如此。（頁222）

南懷瑾、徐芹庭《周易今註今譯》：

九五以陽剛居陽位，得中且正，又居尊位，故有孚信於天下，人皆相連而來服，這是無咎的。（頁369）

玉姍案：「攣如」，相繫不絕也。九五居中孚之尊位，恆須以中誠交物，繫信不絕，乃得无咎。

今本「九五：有孚攣如，无咎。」意思是：九五居中孚之尊位，恆須以誠感物，繫信不絕，乃得无咎。

帛書本作「九五：有復論如，无咎。」意思與今本同。

1. 上博《周易》：【缺簡】

2. 阜陽《周易》：上九：翰 音 登于天，貞凶。

3. 帛書《周易》：尚九：鶾音登于天，貞凶。

4. 今本《周易》：上九：翰音登于天，貞凶。

【文字考釋】

阜陽本上九爻辭殘，據今本補。

（一）今本「翰音登于天」之「翰」，帛書本作「鶾」。

玉姍案：今本「翰音登于天」之「翰」，帛書本作「鶾」左旁為鳥部，右上部件缺蝕而難辨。馬王堆漢墓帛書整理小組〈馬王堆帛書《六十四卦》釋文〉隸定為「鶾」，張立文以為「鶾」疑為「鶾（鶾）」，「鶾」或為「翰」之異體字〔註365〕，就字型結構而言確有可能，故暫從之。

【爻辭釋讀】

〈象〉曰：

「翰音登于天」，何可長也。（頁134）

王弼《注》：

翰，高飛也。飛音者，音飛而實不從之謂也。居卦之上，處信之終，信終則衰，忠篤內喪，華美外揚，故曰「翰音登于天」也。翰音登天，正亦滅矣。（頁134）

孔穎達《正義》：

翰，高飛也。飛音者，音飛而實不從之謂也。上九處信之終，信終則衰也。信衰則詐起，而忠篤內喪，華美外揚，若鳥之翰音登于天，虛聲遠聞也，故曰「翰音登于天」。虛聲无實，正之凶也，故曰「貞

〔註365〕張立文（張憲江）：《周易帛書今注今譯》（臺北：臺灣學生書局，1991年），頁718～719。

凶」。（頁 134）

朱熹《易本義》：

居信之極，而不知變。雖得其貞，亦凶道也。故其象占如此。雞曰
翰音，乃巽之象。居巽之極，爲登於天。雞非登天之物，而欲登天；
信非所信，而不知變，亦猶是也。（頁 222）

南懷瑾、徐芹庭《周易今註今譯》：

上九以陽居陰位，位既不當，又位中孚之極，故有翰音——雞鳴之
聲，高升於天上的象徵，這是堅節過份而有凶的。（頁 370）

　　玉姍案：上九以陽居陰，又位中孚之極，象徵信至終極而轉衰，位既不
當，有如不該飛天的雞竟登升於天，虛聲无實。即使仍秉持貞正，但孚信已
開始衰滅，故有凶。

　　今本「上九：翰音登于天，貞凶。」意思是：上九處中孚之極，其位不當
有如雞竟飛升於天，虛聲无實。即使秉持貞正，但孚信已開始衰滅，故有凶。

　　帛書本作「尙九：鸏音登于天，貞凶。」意思與今本同。

第六十二節　小過卦

一、卦名釋義

　　《說文》：「過，度也。」（頁 71）〈彖〉曰：「小過，小者過而亨也。過以
『利貞』，與時行也。柔得中，是以『小事』吉也；剛失位而不中，是以『不
可大事』也。有『飛鳥』之象焉。『飛鳥遺之音，不宜上，宜下，大吉』，上
逆而下順也。」（頁 134）小過卦之「小過」意謂稍有過失。

　　〈序〉曰：「有其信者必行之，故受之以小過。」韓康伯注：「守其信者，
則失貞而不諒之道，而以信爲過也，故曰『小過』。」（頁 188）「孚」有「信」
義，若守其誠信而不識大體，即「以信爲過」，故小過在中孚之後。

　　小過今本卦畫作「䷽」，上震雷，下艮山。〈象〉曰：「山上有雷，小過。
君子以行過乎恭，喪過乎哀，用過乎儉。」（頁 134）此卦象山上有雷，而雷
聲小有過度。若君子行爲過於恭敬、喪事過於哀痛、用費過於節儉都是屬於
「小有過失」。

二、卦爻辭考釋

（一）卦辭考釋

1. 上博《周易》：小過：亨，利貞。可小事，不可大事。飛鳥遺之音，不宜上，宜下，大吉。

2. 阜陽《周易》：小過：亨，利貞。可小事，不可大吏。飛鳥遺音，不宜上，宜下，大吉。

3. 帛書《周易》：少過：亨，利貞。可小事，不可大事。翡鳥遺之音，不宜上，宜下，泰吉。

4. 今本《周易》：小過：亨，利貞。可小事，不可大事。飛鳥遺之音，不宜上，宜下，大吉。

【文字考釋】

上博本、阜陽本卦辭殘，皆據今本補。

（一）帛書本、今本「飛鳥遺之音」，阜陽本作「飛鳥遺音」。

帛書本、今本「飛鳥遺之音」，阜陽本作「飛鳥遺音」。筆者以爲可能爲傳抄訛漏所致。阜陽本缺一「之」字，但文義仍可通。

【卦辭釋讀】

〈彖〉曰：

小過，小者過而亨也。過以「利貞」，與時行也。柔得中，是以「小事」吉也；剛失位而不中，是以「不可大事」也。有「飛鳥」之象焉。「飛鳥遺之音，不宜上，宜下，大吉」，上逆而下順也。（頁134）

王弼《注》：

飛鳥遺其音聲，哀以求處，上愈无所適，下則得安。愈上則愈窮，莫若飛鳥也。（頁134）

孔穎達《正義》：

過之小事，謂之小過，即「行過乎恭，喪過乎哀」之謂是也。……〈彖〉曰「小過，小者過而亨」，言因過得亨，明非罪過，故王於大過音之，明雖義兼罪過得名，上在君子爲過行也。……過爲小事，道乃可通，故曰「小過，亨」也。矯世勵俗，利在歸正，故曰「利貞」也。時也。小有過差，惟可矯以小事，不可正以大事，故曰「可

小事，不可大事」也。借喻以明過厚之行，有吉有凶。飛鳥遺其音聲，哀以求處。過上則愈无所適，過下則不失其安，以譬君子處過差之時，爲過厚之行，順而立之則吉，逆而忤鱗則凶，故曰「飛鳥遺之音，不宜上，宜下，大吉」。順則執卑守下，逆則犯君陵上，故以臣之逆順，類鳥之上下也。「飛鳥遺其音聲，哀以求處」者，遺，失也。鳥之失聲，必是窮迫，未得安處。《論語》曰：「鳥之將死，其鳴也哀。」故知遺音即哀聲也。（頁 134）

朱熹《易本義》：

小，謂陰也。爲卦四陰在外，二陽在内。陰多於陽，小者過也。既過於陽，可以亨矣。然必利於守貞，則又不可以不戒也。卦之二五，皆以柔而得中，故可小事。三四皆以剛失位而不中，故不可上。故能致飛鳥遺音之應，則宜下而大吉，亦不可大事之類也。（頁 223）

南懷瑾、徐芹庭《周易今註今譯》：

小過是亨通的，而利于守正，可以做小事，不可以做大事。就像飛鳥飛過後，吾人只聞其微有音響一樣的小事。也像鳥飛不宜上至高空，而宜於低空一樣，吾人在小過之時做事，亦不宜大，而宜小，這樣就能享大吉之利。（頁 370～371）

　　玉姍案：「小過」，此從孔穎達之說，以爲小事有差失時，可以「過正以矯枉」，即「行過乎恭，喪過乎哀」之意。小過卦是亨通，而利於貞正自守的，但只宜做小事，不可以做大事。就像飛鳥失其音，未得安處，是不宜上至高空，只宜至低空，如此就能得大吉。陳惠玲以爲「朱熹以爲……小過卦四陰在外，而二陽在内，因此有陰太過的意思。但又云：『既過於陽，可以亨矣。』朱說陰既過於陽，又如何亨通？令人費解。朱說……恐非。」〔註366〕陳說可從。

　　今本「小過：亨，利貞。可小事，不可大事。飛鳥遺之音，不宜上，宜下，大吉。」意思是說：小過卦是亨通，而利於貞正自守的。可以做小事，不可以做大事。就像飛鳥失其音，未得安處，是不宜上至高空，而宜至低空，如此就能享大吉。

　　帛書本作「小過：亨，利貞，可小事，不可大事。翡鳥遺之音，不宜上，宜下，泰吉。」其義與今本同。

〔註366〕陳惠玲：《《上海博物館藏戰國楚竹書（三）・周易》研究》（臺灣師範大學國文教學所碩論，2005 年 8 月，頁 752～753。

（二）爻辭考釋

1. 上博《周易》：初六：飛鳥以凶。
2. 阜陽《周易》：初六：非鳥以凶。
3. 帛書《周易》：初六：翡鳥以凶。
4. 今本《周易》：初六：飛鳥以凶。

【文字考釋】

上博本、阜陽本初六爻辭殘，皆據今本補。

【爻辭釋讀】

〈象〉曰：

「飛鳥以凶」，不可如何也？（頁 134）

王弼《注》

小過，上逆下順，而應在上卦，進而之逆，无所錯足，飛鳥之凶也。
（頁 134）

孔穎達《正義》：

小過之義，上逆下順，而初應在上卦，進而之逆，同於飛鳥，无所
錯足，故曰「飛鳥以凶」也。（頁 134）

朱熹《易本義》：

初六陰柔，上應九四，又居過時，上而不下者也。飛鳥遺音，不宜上
宜下，故其象占如此。郭璞洞林，占得此者，或致羽蟲之孽。（頁 223）

南懷瑾、徐芹庭《周易今註今譯》：

初六以陰居陽位，當小過之時，宜下不宜上，而初六應于九四，故
有飛鳥高飛而有凶災之害的現象。（頁 371）

玉姍案：小過初六應於九四，但小過卦畫「䷽」，上震雷，下艮山。因此
艮山進而往震雷，是由順往凶，將無所措足，如同飛鳥高飛而有凶。

今本「初六：飛鳥以凶。」意思是：當小過之時，宜下不宜上，但初六
上應於九四，因此有鳥高飛而遭凶災的現象。

帛書本作「初六：翡鳥以凶。」其義與今本同。

1. 上博《周易》：六二：過其祖，遇其妣，不及其君，遇其臣，无咎。
2. 阜陽《周易》：六二：過其祖，遇其妣，不及其君，遇其臣，无咎。

3. 帛書《周易》：六二：過其祖，愚其比，不及其君，愚其僕，无咎。

4. 今本《周易》：六二：過其祖，遇其妣，不及其君。遇其臣，无咎。

【文字考釋】

上博本、阜陽本六二爻辭殘，皆據今本補。

【爻辭釋讀】

〈象〉曰：

「不及其君」，臣不可過也。」（頁134）

《周易集解》引虞翻云：

「祖」謂祖母，初也。母死稱「妣」，謂三。（頁524）

王弼《注》：

祖，始也，謂初也。妣者，居內履中而正者也。過初而履二位，故曰「過其祖」而「遇其妣」，過而不至於僭，盡於臣位而已，故曰「不及其君，遇其臣，无咎」。（頁134）

孔穎達《正義》：

過而得之謂之遇，六二在小過而當位，是過而得之也。祖，始也，謂初也。妣者，母之稱。六二居內，履中而正，固謂之妣，已過於初，故曰「過其祖」也。履得中正，故曰「遇其妣」也。過不至於僭，盡於臣位而已，故曰「不及其君，遇其臣，无咎」。（頁134）

朱熹《易本義》：

六二柔順中正，進則過三四而遇六五，是過陽而反遇陰也。如此，則不及六五而自得其分，是不及君而適遇其臣也，皆過而不過，守正得中之意，无咎之道也，故其象占如此。（頁224）

南懷瑾、徐芹庭《周易今註今譯》：

六二居小過之時，位于初之上，超而過之，以至于三。故有「過其祖，遇其妣」的象徵。以人事而言，君子之德雖超過其君，但須懷謙德，時有不及其君的樣子，（以遠禍）惟可以接觸其臣。以相與論道，這是無咎的。（頁373）

玉姍案：六二以柔居陰，象徵能履中正之道。過初六而履六二，但不至於僭越，僅安於位而已；有如才能超過於初始之「祖（初六）」，但如居內履中而正之「妣（六二）」位，故雖有小過，但沒有災咎。王弼、孔穎達由此觀

點立說，相較於其他學者說法，王、孔說法最能緊扣小過卦「過而不僭」的內涵，故從之。

今本「六二：過其祖，遇其妣，不及其君，遇其臣，无咎。」意思是：六二過初而能履中正，雖過但不至於僭越；有如才能超過其先祖，卻能安於妣位；又像能謹守臣位，不及其君，因此沒有災咎。

帛書本作「六二：過其祖，愚其比，不及其君，愚其僕，无咎。」意思是：六二過初而能履中正，雖過但不至於僭越，有如才能超過其先祖，卻能安於妣位；又像能謹守臣僕之位，不及其君，因此沒有災咎。

1. 上博《周易》：九三：弗過防之，從或戕之，凶。
2. 阜陽《周易》：九三：弗過防之，從或戕之，凶。
3. 帛書《周易》：九三：弗過仿之，從或臧之，凶。
4. 今本《周易》：九三：弗過防之，從或戕之，凶。

【文字考釋】

上博本、阜陽本九三爻辭殘，皆據今本補。

【爻辭釋讀】

〈象〉曰：

「從或戕之」，「凶」如何也？（頁134）

王弼《注》：

小過之世，大者不立，故令小者得過也。居下體之上，以陽當位，而不能先過防之，至令小者或過，而復應而從焉。其從之也，則戕之凶至矣。故曰「弗過防之，從或戕之，凶」也。（頁134）

孔穎達《正義》：

小過之世，大者不能立德，故令小者得過，九三居下體之上，以陽當位，不能先過為防，至令小者或過。上六小人最居高顯，而復應而從焉。其從之也，則有殘害之凶至矣，故曰「弗過防之」。「從或戕之，凶」者，《春秋傳》曰：「在內曰弒，在外曰戕。」然則戕者皆殺害之謂也。言「或」者，不必之辭也。謂為此行者，有幸而免也。（頁134）

朱熹《易本義》：

小過之時，事每當過，然後得中，九三以剛居正，眾陰所欲害者也。

而自恃其剛，不肯過爲之備，故其象占如此。若占者能過防之，則
可以免矣。（頁 224）

南懷瑾、徐芹庭《周易今註今譯》：

九三處陰陽之正位，當小過之時，以陽爻位內卦之上，以防陰爻之
超過，故有不能讓陰爻超過，而謹防之的現象，但居小過之時，不
能不過，故或爲人戕而害之，這是凶的。（頁 373）

玉姍案：九三以剛爻居陽位，又與上六相應，但上六象徵小人之過，不
能在過失發生之前就先有防備，因此有戕害之凶。學者說法各異，但皆可通，
此從王、孔之說。

今本「九三：弗過防之，從或戕之，凶。」意思是：九三以陽當位，但
不能在過失發生前就先有防備，又應於上六小人，有受戕害之象，這是凶的。

帛書本作「九三：弗過仿之，從或臧之，凶。」其義與今本同。

1. 上博《周易》： 九四：无咎，弗過遇之。往厲必戒，勿用永貞。
2. 阜陽《周易》： 九四：无咎，弗過遇之，往厲必戒，勿用永貞。
3. 帛書《周易》：九四：无咎，弗過愚之。往厲必革，勿用永貞。
4. 今本《周易》：九四：无咎，弗過遇之。往厲必戒，勿用永貞。

【文字考釋】

上博本、阜陽本九四爻辭殘，皆據今本補。

（一）今本「往厲必戒」之「戒」，帛書本作「革」。

玉姍案：「革」、「戒」古音皆爲見紐職部，故可通假。《淮南子‧精神訓》：
「且人有戒形而無損於心。」高誘注：「戒或作革。」

【爻辭釋讀】

〈象〉曰：

「弗過遇之」，位不當也。「往厲必戒」，終不可長也。（頁 134）

《周易集解》引《九家易》曰：

以陽居陰，「行過乎恭」。今雖失位，進則遇五，故无咎也。四體震
動，位既不正，當動上居五，不復過五，故曰「弗過遇之」矣。（頁
525）

王弼《注》：

雖體陽爻，而不居其位，不爲責主，故得无咎也。失位在下，不能過者也。以其不能過，故得合於免咎之宜，故曰「弗過遇之」。夫宴安酖毒，不可懷也，處於小過不寧之時，而以陽居陰，不能有所爲者也。以此自守，免咎可也；以斯攸往，危之道也。（頁 134）

孔穎達《正義》：

居小過之世，小人有過差之行，須大德之人，防使无過。今九四雖體陽爻而不居其位，不防之責，責不在己，故得无咎。所以无其咎者，以其失位在下，不能爲過厚之行，故得遇於无咎之宜，故曰「无咎，弗過遇之」也。既能无爲自守，則无咎，有往則危屬，故曰「往屬」。不交於物，物亦不與，无援之助，故危則必自戒愼而已，无所告救，故曰「必戒」。以斯而處於群小之中，未足委任，不可用之以長行其正也，故曰「勿用永貞」也。（頁 134）

朱熹《易本義》：

當過之時，以剛處柔，過乎恭矣，无咎之道也。弗過遇之，言弗過於剛而適合其宜也，往則過矣，故有屬而當戒。陽性堅剛，故又戒以勿用永貞。言當隨時之宜，不可固守也。或曰，弗過遇之，若以六二爻例，則當如此說；若依九三爻例，則過遇當如過防之義，未詳孰是，當闕以俟知者。（頁 225）

南懷瑾、徐芹庭《周易今註今譯》：

九四以陽處陰，當小過之時是無咎的，只因居外卦之始，內卦之陰不能超過，所以有弗過的象徵，又與初爻相應，所以有「遇之」的象徵。因其位不當，如前往，必有危屬，故必有戒心，不要永遠守著自己以爲的正位。當知變通之道。（頁 374）

玉姍案：九四以陽爻居陰位，不得其位，因此若有小過不須負責，可以無咎。又在上卦之下，所以無所作爲，無過度之行，因此能合宜免咎。此時不宜勇往直前，要隨時順處，否則有危屬。

今本「九四：无咎，弗過遇之。往屬必戒，勿用永貞。」意思是：九四不得其位，因此免負責任而無咎。不能有過度之行，勇往直前會遭致危屬，必須引以爲戒，不可固執地長行其正。

帛書本作「九四：无咎，弗過愚之。往屬必革，勿用永貞。」其義與今本同。

1. 上博《周易》：六五：密雲不雨，自我西郊。公弐取皮才坎。
2. 阜陽《周易》：六五：密雲不雨，自我西郊。公弐取彼在穴。
3. 帛書《周易》：六五：密雲不雨，自我西茭，公射取皮在穴。
4. 今本《周易》：六五：密雲不雨，自我西郊。公弐取彼在穴。

【文字考釋】

上博本、阜陽本六五爻辭殘，皆據今本補。

【爻辭釋讀】

〈象〉曰：

「密雲不雨」，已上也。（頁 134）

王弼《注》：

夫雨者，陰在於上，而陽薄之而不得通，則烝而爲雨。今艮止於下而不交焉，故不雨也。是故小畜尚往而亨，則不雨也；小過陽不上交，亦不雨也。雖陰盛于上，未能行其施也。公者，臣之極也，五極陰盛，故稱公也。弐，射也。在穴者，隱伏之物也。「小過」者，過小而難未大作，猶在隱伏者也。以陰質治小過，能獲小過者也，故曰「公弐取彼在穴」也。除過之道，不在取之，是乃密雲未能雨也。（頁 134）

孔穎達《正義》：

小過者，小者過於大也。六得五位，是小過於大，陰之盛也。陰盛於上，而艮止之，九三陽止於下，是陰陽不交，雖復至盛，密雲至于西郊，而不能爲雨也。施之於人，是柔得過而處尊，未能行其恩施，廣其風化也，故曰「密雲不雨，自我西郊」也。……「雨」者，以喻德之惠化也。除過差之道，在於文德，懷之，使其自服，弐而取之，是尚威武，尚威武即「密雲不雨」之義也。（頁 134）

朱熹《易本義》：

以陰居尊，又當陰過之時，不能有爲，而弐取六二以爲助，故有此象。在六，陰物也，兩陰相得，其不能濟大事可知。（頁 225）

南懷瑾、徐芹庭《周易今註今譯》：

六五以陰居陽位，當小過「宜下不宜上」之時，居尊位，故有密雲畜積，從我西郊而來，而沒下雨的象徵。以射而言，如公以弐射鳥

于穴中，不能得回鳥的箭，須前往穴中取，乃能得。（頁 374～375）

玉姍案：六五以陰居尊位，有陰盛之象，但下卦爲艮止，且小過有「宜下不宜上」之象，因此有如烏雲濃密卻不得雨。六五在尊位，所以稱「公」，以小過之才，治小過之失，能獲小過在隱伏者，有如同公之射獵，能取得在穴隱伏之獸。學者釋義各異，此暫從王弼、孔穎達之說。

今本「六五：密雲不雨，自我西郊。公弋取彼在穴。」意思是：六五陰居尊位，有密雲從西郊來卻不得下雨之象。能獲小過在隱伏者，有如公之弋獵，能取得隱伏在洞穴之獸。

上博本作「六五：密雲不雨，自我西郊。公弋取皮才坎。」帛書本作「六五：密雲不雨，自我西茭，公射取皮在穴。」其義與今本同。

1. 上博《周易》：上六：弗遇化之，飛鳥羅之，凶，是胃亦炗禍。
2. 阜陽《周易》：上六：弗遇過之，飛鳥離之，凶，是謂災眚。
3. 帛書《周易》：尚六：弗愚過之，翡鳥羅之，凶，是謂茲省。
4. 今本《周易》：上六：弗遇過之，飛鳥離之，凶，是謂災眚。

【文字考釋】

阜陽本上六爻辭殘，據今本補。今本「是謂災眚」，上博本作「是胃亦炗禍」，多一「亦」字異文。

（一）今本、帛書本「弗遇過之」之「過」，上博本作「化」。

玉姍案：濮茅左以爲「『化』，簡文多用『過』。」〔註367〕「化」從「化」得聲，上古音曉紐歌部，「過」上古音見紐歌部，音近韻同，故可通假。楚簡中「過」多寫作「🔾（化）」或「🔾（辿）」，如今本《老子》六十四章：「聖人欲不欲，不貴難得之貨；教不教，復眾之所過。」郭店《老子》甲作「聖人谷不谷，不貴難得之貨；孝不孝，復眾之所＝🔾。」郭店《老子》丙作「聖人欲不欲，不貴難得之貨；學不學，復眾之所🔾。」又《天星觀》簡「辿分」讀「過分」。

（二）今本「飛鳥離之」之「離」，上博本、帛書本作「羅」。

玉姍案：今本「飛鳥離之」之「離」，上博本、帛書本作「羅」。《說文》：

〔註367〕馬承源主編：《上海博物館藏戰國楚竹書（三）》（上海：上海古籍出版社，2003年 12 月，頁 212。

「羅,以絲罟鳥也。从网、从維。」(頁 359)「羅」之本義亦為以糸网捕隹(鳥),「離」之本義為「以有柄的罕捕鳥;鳥被捉到」〔註 368〕,兩字義近可通。且「離」、「羅」二字皆為來紐歌部,聲韻皆同可相通。

【爻辭釋讀】

〈象〉曰:

「弗遇過之」,已亢也。(頁 135)

王弼《注》:

小人之過,遂至上極,過而不知限,至於亢也。過至于亢,將何所遇?飛而不已,將何所託?災自己致,復何言哉?(頁 135)

孔穎達《正義》:

上六處小過之極,是小人之過,遂至上極,過而不知限,至于亢者也。過至於亢,无所復遇,故曰「弗遇過之」也。以小人之身,過而弗遇,必遭羅網,其猶飛鳥,飛而无託,必離矰繳,故曰「飛鳥離之,凶」也。過亢離凶,是謂自災而致眚,復何言哉!故曰「是謂災眚」也。(頁 135)

朱熹《易本義》:

六以陰居動體之上,處陰過之極,過之已高而甚遠者也,故其象占如此。或曰「遇過」,恐亦只當作「過遇」,義同九四,未知是否。(頁 226)

南懷瑾、徐芹庭《周易今註今譯》:

上六居小過之極,位最高之位,故有不能遇到,而超過的現象。飛鳥遇此,也將有凶,此即是說有大的災害的意思。(頁 356)

玉姍案:上六已至上極,象徵小過至於亢極將無所遇,好像飛鳥飛而不已,將無所托,而遭羅網,因此為凶象。王弼以下學者多由此立說,此亦從之。朱熹《易本義》指出「『遇過』或當『過遇』」,但上博本作「弗遇垂之」、帛書本作「弗愚過之」,故知傳世本無誤。

今本「上六:弗遇過之,飛鳥離之,凶,是謂災眚。」意思是:上六處小過卦最上,象徵小過已至亢極將無所遇;如鳥飛不已,將無所依托而遭網羅,此為凶象,可說是災禍。

〔註368〕季師旭昇:《說文新證‧上》(台北:藝文印書館,2002 年 10 月,頁 275。

上博本作「上六：弗遇性之，飛鳥羅之，凶，是胃亦炗裙。」意思是：上六處小過卦最上，象徵小過已至亢極將無所遇；如鳥飛不已，將無所托而遭網羅，此為凶象，亦可說是災禍。

帛書本作「尚六：弗愚過之，翡鳥羅之，凶。是謂茲省。」意思與今本同。

第六十三節　既濟卦

一、卦名釋義

《說文》：「既，小食也。」（頁219）「既」字本義為「人食畢，口轉向後不再食之義。」〔註369〕引伸為「已經」之義，例如《尚書・堯典》：「九族既睦，平章百姓。」《說文》：「濟，濟水出常山、房子、贊皇山，東入泜。」（頁545）「濟」本義為水名，假借有「渡水」之義，例如《國語・齊語》：「乘浮濟河」。既濟卦名有「已經渡過險難艱辛而成功」之義。

〈序〉曰：「有過物者必濟，故受之以既濟。」韓康伯云：「行過乎恭，禮過乎儉，可以矯世厲俗，有所濟也。」（頁188）小過卦是指行為雖稍過度於禮，但也可矯世厲俗，有所濟助，故既濟在小過之後。

既濟今本卦畫作「☲」，上坎水，下離火。〈象〉曰：「水在火上，既濟。君子以思患而豫防之。」（頁136）水寒而就下，火燥而上升，水火相交，卦象為吉；雖在既濟之時，君子仍不忘思其後患而預防。孔穎達以為「水在火上，炊爨之象，飲食以之而成，性命以之而濟，故曰『水在火上，既濟』也。」（頁136）亦可通。

二、卦爻辭考釋

（一）卦辭考釋

1. 上博《周易》：既濟：亨小，利貞，初吉終亂。

2. 阜陽《周易》：【缺簡】

3. 帛書《周易》：既濟：亨小，利貞，初吉冬乳。

〔註369〕季師旭昇：《說文新證・上》（台北：藝文印書館，2002年10月，頁430。

4. 今本《周易》：既濟：亨小，利貞，初吉終亂。

【文字考釋】

上博本卦辭殘，皆據今本補。

【爻辭釋讀】

〈彖〉曰：

「既濟，亨小」者，亨也。「利貞」，剛柔正而位當也。「初吉」，柔
得中也。「終」止則「亂」，其道窮也。（頁136）

〈象〉：

水在火上，既濟。君子以思患而豫防之。（頁136）

孔穎達《正義》：

濟者，濟渡之名，既者，皆盡之稱，萬事皆濟，故以「既濟」為名。
既萬事皆濟，若小者不通，則有所未濟，故曰「既濟，亨小」也。
小者尚亨，何況于大？則大小剛柔，各當其位，皆得其所。當此之
時，非正不利，故曰「利貞」也。但人皆不能居安思危，慎終如始，
故戒以今日。既濟之初，雖皆獲吉，若不進德脩業至於終極，則危
亂及之，故曰「初吉終亂」也。（頁136）

朱熹《易本義》：

既濟，事之既成也，為卦水火相交，各得其用。六爻之位，各得其
正，故為既濟。亨小，當為小亨。大抵此卦及六爻占辭，皆有警戒
之意，時當然也。（頁226）

南懷瑾、徐芹庭《周易今註今譯》：

既濟，是在事既已做成之後，故亨通小，因為天下事沒有不變的，
所以宜守著正道，在事既已做成之後，最初是吉利的，最後安於事
之已成，而不戒惕，則終於會成紛亂的狀態。（頁376）

玉姍案：「既濟」有渡過艱險、萬事皆濟之義。「亨小，利貞」，〈彖〉以
為既濟卦「連小者皆亨」，舉小者以明既濟，故大者必亦如此。筆者以為既濟
六爻剛柔各當其位，皆得其所，不論小大事都能亨通，故〈彖〉可從。但此
時利於守著正道，雖初始獲吉，但若不能秉持道德至最終，則會有危亂。

今本「既濟：亨小，利貞，初吉終亂。」意思是說：既濟卦有萬事已濟，
小者亨通，大者亦必亨通的象徵，此時利於守著正道。既濟之初雖獲吉，但

是如不進德修業至於終極，最後還是會有危亂的現象。

帛書本「既濟：亨小，利貞，初吉冬乳。」其義與今本同。

（二）爻辭考釋

1. 上博《周易》：初九：曳其輪，濡其尾，无咎。

2. 阜陽《周易》：【缺簡】

3. 帛書《周易》：初六〈九〉：抴其綸，濡其尾，无咎。

4. 今本《周易》：初九：曳其輪，濡其尾，无咎。

【文字考釋】

上博本初九爻辭殘，據今本補。帛書本誤將「初九」作「初六」，據今本更正。

（一）今本「曳其輪」，帛書本作「抴其綸」。

玉姍案：今本「曳其輪」，帛書本作「抴其綸」。「曳」、「抴」上古音皆喻紐月部，可通。《說文》段注以爲「『曳』與『抴』音義皆同」（頁616），亦可從。「綸」、「輪」同以「侖」爲聲符，亦可通

【爻辭釋讀】

〈象〉曰：

「曳其輪」，義无咎也。（頁136）

王弼《注》：

最處既濟之初，始濟者也。始濟未涉於燥，故輪曳而尾濡也。雖未造易，心无顧戀，志棄難者也。其爲義也，无所咎也。（頁136）

孔穎達《正義》：

初九處既濟之初，體剛居下，是始欲濟渡也。始濟未涉於燥，故輪曳而尾濡，故云「曳其輪，濡其尾」也。但志在棄難，雖復曳輪濡尾，其義不有咎，故云「无咎」。（頁136）

朱熹《易本義》：

輪在下，尾在後，初之象也。曳輪則車不前，濡尾則狐不濟。既濟之初，謹戒如是，无咎之道，占者如是，則无咎矣。（頁226）

南懷瑾、徐芹庭《周易今註今譯》：

初九居于卦下，在既濟之初始，故有拖著它的車輪以過的現象，如

動物過河時，沾濕了它的尾巴。這是無咎的。（頁377）

　　玉姍案：初九處既濟之始，剛而居下，有如濟渡之時略有不順，須拖曳車輪才能前進，而衣服末端（尾）也濡溼了。但志在棄難，雖復曳輪濡尾，仍能无咎。

　　今本作「初九：曳其輪，濡其尾，无咎。」意思是說：初九雖欲濟渡，但剛而居下，濟渡之時略有不順，有拖著車輪，濡濕衣尾的象徵，過程雖辛苦但沒有災咎。

　　帛書本「初六〈九〉：抴其綸，濡其尾，无咎。」其義與今本同。

1. 上博《周易》：六二：婦喪其茀，勿逐，七日得。

2. 阜陽《周易》：【缺簡】

3. 帛書《周易》：六二：婦亡其發，勿遂，七日得。

4. 今本《周易》：六二：婦喪其茀，勿逐，七日得。

【文字考釋】

　　上博本六二爻辭殘，皆據今本補。

（一）今本「婦喪其茀」之「茀」，帛書本作「發」。

　　玉姍案：今本「婦喪其茀」之「茀」，帛書本作「發」。「茀」上古音滂紐物部，「發」上古音幫紐月部，聲紐皆為唇音，韻部旁轉，故可通假。

【爻辭釋讀】

　　〈象〉曰：

　　　「七日得」，以中道也。（頁136）

王弼《注》：

　　居中履正，處文明之盛，而應乎五，陰之光盛者也。然居初、三之間，而近不相得，上不承三，下不比初。夫以光盛之陰，處於二陽之間，近而不相得，能无見侵乎？故曰「喪其茀」也。稱「婦」者，以明自有夫，而它人侵之也。茀，首飾也。夫以中道執乎貞正，而見侵者，眾之所助也。處既濟之時，不容邪道者也。時既明峻，眾又助之，竊之者逃竄而莫之歸矣。量斯勢也，不過七日，不須己逐，而自得也。（頁136）

孔穎達《正義》：

茀者，婦人之首飾也。六二居中履正，處文明之盛，而應乎五，陰
之光盛者也，然居初、三之間，而近不相得。夫以光盛之陰，處於
二陽之間，近而不相得，能无見侵乎？故曰「婦喪其茀」。稱「婦」
者，以明自有夫，而他人侵之也。夫以中道執乎貞正，而見侵者，
物之所助也。處既濟之時，不容邪道者也。時既明峻，眾又助之，
竊之者逃竄而莫之歸矣。量斯勢也，不過七日，不須己逐而自得，
故曰「勿逐，七日得」。（頁 136）

朱熹《易本義》：

二以文明中正之德，上應九五剛陽中正之君，宜得行其志，而九五
居既濟之時，不能下賢以行其道，故二有婦喪其茀之象。茀，婦車
之蔽，言失其所以行也。然中正之道，不可終廢，時過則行矣。故
又有勿逐而自得之戒。（頁 227）

南懷瑾、徐芹庭《周易今註今譯》：

六二：婦人喪失她頭上裝飾，不必去追逐，七日後即能再度得回。（頁
378）

玉姍案：「茀」字，王、孔作「首飾」，《釋文》：「茀，首飾也。」〈子夏
傳〉作「髢」，虞翻同，虞翻以為「髢髮謂鬀髮也」〔註370〕，高亨作「假髮」
〔註371〕，筆者以為若會遺失，髢髮當指假髮而言。朱熹「茀」作「婦車之蔽」。
賴師貴三提出「茀」通「芾」，古代衣服上的蔽膝。《詩‧小雅‧采菽》：「赤
芾在股，邪幅在下。」鄭《箋》：「芾，大古蔽膝之象也。」〔註372〕筆者以為，
不論學者以為「茀」是首飾、髮飾、假髮髮髻或蔽膝，其皆為婦女貼身飾物，
於文義皆可從，此暫從王弼之說釋為「首飾」。

六二處中履正，又上應九五；但處於初九、九三二陽之間，近而不相得，
有被侵之象，如婦人遺失首飾。不過六二處中道而能自守貞正，故能得他人
之助，不過七日，不須自己去找尋，失物便能自動得回。

今本「六二：婦喪其茀，勿逐，七日得。」意思是：六二為初、三之陽
爻所侵，有婦人喪失首飾之象。但因居中履正而得人幫助，不須追逐，七日

〔註370〕（清）李道平撰，潘雨廷點校《周易集解纂疏》，（北京：中華書局，2004 年
　　　　4 月，頁 528。
〔註371〕高亨：《周易古經今注》（台北：文笙書局，1981 年 3 月，頁 218。
〔註372〕賴師貴三於 2009 年 12 月 17 日博士論文發表會中提出。

後失物就能自動得回。

　　帛書本作「六二：婦亡其發，勿逐，七日得。」其義與今本同。

　　1. 上博《周易》：九三：高宗伐鬼方，三年克之，小人勿用。

　　2. 阜陽《周易》：【缺簡】

　　3. 帛書《周易》：九三：高宗伐鬼方，三年克之，小人勿用。

　　4. 今本《周易》：九三：高宗伐鬼方，三年克之，小人勿用。

【文字考釋】

　　上博本九三爻辭殘，皆據今本補。

【爻辭釋讀】

　　〈象〉曰：

　　　　「三年克之」，憊也。（頁 136）

孔穎達《正義》：

　　　　高宗者，殷王武丁之號也，九三處既濟之時，居文明之終，履得其
　　　　位，是居衰末，而能濟者也。高宗伐鬼方，以中興殷道，事同此爻，
　　　　故取譬焉。高宗德實文明，而勢甚衰憊，不能即勝，三年乃克，故
　　　　曰「高宗伐鬼方，三年克之」也。勢既衰弱，君子處之，能建功立
　　　　德，故興而復之，小人居之，日就危亂，必喪邦也，故曰「小人勿
　　　　用」。（頁 136）

朱熹《易本義》：

　　　　既濟之時，以剛居剛。高宗伐鬼方之象也。三年克之，言其久而後
　　　　克，戒占者不可輕動之意。小人勿用，占法與師上六同。（頁 228）

南懷瑾、徐芹庭《周易今註今譯》：

　　　　九三，在內卦之上，在既濟之時，正如商朝時高宗討伐匈奴人，三
　　　　年才克服是一樣的，雖成也勞累不堪。在既濟之時，小人是不可用
　　　　的。（頁 378）

　　玉姍案：《周易集解》引虞翻曰：「高宗，殷王武丁。鬼方，國名。」又
引干寶曰：「高宗殷中興之君。鬼方，北方國也。」（頁 530）卜辭有伐鬼方之
文，皆在武丁之世，今本《竹書紀年》：「武丁三十二年伐鬼方，次于荊，三
十四年，王師克鬼方，氐羌來賓。」亦有武丁伐鬼方之說，故孔穎達、虞翻

等云此爻「高宗」指「殷王武丁」，應爲可信。南、徐「鬼方」作「匈奴人」，
非也。

《周易》卦爻辭中有「勿用」一詞者共十一處，（請詳參本論文第二章第
一節乾卦初九「潛龍勿用」爻辭考釋），經綜合比較整理後可知《周易》卦爻
辭中有「勿用」皆爲主動式而無例外，故「小人勿用」亦應爲主動式，言小
人在此位則不宜有所施行，若有所施行必至於喪亂。

九三以剛居陽，履得其位，但位於內卦離之末，象徵文明之終。如果是
高宗這般英主居此位而征伐鬼方，即使不能即勝，至三年乃能克之；但若小
人居之，則不宜有所施行，以免危亂乃至於喪邦。王弼以下多由此立說，此
亦從之。

今本「九三：高宗伐鬼方，三年克之，小人勿用。」意思是：九三履得
其位，但居內卦之衰末，縱使是英明的高宗伐鬼方，也須三年才能征克；若
小人居此位，則不宜有所施行，以免危亂喪邦。

帛書本 九三 ：高宗伐鬼方，三年克之，小人勿用。」其義與今本同。

1. 上博《周易》：六四：需又衣𦁡，冬日戒。

2. 阜陽《周易》：【缺簡】

3. 帛書《周易》：六四：襦有衣茹，冬日戒。

4. 今本《周易》：六四：繻有衣袽，終日戒。

【文字考釋】

（一）今本「繻有衣袽」之「袽」，上博本作「𦁡」，帛書本作「茹」。

　　玉姍案：今本「繻有衣袽」之「袽」，上博本作「𦁡」，帛書本作「茹」。
〈子夏〉亦作「茹」與帛書本同。「𦁡」從奴得聲，上古音泥紐魚部，「茹」、「袽」
從「如」得聲，上古音日紐魚部。日紐古歸泥，故「袽」、「茹」、「𦁡」可通。

【爻辭釋讀】

　　〈象〉曰：

　　　「終日戒」，有所疑也。（頁 136）

王弼《注》：

　　繻，宜曰濡，衣袽，所以塞舟漏也。履得其正，而近不與三、五相
　　得。夫有隙之棄舟，而得濟者，有衣袽也。鄰於不親，而得全者，

終日戒也。（頁 136）

孔穎達《正義》：

六四處既濟之時，履得其位，而近不與三五相得，如在舟而漏矣。而舟漏則濡濕，所以得濟者，有衣袽也。鄰於不親，而得全者，終日戒也，故曰「繻有衣袽，終日戒」也。（頁 136）

朱熹《易本義》：

既濟之時，以柔居柔，能預備而戒懼者也。故其象如此。程子曰，繻，當作濡。衣袽，所以塞舟之罅漏。（頁 228）

南懷瑾、徐芹庭《周易今註今譯》：

六四居多懼之位。在既濟之時，有「雖有細密綿帛的衣服，但並不穿它，而穿著破敗的衣服」之象徵，這是說整日多在戒懼警惕之中的意思。（頁 379）

玉姍案：今本「袽」字，上博本作「絮」，帛書本作「茹」。「袽」，今從王、孔舊說以為「敝衣」。六四以柔居陰，其位得正，但不與九三、九五相得，象徵與鄰不親，要得全則須終日戒慎；有如舟有隙而漏，須以敝衣袽塞之才能得濟。

今本「六四：繻有衣袽，終日戒。」意思是：六四履正卻不與三、五相得，有舟漏滲水，須以敗衣塞漏之象，須終日戒慎方能得濟。

上博本「六四：需又衣絮，多日戒。」帛書本「六四：繻有衣茹，多日戒。」其義與今本同。

1. 上博《周易》：九五：東爸殺牛，不女西爸之酌祭，是受福吉。

2. 阜陽《周易》：【缺簡】

3. 帛書《周易》：九五：東鄰殺牛以祭，不若西鄰之濯祭，實受其福吉。

4. 今本《周易》：九五：東鄰殺牛，不如西鄰之禴祭，實受其福。

【文字考釋】

上博本、帛書本與今本相比對皆有異文。

（一）今本「禴祭」之「禴」，上博本作「酌」、帛書本作「濯」。

濮茅左以為：

「酌」，《說文・酉部》：「酌，盛酒行觴也。」《廣韻》：「酌，酌酒，

又益也，挹也，行也，取也，雷也。」〈象〉曰：「『東鄰殺牛』，不如西鄰之時也；『實受其福』，吉大來也。」〔註373〕

玉姍案：今本「禴祭」之「禴」，上博本作「酌」、帛書本作「濯」。「酌」上古音照三藥部，今本「禴」上古音喻四藥部，帛書本作「濯」上古音定紐藥部。三字上古皆爲舌頭音，音近韻同，可通假。如《說文》作「礿」（喻四藥部），段玉裁作「禴」（頁5）。

（二）上博本作「九五：東箸殺牛，不女西箸之酌祭，是受福吉。」帛書本作「九五：東鄰殺牛以祭，不若西鄰之濯祭，實受其福吉。」與今本「九五：東鄰殺牛，不如西鄰之禴祭，實受其福。」相較，皆有異文。

玉姍案：上博本、帛書本兩較早版本皆作「福吉」，今本僅有「福」字，有可能在傳抄過程中亡失「吉」字。

帛書本、今本「實受其福」之「實」，上博本作「是」。「實」古音澄紐質部，「是」古音禪紐支部，聲紐古皆舌音，韻部爲旁對轉，故二字可通。「實」爲確實之義，「實受其福」意謂確實承受上天降福。「是」可假借爲「實」，亦可直接釋爲「此」，代指薄祭卻能心誠一事。

【爻辭釋讀】

〈象〉曰：

東鄰殺牛，不如西鄰之時也。「實受其福」，吉大來也。（頁136）

王弼《注》：

牛，祭之盛者也。禴，祭之薄者也。居既濟之時，而處尊位，物皆盛矣，將何爲焉？其所務者，祭祀而已。祭祀之盛，莫盛脩德，故沼沚之毛，蘋蘩之菜，可羞於鬼神，故「黍稷非馨，明德惟馨」，是以「東鄰殺牛，不如西鄰之禴祭，實受其福」也。（頁136）

孔穎達《正義》：

九五居既濟之時，而處尊位，物既濟矣，將何爲焉？其所務者，祭祀而已。祭祀之盛，莫盛脩德。九五履正居中，動不爲妄，脩德者也。苟能脩德，雖薄可饗。假有東鄰不能脩德，雖復殺牛至盛，不爲鬼神歆饗；不如我西鄰禴祭雖薄，能脩其德，故神明降福，故曰

〔註373〕馬承源主編：《上海博物館藏戰國楚竹書（三）》（上海：上海古籍出版社，2003年12月，頁213。

「東鄰殺牛，不如西鄰之禴祭，實受其福」也。（頁136）

朱熹《易本義》：

　　東陽西陰，言九五居尊而時已過，不如六二之在下而始得時也。又
　　當文王與紂之事，故其象占如此。象辭初吉終亂，亦此意也。（頁
　　228）

南懷瑾、徐芹庭《周易今註今譯》：

　　九五居尊得位，在既濟之時，有東鄰的商紂殺牛享盡奢侈之態，還
　　不如西鄰的文王，用薄薄的夏祭，以誠祭享鬼神而實得蒙受幸福。（頁
　　380）

　　玉姍案：「禴祭」此指相對於以牛盛祭的薄祭而言。上博本作「酌祭」，
應指以酒水祭祀，亦為薄祭也。九五處於尊位，象徵物皆隆盛，此時只務求
祭祀而已。但祭祀貴在修德而非祭品厚薄，如果東鄰以牛盛祭卻不能修德，
那還不如西鄰禴祭雖薄，但能修其德，而能使神明降福，受其福祿。今本、
帛書本「實受其福」之「實」，上博本作「是」。「實」為確實之義，「實受其
福」意謂確實承受上天降福。「是」可假借為「實」；亦可直接釋為「此」，代
指薄祭卻能心誠。

　　今本作「九五：東鄰殺牛，不如西鄰之禴祭，實受其福。」意思是：九
五處於尊位，此時所務者僅祭祀而已。如果東鄰殺牛盛祭卻不能修德，還不
如西鄰禴祭雖薄卻能修其德，而能確實受到神明降福。

　　上博本作「九五：東箸殺牛，不女西箸之酌祭，是受福吉。」意思是：
九五處於尊位，此時所務者僅祭祀而已。如果東鄰殺牛盛祭卻不能修德，還
不如西鄰酒祭雖薄但能修德誠心，如此則能受到神明降下福祿吉利。

　　帛書本作「九五：東鄰殺牛以祭，不若西鄰之濯祭，實受其福吉。」意
思是：九五處於尊位，此時所務者僅祭祀而已。如果東鄰殺牛盛祭卻不能修
德，還不如西鄰禴祭雖薄但能修其德，而能確實受到神明降下福祿吉利。

　　1. 上博《周易》：上六：需丌首，礪。

　　2. 阜陽《周易》：【缺簡】

　　3. 帛書《周易》：尚六：濡其首，厲。

　　4. 今本《周易》：上六：濡其首，厲。

【爻辭釋讀】

〈象〉曰：

「濡其首，厲」，何可久也？（頁 136）

王弼《注》：

處既濟之極，既濟道窮，則之於未濟，之於未濟，則首先犯焉。過而不已，則遇於難，故濡其首也。將沒不久，危莫先焉。（頁 136）

孔穎達《正義》：

處既濟之極，則反於未濟。若反於未濟，則首先犯焉。若進而不已，必遇於難，故濡其首也。既被濡首，將沒不久，危莫先焉，故曰「濡其首，厲」也。（頁 136）

朱熹《易本義》：

既濟之極，險體之上，而以陰柔處之，爲狐涉水而濡其首之象，占者不戒之道也。（頁 228）

南懷瑾、徐芹庭《周易今註今譯》：

上六居既濟之終極，將反成不濟，故有渡河而沾濕他的頭的象徵。這是危厲的。（頁 380）

玉姍案：上六於既濟之極，則反入於未濟之時，頭部（上六爻）先遭難。有如渡河時，濡濕了頭即將沒頂，這是危厲的。各家說法皆同，獨朱熹以爲「爲狐涉水之象」，此應是結合未濟卦辭：「未濟：亨。小狐汔濟，濡其尾，无攸利。」而言，但因上六爻辭未出現「狐」字，故不探之。

今本「上六：濡其首，厲。」意思是：上六處既濟卦之窮極，將反入於未濟卦，象徵渡河時濡濕了頭，即將沒頂，這是危厲的。

上博本作「上六：需亓首，礪。」帛書本作「尚六：濡其首，厲。」意思與今本同。

第六十四節　未濟卦

一、卦名釋義

《說文》：「未，味也。六月滋味也。五行木老於未，象木重枝葉也。」（頁 753）「未」，甲骨文作米（《鐵》197.1）、米（《甲》2596），金文作米（利簋），楚系文字作米（《包》2.181），季師旭昇以爲「甲骨文未字從木，或象其枝條

茂盛、或重其枝條，以示枝葉茂盛成熟有滋味。《甲》2596 看似與『木』同形，其實上部作曲筆，仍象枝條茂盛，與『木』字之多作直筆者不同。」〔註374〕據此，「未」本義爲「樹木枝葉茂盛成熟有滋味。」今「未」多作否定詞爲其假借義。《說文》：「濟，濟水出常山、房子、贊皇山，東入泜。」（頁 545）「濟」爲水名，假借爲「渡水」之義。故「未濟」是指未能濟渡的意思。

〈序〉曰：「物不可窮也，故受之以未濟終焉。」（頁 188）《周易》生生不息，既濟卦之後又有未濟卦，代表著往來不窮的意思。「未濟」二字是還未濟渡成功，既濟是已經取得成功，但事物不能終止，必會繼續有變化發展，故隨之以未濟，代表永遠演進變化，無窮無盡。

未濟卦今本卦畫作「☲☵」，上離火，下坎水。〈象〉曰：「火在水上，未濟。君子以愼辨物居方。」（頁 137）火本炎上，水性就下，二者不相交濟，故有未濟之象。君子見未濟之時，剛柔失正，故以德謹愼辨物，使各能居其方而安其所。

二、卦爻辭考釋

（一）卦辭考釋

1. 上博《周易》：未濟：亨。小狐汔濟，濡其尾，无攸利。
2. 阜陽《周易》：未濟：亨。小狐汔濟，濡其尾，无攸利。
3. 帛書《周易》：未濟：亨。小狐气涉，濡其尾，无攸利。
4. 今本《周易》：未濟：亨。小狐汔濟，濡其尾，无攸利。

【文字考釋】

上博本、阜陽本卦辭殘，皆據今本補。

（一）今本「小狐汔濟」，帛書本作「小狐气涉」。

玉姍案：「小狐汔濟」，帛書本作「小狐气涉」。「气」上古音溪紐物部、「汔」上古音曉紐物部，皆屬牙音而韻部相同，故可通假。「涉」與「濟」皆有渡水之義。《呂氏春秋・忠廉》：「楚人有涉江者。」高注：「涉，渡也。」《周易集解》引虞翻云：「濟，濟渡。」二字義同可通。

【卦辭釋讀】

〔註374〕季師旭昇：《說文新證・下》（台北：藝文印書館，2004 年 11 月，頁 291。

〈象〉曰：

「未濟，亨」，柔得中也。「小狐汔濟」，未出中也。「濡其尾，无攸利」，不續終也。雖不當位，剛柔應也。（頁 137）

〈象〉曰：

火在水上，未濟。君子以慎辨物居方。（頁 137）

孔穎達《正義》：

「未濟」者，未能濟渡之名也。未濟之時，小才居位，不能建功立德，拔難濟險。若能執柔用中，委任賢哲，則未濟有可濟之理，所以得通，故曰「未濟，亨」。汔者，將盡之名。小才不能濟難，事同小狐雖能渡水，而无餘力，必須水汔，方可涉川。未及登岸，而濡其尾，濟不免濡，豈有所利？故曰「小狐汔濟，濡其尾，无攸利」也。（頁 137）

朱熹《易本義》：

未濟，事未成之時也。水火不交，不相為用。卦之六爻，皆失其位，故為未濟。汔，幾也。幾濟而濡尾，猶未濟也。占者如此，何所利哉。（頁 229）

南懷瑾、徐芹庭《周易今註今譯》：

未濟，在事之未完，終會完成，終於必濟，故亨通，有小狐幾乎渡過了河，但沾濕了它的尾，得不償失，故無所利的。（頁 381）

季師以為：

孔疏釋「汔」為「水盡」，釋「小狐汔濟」為小狐待水盡始涉川。河水既盡，則必不會濡濕尾巴，似有矛盾。……張玉金《甲骨文虛詞字典》指出甲骨文有「气（乞）」字可做虛詞用，可分四類：一猶汔也；二猶將也；三猶其也；四猶若也。〈民勞〉、〈未濟〉「汔」字以白話語譯可做「將要」。據此，「小狐汔濟」可語譯為「小狐狸將要渡河」。今本卦辭的意思是說「未濟卦雖以小才居位，未能建功立德，但如果能執柔用中，任用賢哲，也有可濟之理，而得亨通。小才不能濟難，如同小狐沒有能力涉川，如果強行渡河，未及登岸就濡濕尾巴，這是沒有好處的」。〔註375〕

────────────────

〔註375〕季師旭昇主編：《上海博物館藏戰國楚竹書（三）讀本》（台北：萬卷樓，2005年 10 月，頁 170。

玉姍案：「汔」，孔穎達釋「水盡」，朱熹、南懷瑾以爲「汔」作「幾」，有「幾濟而濡尾」之象。季師以爲「汔」字可做虛詞，白話語譯爲「將要」。未濟象徵小才未能拔難濟險，不能建功立德，如以小狐欲渡水而無餘力。季師之說可從。

今本「未濟：亨。小狐汔濟，濡其尾，无攸利。」意思是：卦雖爲未濟，但若能執柔用中，仍可得亨通。僅有小才而不能濟難，如同小狐欲強行涉川，未及登岸就已濡濕尾巴，這是沒有益處的。

帛書本作「未濟：亨。小狐气涉，濡其尾，无攸利。」意思與今本同。

（二）爻辭考釋

1. 上博《周易》：初六：濡其尾，閩。
2. 阜陽《周易》：初六：濡其尾，吝。
3. 帛書《周易》：初六：濡其尾，閩。
4. 今本《周易》：初六：濡其尾，吝。

【文字考釋】

上博本、阜陽本初六爻辭殘，皆據今本補。

【爻辭釋讀】

〈象〉曰：

「濡其尾」，亦不知極也。（頁137）

王弼《注》：

處未濟之初，最居險下，不可以濟者也。而欲之其應，進則溺身。未濟之始，始於既濟之上六也。濡其首猶不反，至於濡其尾，不知紀極者也。然以陰處下，非爲進亢，遂其志者也。困則能反，故不曰凶。事在已量，而必困乃反，頑亦甚矣，故曰「吝」也。（頁137）

孔穎達《正義》：

初六處未濟之初，最居險下，而欲上之其應，進則溺身，如小狐之渡川，濡其尾也。未濟之始，始於既濟之上六也。既濟上六，但云「濡其首」，言始入於難，未沒其身，此言「濡其尾」者，進不知極，已沒其身也。然以陰處下，非爲進亢，遂其志者也。困則能反，故不曰凶。不能豫昭事之幾萌，困而後反，頑亦甚矣，故曰「吝」也。

「不知紀極」者,《春秋傳》曰「聚斂積實,不知紀極,謂之饕餮」,
言无休已也。(頁 137)

朱熹《易本義》:

以陰居下,當未濟之初,未能自進,故其象占如此。(頁 230)

南懷瑾、徐芹庭《周易今註今譯》:

初六以陰陽居陽位,當未濟之時,所以有渡河而沾濕了它的尾巴的
現象,這是羞吝的事情。(頁 382)

玉姍案:陳惠玲分析可從。初六居坎險下,不可以濟,進則溺身。未濟
之始,始於既濟之上六「濡其首」,仍不反而至「濡其尾」,這是不知極限而
沉沒其身。以陰處下,困而能返,所以不「凶」;但是遇困才知返,也相當頑
固,所以是「吝」。

今本作「初六:濡其尾,吝。」意思是:初六處未濟之始,有小狐濡濕
其尾的象徵,這是悔吝的。

帛書本作「初六:濡其尾,闟。」意思與今本同。

1. 上博《周易》:九二:屑丌輪,貞吉,籾涉大川。

2. 阜陽《周易》:九二:曳其輪,貞吉。

3. 帛書《周易》:九二:抴其綸,貞。

4. 今本《周易》:九二:曳其輪,貞吉。

【文字考釋】

阜陽本九二爻辭殘,據今本補。

(一)上博本比今本多「籾涉大川」四字。帛書本比今本少一「吉」字。

玉姍案:未濟卦九二爻辭三版本略有出入,上博本比今本多「籾涉大川」
四字。帛書本比今本少一「吉」字,但文義仍可通。

(二)今本「曳其輪」之「曳」,上博本作「𥳒」(屑),帛書本作「抴」。

玉姍案:上博本作「𥳒」,何琳儀以為此字為「逸」之古文,今本「曳」,
喻紐月部;「逸」,喻紐質部;月、質韻部頗近。〔註376〕陳惠玲以為:

三體石經「逸」之古文作「𩏼」,何琳儀、程燕以為楚簡本「𥳒」

〔註376〕何琳儀、程燕:〈滬簡《周易》選釋〉,簡帛研究網站 2004 年 5 月 16 日。

字左邊「卩」殘，此說是有可能的，竹簡上部往右彎曲，從「九」、「二」二字觀察得知，應能再容下「卩」的部件。石經「逸」字的「⊘」形，楚簡本作「屮」形，二部件有相通之例，如《包山》簡2.273，「鞀」字作「⿰」、《上博一‧孔子詩論》簡27，從三肙的字作「⿰」，故楚簡本此字從「肙」的部份是與「逸」字相同。但上部「厂」形仍應存疑待考。鄒濬智學長以爲此字可隸作「㢠」，從「肙」得聲，上古音爲影紐元部〔註377〕。今本作「曳」（喻紐月部），帛書本作「拽」（喻紐月部），與「㢠」字同爲喉音，元、月二韻對轉，三字可相通假。鄒濬智學長之說可從。〔註378〕

陳惠玲分析合理，同門鄒濬智以爲「⿰」可隸作「㢠」，從「肙」得聲，上古音爲影紐元部，「曳」、「拽」上古音皆喻紐月部，元、月二韻對轉，可通假。喻紐與影紐同爲喉音，可通，如銀雀山《孫子兵法‧形》：「勝兵如以溢稱朱（銖），敗兵如以朱稱溢（喻紐錫部）。」十一家本作「故勝兵如以鎰稱銖，敗兵如以銖稱鎰（影紐錫部）。」

【爻辭釋讀】

〈象〉曰：

九二貞吉，中以行正也。（頁137）

《周易集解》引干寶云：

坎爲「輪」，離爲牛，牛曳輪，上以承五命，猶東蕃之諸侯，共攻三監，以康周道，故曰「貞吉」也。（頁357）

王弼《注》：

體剛履中，而應於五，五體陰柔，應與而不自任者也。居未濟之時，處險難之中，體剛中之質，而見任與，拯救危難，經綸屯塞者也。用健拯難，靖難在正，而不違中，故「曳其輪，貞吉」也。（頁137）

孔穎達《正義》：

「曳其輪，貞吉」者，九二居未濟之時，處險難之內，體剛中之質，以應於五。五體陰柔，委任於二，令其濟難者也。經綸屯塞，任重

〔註377〕鄒濬智學長〈讀簡帛文獻偶得（四題）〉，《第一屆淡江大學中文所研究生論文發表會》，2005年5月26日。

〔註378〕陳惠玲《《上海博物館藏戰國楚竹書（三）‧周易》研究》，（台師大國文教學所碩論，2005年8月頁789。

憂深，故曰「曳其輪」。「曳其輪」者，言其勞也。靖難在正，然後得吉，故曰「曳其輪，貞吉」也。（頁137）

朱熹《易本義》：

以九二應六五而居柔得中，爲能自止而不進，得爲下之正也。故其象占如此。（頁230）

南懷瑾、徐芹庭《周易今註今譯》：

九二當未濟之時，以陽剛居中，終能必濟，所以有拖著它的車輪以濟的象徵，這在未濟的時候，更應守正以獲吉。（頁383）

玉姍案：九二履中應五，體剛中之質，象在險難而不違中道，有拉車前進以渡河的象徵，在未濟之時更應貞正自守才能得吉。王弼以下學者多由此立說，此亦從之。

今本「九二：曳其輪，貞吉。」意思是：九二體剛履中，有拖著車輪以濟難的象徵。在未濟之時，更應貞正自守才能得吉。

上博本作「九二：潃丌輪，貞吉，秒涉大川。」意思是：九二體剛履中，有拖著車輪以濟難的象徵，在未濟之時，更應貞正自守才能得吉，利於涉水過大川。

帛書本作「九二：拙其綸，貞。」意思是：九二體剛履中，有拖著車輪以濟難的象徵，在未濟之時更應貞正自守。

1. 上博《周易》：六晶：未淒，征凶，秒涉大川。

2. 阜陽《周易》：六三：未濟，征凶，利涉大川。

3. 帛書《周易》：六三：未濟，正凶，利涉大川。

4. 今本《周易》：六三：未濟，征凶，利涉大川。

【文字考釋】

阜陽本六三爻辭殘，據今本補。

（一）帛書本、今本「未濟」之「濟」，上博本作「淒」。

玉姍案：「淒」上古音清紐脂部，「濟」上古音精紐脂部，二字音近韻同，可通。

【爻辭釋讀】

〈象〉曰：

「未濟，征凶」，位不當也。（頁137）

王弼《注》：

二能拯難，而己比之，棄己委二，載二而行，溺可得乎？何憂未濟，
故曰「利涉大川」。（頁137）

孔穎達《正義》：

六三以陰柔之質，失位居險，不能自濟者也。身既不能自濟，而欲
自進求濟，必喪其身。故曰「未濟，征凶」也。二能拯難，而己比
之，若能棄己委二，則沒溺可免，故曰「利涉大川」。（頁137）

朱熹《易本義》：

陰柔不中正，居未濟之時，以征則凶。然以柔乘剛，將出乎坎，有
利涉之象。故其占如此。蓋行者可以水浮，而不可以陸走也。或疑
利字上，當有不字。（頁230）

南懷瑾、徐芹庭《周易今註今譯》：

六三以陰居陽位，當未濟之時，是未能濟渡，而前行有凶的。不過
在患難之中，能勇于冒險以求出險，這是唯一進取之路，故有利于
濟渡大的河川的象徵。（頁383）

　　玉姍案：朱熹疑「利涉大川」上當有「不」字，但上博本、帛書本皆無
「不」字，可證今本「利涉大川」無誤。「利涉大川」，孔穎達以爲「二能拯
難，若能棄己委二，則沒溺可免，故曰利涉大川」。朱熹以爲「蓋行者可以水
浮，而不可以陸走也」。筆者以爲六三以柔居陽，象徵失位居險，此時不能自
濟。故孔穎達「能棄己委二，則沒溺可免」之說較朱熹之說更佳，故從孔穎
達之說。

　　今本作「六三：未濟，征凶，利涉大川。」意思是：六三失位居險，不
能自濟，若自往求濟則凶；但如果能委身親比於九二，則免於溺而利於涉水
過大川。

　　上博本作「六晶：未淒，征凶，秒涉大川。」帛書本作「六三：未濟，
正凶，利涉大川。」意思與今本同。

1. 上博《周易》：九四：貞吉，悔亡，震用伐鬼方，三年有賞于大國。

2. 阜陽《周易》：九四：貞吉，悔亡，震用伐鬼方，三年有賞于大國。

3. 帛書《周易》：九四：貞吉，悔亡，震用伐鬼方，三年有商于大國。

4. 今本《周易》：九四：貞吉，悔亡，震用伐鬼方，三年有賞于大國。

【文字考釋】

上博本、阜陽本、帛書本九四爻辭殘，皆據今本補。

【爻辭釋讀】

〈象〉：

「貞吉，悔亡」，志行也。（頁 137）

王弼《注》：

「伐鬼方」者，興衰之征也。故每至興衰而取義焉。處文明之初，始出於難，其德未盛，故曰「三年」也。五居尊以柔，體乎文明之盛，不奪物功者也，故以大國賞之也。（頁 137）

孔穎達《正義》：

居未濟之時，履失其位，所以為悔。但出險難之外，居文明之初，以剛健之質，接近至尊，志行其正，正則貞吉而悔亡，故曰貞吉、悔亡。正志既行，靡禁其威，故震發威怒，用伐鬼方也。然處文明之初，始出於險，其德未盛，不能即勝，故曰「三年」也。五以順柔文明而居尊位，不奪物功，九四既克而還，必得百里大國之賞，故曰「有賞於大國」也。（頁 137）

朱熹《易本義》：

以九居四，不正而有悔也。能勉而貞，則悔亡矣。然以不貞之資，欲勉而貞，非極其陽剛用力之久不能也。故為伐鬼方，三年而受賞之象。（頁 231）

南懷瑾、徐芹庭《周易今註今譯》：

九四居未濟之時，以陽剛濟之，終能必濟，故有以正獲吉，無悔的現象，如天子動而討伐北方的匈奴，三年一定有功，可以獎賞功勞的人於大國之內。（頁 384）

玉姍案：九四已經脫離下卦〈坎〉險之難，並近於六五至尊，雖以陽剛居陰爻而履非其位，但志在乎正，故能得吉而無悔。因志氣得行，所以能震發威怒，但才剛剛脫離坎難，道德未盛，有如征伐鬼方外族。需要三年之久才能克竟其功。「鬼方」，當指「北方」或「遠方」之國，而非專指「匈奴」。

今本作「九四：貞吉，悔亡，震用伐鬼方，三年有賞于大國。」意思是：

九四履非其位，但能正志而行，因此貞吉而無悔。因道德未盛，雖震發威怒以討伐鬼方，仍須三年才能克勝而得到大國的賞賜。

　　上博本「九四：貞吉，悔亡，震用伐鬼方，三年有賞于大國。」帛書本「九四：貞吉，悔亡，震用伐鬼方，三年有商于大國。」意思皆與今本同。

　　1. 上博《周易》：六五：貞吉，无悔。君子之光，有孚，吉。

　　2. 阜陽《周易》：六五：貞吉，无悔。君子之光，有孚，吉。

　　3. 帛書《周易》：六五：貞吉，悔亡。君子之光，有復，吉。

　　4. 今本《周易》：六五：貞吉，无悔。君子之光，有孚，吉。

【文字考釋】

　　上博本、阜陽本、帛書本六五爻辭殘，皆據今本補。

【爻辭釋讀】

　　〈象〉曰：

　　　「君子之光」，其暉吉也。（頁137）

王弼《注》：

　　夫以柔順文明之質，居於尊位，付與於能，而不自役，使武以文，御剛以柔，斯誠君子之光也。付物以能，而不疑也，物則竭力，功斯克矣，故曰「有孚，吉」。（頁137）

孔穎達《正義》：

　　六五以柔居尊，處文明之盛，為未濟之主，故必正然後乃吉，吉乃得无悔，故曰「貞吉，无悔」也。以柔順文明之質，居於尊位，有應於二，是能付物以能，而不自役，有君子之光華矣，故曰「君子之光」也。付物以能而无疑焉，則物竭其誠，功斯克矣，故曰「有孚，吉」也。（頁137）

朱熹《易本義》：

　　以六居五，亦非正也。然文明之主，居中應剛，虛心以求下之助，故得貞而吉且无悔。又有光輝之盛，信實而不妄，吉而又吉也。（頁231）

南懷瑾、徐芹庭《周易今註今譯》：

　　六五以柔處中，而居尊位，當未濟之時，乘承皆陽剛，（上下皆陽）得陽剛之助，終能必濟，故以正而獲吉，沒有後悔之事，這是君子

的光輝，有孚信於人，是吉利的。（頁 384）

玉姍案：「君子之光」，指君子之德如光輝之盛。六五以柔居尊，爲未濟之主，必執貞正才能得吉無悔。又下應九二，以文柔謙遜來御使剛武，君子之德如光輝之盛。明君使人以能而信任不疑，他人自然竭力報效而功成，這是有孚信而得吉。

今本作「六五：貞吉，无悔。君子之光，有孚，吉。」意思是：六五以柔居尊，必須貞正才能得吉無悔。君子之德如光輝之盛，以誠信使人，因此能得吉。

帛書本作「六五：貞吉，悔亡。君子之光，有復，吉。」意思與今本同。

1. 上博《周易》：上九：有孚于飲酒，无咎。濡其首，有孚，失是。
2. 阜陽《周易》：上九：有孚于飲酒，无咎。濡其首，有孚，失是。
3. 帛書《周易》：尚九：有復于飲酒，无咎。濡其首，有復，失是。
4. 今本《周易》：上九：有孚于飲酒，无咎。濡其首，有孚，失是。

【爻辭釋讀】

上博本、阜陽本上九爻辭殘，據今本補。

【爻辭釋讀】

〈象〉曰：

「飲酒」、「濡首」，亦不知節也。（頁 137）

王弼《注》：

以其能信於物，故得逸豫而不憂於事之廢。苟不憂於事之廢，而耽於樂之甚，則至于失節矣。由於有孚，失於是矣，故曰「濡其首，有孚，失是」也。（頁 137）

孔穎達《正義》：

上九居未濟之極，則反於既濟。既濟之道，則所任者當也。所任者當，則信之无疑，故得自逸飲酒而已，故曰「有孚于飲酒，无咎」。既得自逸飲酒，而不知其節，則濡首之難，還復及之，故曰「濡其首」也。言所以濡首之難及之者，良由信任得人，不憂事廢，故失於是矣。故曰「有孚，失是」也。（頁 137）

朱熹《易本義》：

以剛明居未濟之極，時將可以有爲，而自信自養以俟信，无咎之道也。若縱而不反，如狐之涉水而濡其首，則過於自信而失其義矣。（頁231）

南懷瑾、徐芹庭《周易今註今譯》：

上九以陽剛，居未濟之終，是終能濟渡的。故有孚信于飲酒，這是无咎的。但以陽處陰，位既不正，如不知節制，則樂極生悲，沈湎不已，必會喝得大醉，而有沾濕他的頭的象徵，這樣的話，就會失去了孚信，而不能達必濟之成了。（頁385）

玉姍案：上九處於未濟之極，此時任用可當者，如果能信任無疑，就能得豫逸飲酒之樂，而無災咎。但若過於孚信而耽於豫樂，則失節而有濡濕其首的危難。

今本作「上九：有孚于飲酒，无咎。濡其首，有孚，失是。」意思是：上九處未濟之極，象徵孚信於所任用者，因此有飲酒逸豫之樂而無災咎。但如果過於信任他人，自己卻逸於飲酒而不知節制，則有濡濕其首之危，這是因爲太過於信任而不憂事廢，所以有失於此。

帛書本作「尙九：有復于飲酒，无咎。濡其首，有復，失是。」意思與今本同。

第四章　結　論

第一節　研究成果與總結

　　二十世紀以來，簡帛《周易》不斷出土，西元 1973 年 12 月，湖南長沙馬王堆帛書《周易》出土。1977 年 7 月，由安徽阜陽雙古堆一號漢墓出土阜陽《周易》。2003 年 12 月，《上海博物館藏戰國楚竹書（三）》出版，其中有《周易》58 支簡。

　　由上博《周易》、阜陽《周易》、帛書《周易》至今本《周易》，相當完整地呈現了《周易》自戰國晚期至西漢初、再至今之定本的演變源流與內容變化。本論文將上博《周易》、阜陽《周易》、帛書《周易》與今本《周易》經文之六十四卦卦畫、卦辭、爻辭互相比對，由小學入經學，以期發明出土《周易》與今本《周易》在字形書寫及卦、爻辭內容之異同。希望透過目前所出土的簡帛《周易》所呈現的資料，對於今本《周易》之文字與義理內容，皆能有更多認識與啟發。

一、出土《周易》與今本的異同

　　上博《周易》、阜陽《周易》、帛書《周易》與今本《周易》之差異，現以圖表列明於下：

	卦　　畫	卦　名	卦　辭	爻　辭	首符尾符	卜　辭
上博《周易》	○ —（陽爻） 八（陰爻）	○	○	○	○	×
阜陽《周易》	○ —（陽爻） 八（陰爻）	○	○	○	×	○
帛書《周易》	○ —（陽爻） ⅃L（陰爻）	○	○	○	×	×
今本《周易》	○ —（陽爻） ▬▬（陰爻）	○	○	○	×	×

（一）上博《周易》，與其他版本相較，多出了一套獨特的紅黑組成之首尾符號。

（二）卦畫：四種版本均有卦畫，均以「—」表示陽爻，但陰爻畫法略有不同。

（三）卦名：上博《周易》、阜陽《周易》、帛書《周易》與今本《周易》之卦名略有差異，差異可以分成兩種情況，甲類是與今本卦名相同，或為異體字、或詞義相通；乙類是假借字。現列表於下，並標明甲、乙以分類：

今本《周易》	上博《周易》	阜陽《周易》	帛書《周易》
乾	（缺簡）	（缺簡）	鍵（乙）
坤	（缺簡）	（缺簡）	川（乙）
屯	（缺簡）	肫（乙）	屯（甲）
蒙	尨（乙）	蒙（甲）	蒙（甲）
需	㝬（乙）	（缺簡）	襦（乙）
訟	訟（甲）	（缺簡）	訟（甲）
師	帀（乙）	帀（乙）	師（甲）

比	比⑪	比⑪	比⑪
小畜	（缺簡）	（缺簡）	少藝⑫
履	（缺簡）	履⑪	禮⑫
泰	（缺簡）	（缺簡）	泰⑪
否	（缺簡）	（缺簡）	婦⑫
同人	（缺簡）	同人⑪	同人⑪
大有	大有⑪	大有⑪	大有⑪
謙	壥⑫	（缺簡）	嗛⑫
豫	夵⑫	豫⑪	餘⑫
隨	陵⑫	隋⑫	隋⑫
蠱	蛊⑪	（缺簡）	箇⑫
臨	（缺簡）	林⑫	林⑫
觀	（缺簡）	觀⑪	觀⑪
噬嗑	（缺簡）	筮閘⑫	筮□⑫
賁	（缺簡）	賁⑪	蘩⑫
剝	（缺簡）	僕⑫	剝⑪
復	遠⑪	復⑪	復⑪
无妄	亡忘⑫	无亡⑫	无孟⑫
大畜	大候⑫	（缺簡）	泰蓄⑪
頤	頤⑪	頤⑪	頤⑪
大過	（缺簡）	大過⑪	泰過⑪

坎	（缺簡）	（缺簡）	贛乙
離	（缺簡）	離甲	羅甲
咸	欽乙	（缺簡）	欽乙
恆	죠甲	（缺簡）	恆甲
遯	腞乙	椽乙	掾乙
大壯	（缺簡）	（缺簡）	泰壯甲
晉	（缺簡）	（缺簡）	滑乙
明夷	（缺簡）	明□	明夷甲
家人	（缺簡）	（缺簡）	家人甲
睽	楑乙	（缺簡）	乖甲
蹇	訐乙	蹇甲	蹇甲
解	繲乙	（缺簡）	解甲
損	（缺簡）	損甲	損甲
益	（缺簡）	（缺簡）	益甲
夬	夬甲	（缺簡）	夬甲
姤	敂乙	（缺簡）	狗乙
萃	啐乙	（缺簡）	卒乙
升	（缺簡）	登甲	登甲
困	困甲	（缺簡）	困甲
井	汬甲	井甲	井甲
革	革甲	（缺簡）	勒乙

鼎	（缺簡）	鼎甲	鼎甲
震	（缺簡）	（缺簡）	辰乙
艮	艮甲	艮甲	根乙
漸	漸甲	（缺簡）	漸甲
歸妹	（缺簡）	（缺簡）	歸妹甲
豐	豐甲	（缺簡）	豐甲
旅	旅甲	旅甲	旅甲
巽	（缺簡）	（缺簡）	筭乙
兌	（缺簡）	（缺簡）	奪乙
渙	䢜乙	（缺簡）	渙甲
節	（缺簡）	節甲	節甲
中孚	（缺簡）	（缺簡）	中復乙
小過	□㞢乙	□過	少過甲
既濟	（缺字）	（缺簡）	既濟甲
未濟	未淒乙	（缺簡）	未濟甲

（四）卦序：上博《周易》與阜陽《周易》出土時沾黏嚴重，難分卦序，整理者皆依今本排序。帛書《周易》六十四卦次序以八卦相重的方式排列成卦，上卦順序爲乾一、艮二、坎三、震四、坤五、兌六、離七、巽八，搭配下卦順序乾一、坤二、艮三、兌四、坎五、離六、震七、巽八，以八卦相重的方式成卦，共分八組，每組八卦，而構成另一系統的卦序，〔註1〕與今本《周易》的卦序完全不同。今比較如下：

〔註1〕帛書《周易》以乾一、艮二、坎三、震四、坤五、兌六、離七、巽八爲上卦，搭配乾一、坤二、艮三、兌四、坎五、離六、震七、巽八爲下卦而構成六十四卦序。帛書《周易》卦序表請見本論文頁10。

卦名	今本卦序	帛書《周易》卦序	卦名	今本卦序	帛書《周易》卦序
乾	1	1	師	7	37
坤	2	33	比	8	19
屯	3	23	小畜	9	58
蒙	4	13	履	10	4
需	5	18	泰	11	34
訟	6	5	否	12	2
同人	13	6	蹇	39	20
大有	14	50	解	40	30
謙	15	35	損	41	12
豫	16	27	益	42	64
隨	17	47	夬	43	42
蠱	18	16	姤	44	8
臨	19	36	萃	45	43
觀	20	59	升	46	40
噬嗑	21	55	困	47	45
賁	22	14	井	48	24
剝	23	11	革	49	46
復	24	39	鼎	50	56
无妄	25	7	震	51	25
大畜	26	10	艮	52	9
頤	27	15	漸	53	60
大過	28	48	歸妹	54	29
坎	29	17	豐	55	31
離	30	49	旅	56	52
咸	31	44	巽	57	57
恆	32	32	兌	58	11
遯	33	3	渙	59	62
大壯	34	26	節	60	21
晉	35	51	中孚	61	61
明夷	36	38	小過	62	28
家人	37	63	既濟	63	22
睽	38	53	未濟	64	54

　　（五）卦、爻辭相異處：在卦辭、爻辭方面，出土《周易》與今本出現差異處可以大致分成兩種情況，甲類是與今本卦、爻辭義相同或相近、相通；乙類是出土《周易》卦爻辭內容與今本卦爻辭義不同，或多出今本所無之卦、爻辭。

　　甲、出土《周易》與今本卦、爻辭義可相同或相通、相近者，基本上又可分成以下六類，並列爲表格：

第一類：用字看起來形體不同，但可視爲異體字、古今字或分化字。例如今本旅卦六二「得童僕貞」之「僕」，上博本作「儳」，「僕」、「儳」即爲異體字。又如今本坤卦六五「黃裳元吉」之「裳」，帛書本作「常」，「裳」、「常」爲古今字。

第二類：用字不同，但上古音可以相通假之假借字。例如今本睽卦上九「匪寇婚媾」之「媾」，上博本作「佝」、阜陽本作「冓」，三字古音皆爲見紐侯部，帛書本作「厚」古音匣紐侯部，見、匣二紐皆爲牙音，故「佝」、「冓」、「厚」可以通假爲「媾」。

第三類：用字不同，上古音不可通假，但二字義同可通；如剝卦上九「君子得輿」，帛書本作「君子得車」，「車」即「輿」也，二字義同，即屬此類。亦有爲君王避諱而改成義近之字者，如上博本作「征邦」，今本謙卦上六作「征邑國」，即爲漢初避高祖劉邦諱而將「邦」改寫爲「國」。

第四類：句子字數、句型稍有不同，但意義相去不遠。例如今本无妄初九「往吉」，帛書本、阜陽本皆作「往吉」，上博本作「吉」，缺一「往」，但文義相去不遠。

第五類：用字不同，上古音不可通假，但經過某種連結後辭義可通。如今本坎六四：「樽酒簋貳」之「貳」，帛書本作「詠」；「貳」上古音日紐脂部，「詠」從「亦」得聲，上古音余紐鐸部，聲紐同屬舌音，但韻部較遠，無法通假。但「詠」可通假爲「亦」，「亦」與「貳」皆有「重、複」義，如此則文義可通。

第六類：用字不同，字義不同，上古音不能通假，但可能是形近而訛，如今本晉卦六五「失得勿恤」之「失」，帛書本作「矢」即屬此類。又如今本中孚卦辭「利涉大川」，帛書本作「和涉大川」，今本「利涉大川」（或「不利涉大川」）共十次，帛書本與其所

對應的文字有八次皆與今本同作「利涉大川」，僅《頤》上九爻辭「涉大川」前一字殘損不可辨，中孚卦辭作「和涉大川」則是特例。故極有可能是抄手筆誤而將成「利」寫爲「和」。

卦／爻	今本《周易》	上博《周易》	阜陽《周易》	帛書《周易》
乾·卦辭	元亨利貞	【缺】	【缺】	元享利貞
乾·九三	夕惕若厲	【缺】	【缺】	夕沂若厲
坤·六五	黃裳元吉	【缺】	【缺】	黃常元吉
屯·六三	即鹿无虞	【缺】	要鹿毋吴	即鹿毋華
蒙·九二	納婦吉	【缺】	老婦吉	入婦吉
需·九三	需于泥	孚于坦	【缺】	襦于泥
需·上六	有不速之客三人來	【缺】	【缺】	有不楚客三人
訟·卦辭	利見大人	利用見大人	【缺】	利用見大人
訟·卦辭	有孚窒，惕，中吉	又孚愽，悤，中吉	【缺】	有復洫，寧，克吉
訟·初六	不永所事	不出迎事	【缺】	不永所事
訟·九二	歸而逋其邑，人三百戶	遝肤开邑，人晶四戶	【缺】	歸而逋亓邑，人三百戶
訟·六三	終吉。或從王事	多吉。或從王事	多吉。□□□□	或從王事
訟·上九	或錫之鞶帶	或賜綪繡	【缺】	或賜之般帶
師·上六	大君有命	大君子又命	大君有命	大人君有命
師·上六	開國承家	啓邦丞豙	啓邦□□	啓國承家
比·卦辭	比：吉。原筮，元永貞	比：备筶，元羕貞，吉	【缺】	比：吉。原筮，元永貞
比·卦辭	元永貞，无咎	元羕貞，吉，亡咎	【缺】	元永貞，无咎
比·初六	終來有它吉	多迷又它吉	【缺】	多來或池吉
比·六二	比之自內，貞吉	比之自內，吉	【缺】	比之□□，貞吉
比·六四	貞吉	亡不利	【缺】	貞吉
比·九五	王用三驅，失前禽	王晶驅，遊前含	王用三驅，失前禽	王用三驅，失前禽
比·上六	比之无首	比亡首	比毋首	比无首
小畜·卦辭	自我西郊	【缺】	自我西鄗	自我西茭
小畜·九二	牽復	【缺】	【缺】	堅復
小畜·九三	輿說輻	【缺】	【缺】	車說緮
小畜·九五	富以其鄰	【缺】	不富以其鄰	富以其鄰
履·卦辭	履虎尾，不咥人	【缺】	【缺】	禮虎尾，不眞人
履·初九	素履往	【缺】	【缺】	錯禮往

履·九二	幽人貞吉	【缺】	歔（邀）人□□	幽人貞吉
泰·九二	朋亡	【缺】	【缺】	弗忘
否·六三	包羞	【缺】	枹羞	枹憂
同人·卦辭	利君子貞	【缺】	□君子之貞	利君子貞
同人·九四	乘其墉	【缺】	乘高唐	乘亣庸
同人·上九	同人于郊	【缺】	同人于部	同人于茭
大有·初九	无交害	【缺】	无交害	无交𥝤
大有·九三	公用亨于天子	【缺】	【缺】	公用芳于天子
大有·六五	威如，吉	【缺】	悥女，吉	委如，終吉
謙·初六	謙謙君子	壐君子	【缺】	嗛嗛君子
謙·上六	征邑國	征邦	【缺】	【缺】
豫·六三	盱豫	可㕞	歌豫	杆餘
豫·九四	由豫	猷㕞	由豫	允〈尤〉餘
豫·九四	朋盍簪	塱坎疌	【缺】	備甲讒
隨·卦辭	元亨利貞	元鄉秒貞	元亨利貞	元亨利貞
隨·六二	失丈夫	遊丈夫	失丈夫	失丈夫
隨·六三	隨有求得	陵求又㝥	隋有求得	隋有求得
隨·六三	利居貞	秒尻貞	利虗貞	利居貞
隨·九四	貞凶	貞工	【缺】	貞凶
隨·九五	孚于嘉吉	孚于嘉吉	復嘉吉	復于嘉吉
隨·上九	拘係之，乃從維之	係而敄之，從乃曮之	拘……	枸係之，乃從竊之
蠱·卦辭	蠱：元亨	盅：元鄉	【缺】	箇：□吉，亨
蠱·上九	高尚其事	【缺】	高上其事	高尚亣德，兇
臨·初九	咸臨	【缺】	【缺】	禁林
觀·卦辭	盥而不薦	【缺】	【缺】	盥而不尊
觀·六二	利女貞	【缺】	利女子□	利女貞
觀·六三	觀我生	【缺】	觀我產	觀我生
噬嗑·九四	噬乾肺	【缺】	【缺】	筮乾瓑
噬嗑·九四	利艱貞吉	【缺】	利囏貞吉	根貞吉
噬嗑·六五	噬乾肉，得黃金	【缺】	筮乾肉，得黃金	筮乾肉，愚毒
賁·九三	賁如濡如	【缺】	【缺】	繫茹濡茹
剝·六三	剝之无咎	【缺】	【缺】	剝无咎
剝·六五	以宮人寵	【缺】	【缺】	食宮人籠
剝·上九	君子得輿	【缺】	【缺】	君子得車

復・上六	至于十年	【缺】	【缺】	至十年
无妄・卦辭	其匪正有眚	丌非遱又禂	其非延有眚	非正有省
无妄・初九	无妄，往吉	亡忘，吉	无亡，往吉	无孟，往吉
无妄・六二	不耕穫，不菑畬	不猙而稯不畜之	不耕獲，不□□	不耕穫，不菑餘
无妄・九五	无妄之疾，勿藥有喜	亡忘又疾，勿藥又菜	【缺】	无孟之疾，勿樂有喜
无妄・上九	无妄，行有眚	亡忘，行又禂	【缺】	无孟之行有省
大畜・卦辭	不家食	不豢而臥	【缺】	不家食
大畜・九三	良馬逐	良馬由	良馬遂	良馬遂
大畜・九三	曰閑輿，衛	曰班車，戔	【缺】	曰蘭車，□
大畜・六四	童牛之牿	僮牛之樨	童□□□	童牛之鞫
大畜・六五	豶豕之牙	芬豕之睂	【缺】	嬰豨之牙
大畜・上九	天之衢	天之乑	【缺】	天之瞿
頤・初九	觀我朵頤	觀我散頤	觀我端頤	觀我掇頤
頤・六二	顛頤，拂經，于丘頤	曰遺頤，懇經，于北湝	奠頤，弗經，于丘頤	曰顛頤，拂經，于北頤
頤・六四	虎視眈眈，其欲逐逐	虎視疅＝，丌猷攸＝	虎視眈＝，其猷遂＝	虎視沈沈，其容笛笛
大過・卦辭	棟撓，利有攸往	【缺】	橦橈，利用鹵往	棟鼍，利有攸往
坎・六四	樽酒簋貳	【缺】	【缺】	奠酒巧詠
離・九三	日昃之離	【缺】	日昃之離	日褹之羅
離・九三	則大耋之嗟	【缺】	則□□□□	即大絰之嵯
離・九四	突如其來如，焚如，死如，棄如	【缺】	其出如、其來如，焚如，棄如	出如、來如，紛如，死如，棄如
離・上九	王用出征	【缺】	【缺】	王出正
離・上九	獲匪其醜	【缺】	【缺】	獲不謥
咸・九三	往吝	吝	【缺】	闍
咸・九四	貞吉，悔亡	貞吉，亡愍	【缺】	貞吉，悔亡
咸・上六	咸其輔、頰、舌	欽頌、夾、䑛	□其父□□	欽其股、陝、舌
恆・卦辭	无咎，利貞，利有攸往	初貞，亡咎	【缺】	无咎，利貞，利有攸往
恆・初六	浚恆	敫死	【缺】	夐恆
恆・九三	或承之羞	或承丌	【缺】	或承之羞
恆・上六	振恆，凶	敫死，貞凶	【缺】	夐恆，兇
遯・初六	遯尾，厲	豚丌尾，礪	椽……厲	掾尾，厲
遯・九三	係遯，有疾厲，畜臣妾	係豚，又疾礪，畜臣妾	【缺】	爲掾，有疾厲，畜僕妾

遯‧九五	嘉遯，貞吉	嘉脉，吉	嘉椓，貞吉	嘉揓，貞吉
晉‧初六	晉如摧如，貞吉。罔孚，裕	【缺】	【缺】	潛如浚如，貞吉。悔，亡復，浴
晉‧九四	晉如鼫鼠	【缺】	【缺】	潛如炙鼠
晉‧六五	失得勿恤	【缺】	【缺】	矢得勿血
明夷‧九三	明夷于南狩	【缺】	【缺】	明夷，夷于南守
明夷‧六四	入于左腹	【缺】	【缺】	明夷，夷于左腹
家人‧初九	閑有家	【缺】	閒有家	門有家
家人‧九三	家人嗃嗃	【缺】	【缺】	家人燮燮
睽‧卦辭	睽：小事吉	樸：少事吉	……吉。大事敗	乖：小事吉
睽‧初九	喪馬勿逐	喪馬勿由	【缺】	亡馬勿遂
睽‧六三	見輿曳	見車轍	見車渫	見車恝
睽‧六五	厥宗噬膚	隡宗齧肤	□□籨膚	登宗籨膚
蹇‧卦辭	利見大人，貞吉	杒見大人	利見□人，貞吉	利見大人，貞吉
蹇‧九五	大蹇，朋來	大訐，不榰	【缺】	大蹇，佝來
解‧卦辭	夙吉	佰吉	【缺】	宿吉
解‧六三	負且乘，致寇至，貞吝	偵實輮，至寇至	【缺】	□且乘，致寇至，貞閵
損‧上九	得臣无家	【缺】	【缺】	得僕无家
益‧卦辭	利有攸往	【缺】	【缺】	利用攸往
益‧六二	弗克違	【缺】	【缺】	弗亨回
益‧六三	用凶事	【缺】	【缺】	用工事
夬‧九三	遇雨若濡，有慍	遇雨女寉，又碼	【缺】	愚雨如濡，有溫
夬‧九四	牽羊悔亡，聞言不信	喪羊患亡，酙言不多	【缺】	牽羊愳亡，聞言不信
姤‧九二	包有魚	橐又魚	【缺】	枹有魚
姤‧九四	起凶	巳凶	【缺】	正兇
姤‧九五	有隕自天	又憂自天	【缺】	或塡自天
萃‧卦辭	萃：亨。王假有廟	啐：王畧于宙	【缺】	卒：王叚于廟
萃‧卦辭	用大牲，吉。利有攸往	用大牲，杒又卤迣	【缺】	用大生，吉。利有攸往
萃‧初六	乃亂乃萃	乃夒酒啐	【缺】	乃乳乃卒
萃‧初六	若號，一握為笑	若睾，一斛于芺	【缺】	若亓號。一屋于芺
困‧初六	三歲不覿	【缺】	三歲不……	三歲不擅，凶
困‧六三	據于蒺藜	【缺】	【缺】	號于疾莉
困‧九四	來徐徐	【缺】	【缺】	來徐

困·九五	劓刖，困于赤紱	【缺】	【缺】	貳椽，困于赤綅
困·上六	困于葛藟	【缺】	困于葌藟	困于褐纍
困·上六	動悔，有悔，征吉	达愳，又愳，征吉	【缺】	悔夷，有悔，貞吉
井·卦辭	羸其瓶	羸丌缾	【缺】	纍其刑垪
井·初六	井泥不食	汬替不飤	【缺】	井泥不食
井·九三	井渫不食，爲我心惻	汬杸不飤，爲我心寒	【缺】	井楚不食，爲我心塞
井·六四	井甃，无咎	汬矯，亡咎	【缺】	井椒，无咎
井·九五	井冽寒泉，食	汬鍥寒湶，飤	井屬□□□	井戾寒湶，食
革·卦辭	元亨利貞	元羕貞，杒貞	【缺】	元亨利貞
革·九三	征凶，貞厲	征凶	【缺】	□□，□貞□
鼎·九四	覆公餗	【缺】	【缺】	覆公疌
震·卦辭	震來虩虩	【缺】	【缺】	辰來朔朔
震·六二	躋于九陵，勿逐	【缺】	【缺】	齎於九陵，勿遂
震·上六	震索索	【缺】	【缺】	辰昔昔
艮·卦辭	艮：其背	艮：丌伓	【缺】	根：根亓北
艮·六二	艮其腓，不拯其隨，其心不快	艮丌足，不陞丌陵，丌心不悸	【缺】	根其肥，不登其隨，其心不快
艮·九三	列其夤	圂丌徹	【缺】	戾亓肥
艮·六四	艮其身，无咎	艮丌䚸	【缺】	根亓輻
漸·初六	鴻漸于干	鳿漸于䑓（澗）	【缺】	鳿漸于淵
漸·初六	无咎	不多	【缺】	无咎
漸·九三	婦孕不育	婦孕而不□	【缺】	婦繩不□
漸·九三	利禦寇	【缺】	【缺】	利所寇
漸·六四	或得其桷	【缺】	【缺】	或直其寇斁
歸妹·九二	利幽人之貞	【缺】	□幽人之貞	利幽人貞
歸妹·六五	月幾望，吉	【缺】	【缺】	日月既望，吉
豐·九三	日中見沫	日中見芡	【缺】	日中見茉
豐·上六	豐其屋	豐丌苬	【缺】	豐亓屋
豐·上六	闃其无人	歎丌亡人	【缺】	哭亓无人
旅·初六	旅瑣瑣，斯其所取災	遾羸＝，此丌所取愳	【缺】	旅瑣瑣，此其所取火
旅·六二	旅即次，懷其資	遾既宋，褱丌次	旅即其次……	旅既次，壞其茨
旅·六二	得童僕貞	旻僮儓之貞	【缺】	得童剝貞

巽・初六	進退	【缺】	【缺】	進內
兌・卦辭	利貞	【缺】	【缺】	小利貞
兌・初九	和兌	【缺】	【缺】	休奪
兌・九二	孚兌吉	【缺】	【缺】	誖吉
兌・上六	引兌	【缺】	【缺】	景奪
渙・卦辭	王假有廟，利涉大川，利貞	王叚于宙，杒見大人，杒涉大川	【缺】	王叚于廟。利涉大川，利貞
渙・九二	渙奔其机	渙賁其階	【缺】	灓走亓凥
渙・六四	匪夷所思	非旳所思	【缺】	□娣所思
渙・九五	渙汗其大號，渙王居	灓亓大虗，灓亓凥	【缺】	渙其肝，大號，渙王居
渙・上九	渙其血，去逖出，无咎	灓亓血，故易出	【缺】	渙亓血，去湯出
節・初九	不出戶庭	【缺】	【缺】	不出戶牖
中孚・卦辭	利涉大川	【缺】	【缺】	和涉大川
中孚・初九	虞吉，有它不燕	【缺】	吴□……	杅吉，有它不寧
中孚・九二	吾與爾靡之	【缺】	吾與□……	吾與爾羸之
中孚・六四	馬匹亡	【缺】	【缺】	馬必亡
中孚・上九	翰音登于天	【缺】	【缺】	鸇音登于天
小過・卦辭	飛鳥遺之音	【缺】	飛鳥遺音	翡鳥遺之音
小過・初六	飛鳥以凶	【缺】	非鳥□□	翡鳥以凶
小過・九四	往厲必戒	【缺】	往厲□□	往厲必革
小過・上六	弗遇過之，飛鳥離之	弗遇佊之，飛鳥羅之	【缺】	弗愚過之，翡鳥羅之
小過・上六	是謂災眚	是胃亦夾禣	【缺】	是謂茲省
既濟・六二	婦喪其茀，勿逐	【缺】	【缺】	婦亡其發，勿遂
既濟・六四	繻有衣袽	需又衣絮	【缺】	襦有衣茹
既濟・九五	東鄰殺牛，不如西鄰之禴祭	東荅殺牛，不女西荅之酌祭	【缺】	東鄰殺牛以祭，不若西鄰之濯祭
既濟・九五	實受其福	是受福吉	【缺】	實受其福，吉
既濟・卦辭	小狐汔濟	【缺】	【缺】	小狐气涉
未濟・九二	曳其輪，貞吉	骱亓輪，貞吉，杒涉大川	【缺】	拽其緍，貞
未濟・六三	未濟	未淒	【缺】	未濟
未濟・九四	三年有賞于大國	【缺】	【缺】	三年有商于大國

　　乙、出土《周易》卦爻辭內容與今本卦、爻辭義不同，或多出今本所無之卦爻辭。可分爲兩大類：

　　第一類：卦爻辭內容與今本卦爻辭義明顯不同者，如今本、帛書本訟卦九二爻辭「人三百戶」，上博本作「人晶四戶」，三百戶與三四戶即有極大差異。又如今本、帛書本《漸》初六「无咎」，上博本作「不冬」；「不冬」即「不終」，謂「做某事而未能至終」，與「亡咎」辭義不同。

　　第二類：出土《周易》多出今本所無之卦爻辭。如今本渙卦辭「王假有廟，利涉大川，利貞」，上博本作「王叚于窬，彴見大人，彴涉大川」，上博本多出「彴見大人」但少「利貞」。

卦／爻	今本《周易》	上博《周易》	阜陽《周易》	帛書《周易》
坤‧六三	无成有終	【缺】	【缺】	无有終
蒙‧卦辭	初筮告	【缺】	【缺】	初筮吉
訟‧初六	不永所事	不出迎事	【缺】	不永所事
訟‧九二	歸而逋其邑，人三百戶	遻肤卂邑，人晶四戶	【缺】	歸而逋亓邑，人三百戶
比‧卦辭	比：吉。原筮，元永貞	比：备箸，元亲貞，吉	【缺】	比：吉。原筮，元永貞
比‧卦辭	元永貞，无咎	元亲貞，吉，亡咎	【缺】	元永貞，无咎
比‧六四	貞吉	亡不利	【缺】	貞吉
小畜‧九五	富以其鄰	【缺】	不富以其鄰	富以其鄰
履‧六三	咥人凶，武人爲于大君	【缺】	實人兌，武人爲□□□	眞人兌，武人迵于大君
泰‧九二	朋亡	【缺】	【缺】	弗忘
謙‧上六	利用行師	可用行帀	【缺】	【缺】
謙‧上六	征邑國	征邦	【缺】	【缺】
隨‧九四	貞凶	貞工	【缺】	貞凶
蠱‧卦辭	蠱：元亨	盅：元鄉	【缺】	箇：□吉，亨
蠱‧上九	高尚其事	【缺】	高上其事	高尚亓德，兇
觀‧六二	利女貞	【缺】	利女子□	利女貞
噬嗑‧六五	噬乾肉，得黃金	【缺】	筮乾肉，得黃金	筮乾肉‧愚毒
无妄‧卦辭	其匪正有眚	丌非遻又禥	其非迋有眚	非正有省

无妄·六二	不耕穫，不菑畬	不牼而穫不畜之	不耕獲，不□□	不耕穫，不菑餘
无妄·九五	无妄之疾，勿藥有喜	亡忘又疾，勿藥又菜	【缺】	无孟之疾，勿樂有喜
无妄·上九	无妄，行有眚	亡忘，行又偝	【缺】	无孟之行有省
大畜·卦辭	不家食	不家而飤	【缺】	不家食
大過·卦辭	棟撓，利有攸往	【缺】	橦橈，利用有往	棟鼞，利有攸往
坎·九二	坎有險	【缺】	【缺】	贛有訧
離·九四	突如其來如，焚如，死如，棄如	【缺】	其出如、其來如，焚如，棄如	出如、來如，紛如，死如、棄如
咸·九三	咸其股	欽亓腈	【缺】	欽亓𦝡
咸·九三	往吝	吝	【缺】	闟
恆·卦辭	无咎，利貞，利有攸往	𧵽貞，亡咎	【缺】	无咎，利貞，利有攸往
恆·九三	或承之羞	或承丌	【缺】	或承之羞
恆·上六	振恆，凶	敐死，貞凶	【缺】	夐恆，兇
遯·六二	執之用黃牛之革，莫之勝說	戎用黃牛之革，莫勶奪	□□□□□□□，莫之□□	共之用黃牛之勒，莫之勝奪
晉·初六	晉如摧如，貞吉。罔孚，裕	【缺】	【缺】	㬜如浚如，貞吉。悔，亡復，浴
明夷·初九	明夷于飛，垂其翼	【缺】	明□于飛，垂其……	明夷于蜚，垂其左翼
明夷·九三	明夷于南狩	【缺】	【缺】	明夷，夷于南守
明夷·六四	入于左腹	【缺】	【缺】	明夷，夷于左腹
睽·卦辭	睽：小事吉	楑：少事吉	……吉。大事敗	乖：小事吉
蹇·六二	王臣蹇蹇，匪躬之故	王臣訐=，非今之古	【缺】	王僕蹇=，非□之故
蹇·九五	大蹇，朋來	大訐，不橬	【缺】	大蹇，佣來
解·六三	負且乘，致寇至，貞吝	債寡輷，至寇至	【缺】	□且乘，致寇至，貞闟
益·卦辭	利有攸往	【缺】	【缺】	利用攸往
益·六二	弗克違	【缺】	【缺】	弗亨回
益·六三	用凶事	【缺】	【缺】	用工事
益·六四	利用為依遷國	【缺】	【缺】	利用為家遷國
夬·九三	遇雨若濡，有慍	遇雨女雺，又礁	【缺】	愚雨如濡，有溫
夬·九四	牽羊悔亡，聞言不信	喪羊㥞亡，誯言不㝵	【缺】	牽羊㥞亡，聞言不信
姤·九四	起凶	巳凶	【缺】	正兇

姤・九五	有隕自天	又憂自天	【缺】	或塡自天
困・初六	三歲不覿	【缺】	三歲不……	三歲不擸，凶
困・上六	動悔，有悔，征吉	述慇，又慇，征吉	【缺】	悔夷，有悔，貞吉
井・九二	甕敝漏	隹補縷	□敝屢	唯敝句
革・卦辭	元亨利貞	元亲貞，杒貞	【缺】	元亨利貞
鼎・九四	覆公餗	【缺】	【缺】	覆公茈
艮・卦辭	艮：其背	艮：丌伓	【缺】	根：根亓北
艮・六二	艮其腓，不拯其隨，其心不快	艮丌足，不陞丌陵，丌心不悸	【缺】	根其肥，不登其隨，其心不快
漸・初六	无咎	不冬	【缺】	无咎
漸・九三	利禦寇	【缺】	【缺】	利所寇
歸妹・六五	月幾望，吉	【缺】	【缺】	日月既望，吉
豐・六二	有孚發若，吉	【缺】	【缺】	有復洫若
兌・卦辭	利貞	【缺】	【缺】	小利貞
渙・卦辭	王假有廟，利涉大川，利貞	王叚于窅，杒見大人，杒涉大川	【缺】	王叚于廟。利涉大川，利貞
渙・初六	用拯馬壯，吉	㧪馬藏，吉，慇亡	【缺】	撜馬，吉，悔亡
渙・六三	无悔	亡咎	【缺】	无咎
渙・九五	渙汗其大號，渙王居	龏丌大虖，龏丌尻	【缺】	渙其肝，大號，渙王居
渙・上九	渙其血，去逖出，无咎	龏丌血，故易出	【缺】	渙亓血，去逷出
節・初九	不出戶庭	【缺】	【缺】	不出戶牖
中孚・六四	馬匹亡	【缺】	【缺】	馬必亡
既濟・九五	東鄰殺牛，不如西鄰之禴祭	東旹殺牛，不女西旹之酌祭	【缺】	東鄰殺牛以祭，不若西鄰之濯祭
既濟・九五	實受其福	是受福吉	【缺】	實受其福，吉
未濟・九二	曳其輪，貞吉	屑丌輪，貞吉，杒涉大川	【缺】	扡其綸，貞

　　由上列表格觀之，出土《周易》與今本《周易》出現卦、爻辭義明顯不同之處並不算多，可見今本《周易》內容的可信度極高。而縱使乍看下各版本之文字有差異，經由字形、字音、字義的比對後，多數文字都能相通，僅存的少許差異，也許是《周易》定本前，各傳本不同所致。我們可以猜測各出土《周易》當因循相同原本，後來不斷更修，才有今本《周易》的樣貌。

二、出土《周易》與今本對讀後的啓發與問題

（一）將出土《周易》與今本《周易》對讀後，我們可以得到一些啓發：

1、由出土《周易》推測今本《周易》中異文形成之軌跡。

例如今本頤卦六二爻辭「于丘頤」，上博本作「于北湏」，帛書本作「于北頤」，阜陽本與今本同。而「于北湏（頤）」意謂「往相背反的方向行頤養之道」，〔註2〕比今本「于丘頤」更易釋讀，故可推測今本「丘」當爲「北」之訛。但由「北」如何訛寫爲「丘」，可由上博簡「北」作「𦦙」，帛書本「北」作「𠂇」，阜陽本之「丘」字作「𡉉」來看其字形演變。秦漢之後，「北」字與「丘」字形近似，「𡉉（丘）（老子甲後）」字僅比「𠂇（北）（縱橫家書137）」字下方多一橫筆。其中有一「北」字寫法如𦦙（縱橫家書67）下方寫的極爲靠近，若由𦦙（縱橫家書67）→𦦙（下方因爲滲墨等原因而看似如一橫筆）→𡉉（老子甲後），這樣就能夠了解「北」訛爲「丘」字的歷史軌跡。

2、由出土《周易》與今本《周易》卦爻辭內容之異，可看出大環境變化時，經文也隨俗變動之軌跡。

例如今本訟卦六二爻辭「歸而逋其邑，人三百戶」，帛書本「歸而逋亓邑，人三百戶」，上博本作「遻肤丌邑，人晶（三）四戶」。「三四戶」與「三百戶」數目差異甚大。《穀梁傳·莊公九年》：「十室之邑，可以逃難；百室之邑，可以隱死。」先秦時，十室就可爲一邑，而秦漢以後爲大一統帝國，邑的規模較大，「三四戶」因此更改爲「三百戶」，由此可看出經文也隨大環境變動而修改之軌跡。

3、由出土《周易》與今本《周易》之異，可看出今本增字使內容更加完備之軌跡。

例如今本艮卦六四爻辭「艮其身，无咎」，上博本作「艮丌䏝」，帛書本作「根亓䚫」，阜陽本殘。上博本與帛書本皆無斷辭「无咎」二字，可見直至漢初，《周易》傳本中均無「无咎」，今本艮卦六四爻辭作「艮其身，无咎」當是後世所增補，目的在使內容更加完備。

4、由出土《周易》與今本《周易》之異，可看出字形由象形、會意字逐漸演變爲形聲字之軌跡。

如今本漸卦初六爻辭「鴻漸于干」，上博本作「鳿漸于𣶒（䃼）」，帛書本

作「鳲漸于淵」。「🗻」會「兩山阜夾水」，為「澗」字初文，六書為會意字。帛書本作「淵」為形聲字，與「澗」意近；今本「干」初文象干盾之形，上古音見紐元部，與「澗」聲韻皆同可通假。可由此看出象形字或會意字演變為形聲字之軌跡。

5、釐清歷代學者對今傳本內容之懷疑。

如今本師卦卦辭「丈人吉」，〈子夏傳〉、李鼎祚《周易集解》、吳澄、姚配中、高亨、屈萬里皆以為「丈人」當作「大人」。李鼎祚云：「〈子夏傳〉作『大人』是也。今王氏曲解『大人』為『丈人』，……。既誤違於經旨，輒改正作『大人』明矣。」而出土《周易》中，上博本亦作「丈人吉」，故由上博本可得知今本「丈人」二字並非「誤寫」，而是其來有據；〈子夏傳〉等以為「丈人」當作「大人」之說法亦被上博本證據所推翻。又今本未濟六三爻辭「利涉大川」，朱熹、高亨以為「利」上當有「不」字。然上博本作「枒涉大川」；帛書本作「利涉大川」，皆無「不」字，故知朱、高之推測不確。

6、為歷代學者對今傳本內容之合理懷疑提供珍貴佐證。

如今本无妄六二爻辭：「不耕穫」，王弼《注》作「不耕而穫」，程頤《易傳》亦從之，以為當有「而」字。《禮記·坊記》引「不耕穫，不菑畬」，《經典釋文》：「或依注作『不耕而穫』。」朱熹則不以為然：「『（程）先生曰：『言不耕不穫，不菑不畬，無所為於前，無所冀於後，未嘗略起私意以作為，唯因時順理而已。程《傳》作『不耕而穫，不菑而畬』，不惟添了而字，又文勢牽強，恐不如此。」但上博本清楚作「不靜而穫」，可見「不靜而穫（不耕而穫）」的確存在早期版本中，王弼、程頤、《經典釋文》引「不耕而穫」之說有據可考，而非空穴來風。

由戰國時代的上博《周易》至西漢初年的阜陽《周易》與馬王堆帛書《周易》出現，與今本《周易》結合成一完整體系，在互相比對下，無論是文字、思想，或是版本的研究上都有很大裨益，也使我們對先秦至今《周易》沿革有更深切真實的認識和了解。

（二）出土《周易》與今本《周易》比對後仍未能解決的問題

然而，儘管我們已經藉由四個版本的比對解決了不少問題，但目前仍有一些問題因資料不足而尚未能解決，包括：

1. 上博《周易》首符尾符的問題

在上博《周易》中各卦首尾出現的紅黑符號，雖已有諸多學者提出許多

寶貴意見，但是目前因資料不足，僅能作某種程度的推測，無法藉此解開上博《周易》卦序之謎。不過，各版本出土《周易》唯有上博《周易》具有這些前所未見的符號，是十分珍貴的出土資料。

2. 上博《周易》內尚未能解決的文字問題

將上博本、阜陽本、帛書本與今本《周易》比對後，上博本中仍有一些字在字形上未能完全解決，因此存疑。包括：

（1）今本豫卦九四爻「朋盍簪」；上博本作「塱欰![字形]」；帛書本作「傰甲讒」；阜陽本缺。「![字形]」字目前雖暫依劉樂賢讀作「疌」，但字形尚有疑義未能完全解決。

（2）今本豫卦上六爻辭「冥豫成」，上博本作「![字形]參成」；帛書本作「冥餘成」；阜陽本缺。「![字形]」字，目前目前所見資料中以季師之推論最合理，以爲上部件爲「瞑」之本字，當隸爲「槙」。冀望未來能有更多出土材料佐證此說。

（3）今本遯卦六二爻「莫之勝說」，上博本作「莫之勑![字形]」；作；帛書本作「莫之勝奪」；阜陽本缺。上博本「![字形]」字，目前暫時隸爲「夅」，象手持鞭之形，但字形上仍有存疑。

（4）今本渙卦初六爻「用拯馬壯」，上博本作「![字形]馬藏」；帛書本作「撜馬」；阜陽本缺。「![字形]」字形模糊，待考。

關於這些尚未能徹底解決的問題，則期待將來能再有其他出土《周易》版本，以供比對、釋疑。

三、出土《周易》與今本對讀後的心得與創見

本論文中，筆者於各章節內間有心得，或爲前人所未言而己有所觸發之續貂之論；或爲歷代學者議論紛紜而無定案，經筆者反覆斟酌、慎重比對後所得之結論；因散列於各章節之中，惟恐不便於讀者參考，故條列於下，爲野人獻曝之誠也。

（一）乾 卦

1. 「潛龍勿用」之「勿用」一詞，孔穎達、王引之、崔憬、朱熹、屈萬里皆以爲「勿用，無所施行」；爲主動式，也就是君子目前因時機未到而暫無任何表現。干寶則以爲是「雖有聖明之德，未被時用」則爲被動句，指君子未被擢用，與上述說法完全相反。南懷瑾則綜合主動式與被動式兩種說法，

而推衍出「不可用」、「不必用」、「不能用」等義。筆者整理今本《周易》卦爻辭中有「勿用」一詞者共十一處，認爲皆應爲主動式而無例外。

2. 今「利見大人」之「大人」一詞，程頤、朱熹、李道平以爲指「道德崇高者」。王肅、張立文以爲「居君位者」。孔穎達、鄧球柏、南懷瑾以爲「德位兼備者」。陳鼓應、趙建偉以爲「即今之算命先生所謂的『貴人』」。筆者整理今本《周易》經文中出現「大人」一詞者共十二處，認爲「大人」皆應指有德之人。

3. 乾卦九三「夕惕若厲无咎」，歷來有兩種主要斷句方式：一爲王弼主張「夕惕若厲，无咎」，另一種則如《易程傳》作「夕惕若，厲无咎。」筆者以爲漢代學者引易皆以「夕惕若厲」爲句，如《淮南子‧人間訓》：「終日乾乾，以陽動也；夕惕若厲，以陰息也。」《漢書‧王莽傳》：「易曰：『終日乾乾，夕惕若厲。』公之謂也。」皆以「夕惕若厲」斷句，可見漢代時「夕惕若厲」應爲相當普及之成語，並頻繁出現於文獻中；也可見王弼《注》「夕惕若厲，无咎」的斷句並無問題，這是漢代普遍讀法。而「夕惕若，厲无咎」的斷讀方式則遲至宋代才出現。

4. 今本《周易》「用九」之「用」，與帛書本作「迥九」之「迥」，均應假借爲「通」。《周易》中僅乾卦有「用九（迥九）」、坤卦有「用六（迥六）」。「用九」及「迥九」皆爲「通九」之假借，意思是乾卦六爻皆爲陽數之九，可以通達往來不窮之天道。

（二）坤　卦

1. 今本《周易》坤卦之「坤」，帛書本作「**∬∬**（川）」。筆者以爲其演（訛）變過程當如下：

㘸（坤卦卦畫）→ 〈〈〈（《說文》古「坤」字）→〈〈〈（川字異體）→川

（三）屯　卦

1. 阜陽《周易》、今本《周易》六三爻辭「惟入于林中」，帛書《周易》作「唯人于林中」。筆者以爲「惟入于林中」比較可以突顯出獵人行進時的動感效果，就文言文非常重視文字的精準度而言，「惟入于林中」應比「惟人于林中」更佳。

（四）訟　卦

1. 今本《周易》初六爻辭「不永所事」，上博《周易》作「不出迎事」。筆者以爲，若以「不永所事」的文法而言，「永」爲動詞，「所事」二字爲受

詞，用法應與《論語・爲政》：「視其所以，觀其所由，察其所安」同，爲指示兼稱代的用法。「所事」即「此事」，也就是本卦中的「訟事」。上博本「不出逆（御）事」，「御」可與「所」相通假（二字同爲舌音魚部韻，可通假），亦可直接用其原義。「御事」，治事也。在《訟》卦中當指處理訴訟之事。「不出逆事」之「出」，可通假爲「屈」。「屈」有竭盡之義，如《荀子・王制》：「使國家足用，而財力不屈。」「不屈御事」也就是不要竭盡心力在處理訟事。與今本「不永所事」，孔穎達《正義》：「『不永所事』者，永，長也，不可長久爲鬥訟之事。」文義可相符。

　　2. 今本《周易》上九「終朝三褫之」之「褫」，帛書《周易》作「𥾆（摅）」。𥾆字右邊偏旁在「虍」頭之下的部件寫作「皿」。馬王堆帛書中，「虎」字都寫作𧆞（合.116）、𧆞（陰乙.圖 4），下方訛成「巾」形，是以𥾆字右半部可能爲「虎」字下加一橫畫，隸定作「摅」或是「摅」。右半部「虎」字下所加的一橫畫，應該爲飾筆。雖然目前所見秦、漢的「虎」字，即使下方訛成「巾」，也沒有加一橫畫爲飾筆的其他例子。但徐中舒《秦漢魏晉篆隸字形表》錄「虒」字，隸定爲「虝」。如果徐中舒的隸定是正確的，那麼也許「𥾆」字可以直接隸定做「摅」，與今本「褫」字同聲符可相通假。

（五）師　卦

　　1. 六四爻辭「師左次」歷代學者說法不一。依筆者揣想，六四以柔處陰，雖得其所，然上下（與六三、六五）皆無所應。以出師之象喻之，有如軍隊位於正確的攻防點，卻無援軍積極相應，在沒有援軍支援接應的情況下，不可貿然前行，而應該守住目前的位置，不積極追求建功，但求無咎即可。若以此想法推之，王弼、孔穎達以爲「無應不可行，得位可以處，所以師處於高險之左方，且要次止之，才能無凶咎。」當是比較好的說法。

（六）泰　卦

　　1. 九二爻辭「包荒，用馮河，不遐遺，朋亡」，度其爻辭，九二既能包容萬方，連馮河之人皆能包容，應不至喪失朋友。故此仍依舊說釋爲「无私昵於朋黨」。

（七）賁　卦

　　1. 四爻辭「翰如」，孔穎達引《禮記・檀弓上》以爲「其色翰如」，朱熹、南懷瑾引《太玄》則以爲「如飛翰之疾」，說法不同。筆者以爲，若依孔穎達

之說，則「翰如」釋為白淨貌，與「皤如」前後呼應，可以強調六四由人至馬均「飾之以質素」的決心。若依朱熹、南懷瑾之說，「翰」為高飛之疾，則用以形容六四欲往求與初九婚媾，然因遭九三阻隔，其心雖急如欲飛往，其行卻受限而徘徊待之。二種解釋在此皆可通，此暫從孔穎達之說。

2. 五爻辭「賁于丘園，束帛戔戔，吝，終吉。」關於六五爻辭的解釋相當紛歧，筆者以為諸說中唯獨孔穎達能點明「六五尊位為賁飾之主」的特殊地位，六五處尊位為賁飾之主，若施設華飾在於本來就非常華美的輿服宮館，則有流於奢靡之憂而損大道。若能施飾於生長草木之丘墟園圃，則是施飾於質素之上，則盛莫大焉。初時雖有儉約之吝，但乃得終吉。

（七）无妄卦

1. 上博本六二爻辭作「不耨而穫」。但古人常云「一分耕耘，一分收穫」，既然如此，為何卦中會言及「不耕而獲」呢？筆者以為，王弼其實已經提供了一個很好的觀點。農人因為努力耕耘而獲得豐富的秋收，這是值得鼓勵與讚美的。然而无妄六二以柔爻處中得位，象徵人臣盡於臣道。所談既為臣道，人臣聽命於君王，只能被動接受號令，不敢為首耕，只敢在後刈；不敢發新田，只敢治熟田。順從盡命，如此則能免除君王疑慮而招禍，故利於前往。

2. 今本六二爻辭「不菑畬」之「菑」，上博本作「蓄」。上博本「畜（畜）」為曉紐覺部，今本「菑」為莊紐之部，聲紐不近，韻為旁對轉。廖名春、陳惠玲皆以為「菑」、「蓄」二字字義相近。筆者在此提出另外一種假設，「菑」、「蓄」二字字形相近，有無可能是今本「菑」為「蓄」之訛，或上博本「蓄」為「菑」之手誤呢？「蓄（畜）」之戰國文字作畜（十鐘）、畜（帛書丙）、畜（書也缶）、畜（雲夢秦律）；「菑（甾）」之戰國文字作甾（陶彙 3.687）、甾（貨系 4083）。以字型看來，「甾」與「畜」極有可能發生書寫時訛誤。

3. 今本《周易》九五爻辭「勿藥有喜」，上博本作「勿藥有枲」。筆者以為，上博本「枲」即「瘥」之假借字。《說文》：「瘥，瘉也。」袁枚〈祭妹文〉：「後雖小差，猶尚殗殜。」「差」即「瘥」，病癒之義也。「枲」古音清紐之部，「瘥」古音初紐歌部，初紐為清紐之變聲，之、歌二韻旁轉，故可通假。

（八）頤　卦

1. 今本「其欲逐逐」，虞翻以為「逐逐，心煩貌。」與文義難相合，孔穎達以為「其情之所欲逐逐然」之解釋含糊不清；其餘學者亦多未就「逐逐」

一詞多所著墨，筆者以為《周易音義》：「良馬逐。鄭本作『逐逐』，云兩馬疋也。姚云『逐逐，疾並驅之』。」「逐逐，疾並驅之」應可解釋；頤卦談頤養之道，養德施賢，應當積極如疾而驅之。

（九）大壯卦

1. 今本《周易》九三爻辭：「小人用壯，君子用罔，貞厲，羝羊觸藩，羸其角。」

筆者以為「小人用壯」與「君子用罔」與《論語》中許多篇章相似，例如《論語・里仁》：「子曰：君子喻於義，小人喻於利。」《論語・衛靈公》：「子曰：君子求諸己，小人求諸人。」都是討論君子與小人在某種形勢之下，所做出不同的人生抉擇，其句型相同，文義則相對，此處亦可依此作為判斷依據。九三以陽剛處內卦（乾）之上，是剛壯之極，有如羝羊觸藩，銳不可當，稍微不慎就會造成傷害。面對如此形勢，小人與君子所考慮者必定不同，小人只想藉此極為壯盛之形勢有所作為，卻未考慮到不謹慎就可能流為害的弊端。君子卻正好相反，面對如此形勢會戒慎恐懼，仔細思量，以免造成傷害；而戒慎恐懼的心情就如羅網時時約束著自己的行為。故「小人用壯」即指「小人在此時只想到要利用此壯盛之勢」，「君子用罔」即指「君子在此時還能想到要用戒慎恐懼的心情，如羅網時時約束著自己的行為，以免流為災禍」。以此而論，故「網」義較「无」義更佳。而君子這種謹慎的心情，則與下文「羝羊觸藩，羸其角」相呼應。

（十）晉　卦

1. 今本《周易》初六爻辭「罔孚，裕」，帛書《周易》作「悔，亡復，浴」。玉姍案：今本「罔孚，裕」，帛書本作「悔亡復浴」，帛書整理小組將其斷句為「悔亡，復浴」，故張立文以為帛書本較今本增「悔亡」而無「罔」字，又以為「罔」疑為「悔亡」之訛。然筆者以為「罔」與「悔亡」字形不類，應非字形之訛誤，應當斷句為「悔，亡復，浴」，「罔」與「亡」上古音同為明紐陽部，可通假；今本「孚」字，帛書本中均作「復」；「浴」、「裕」均從「谷」得聲，因此帛書本「亡復，浴」即今本之「罔孚，裕」。如此即可很輕易看出，二版本之差別只在帛書本多一「悔」字，可能是較早的版本中有「悔」字，但後世在傳抄時將「悔」訛漏，而流傳為今通行版本。

（十一）明夷卦

1. 今本《周易》初九爻辭「垂其翼」，帛書本作「垂其左翼」。上博本初九爻辭全殘，阜陽本初九爻辭「其」字後殘，無法判定是否有「左」字。《左傳·昭公五年》引易：「日之謙當鳥，故曰『明夷于飛』，明之未融，故曰『垂其翼。』」亦無「左」字。帛書本「垂其左翼」可能是受到「六二：明夷，夷于左股」「六四：明夷，夷于左腹」影響而生之衍文。然依自然界常理而言，鳥飛時當平均震動雙翼，只垂左翼將失去平衡，故筆者以為今本「垂其翼」應較為合理。

（十二）解　卦

1. 今本「解而拇」之「而」，上博本、帛書本皆作「亓」。「亓」、「而」二字聲韻稍遠，陳惠玲以為「亓」、「而」二字是指稱詞同義替換。筆者以為亦有可能為書手筆誤而致。上博本中「亓」或寫作 兀 形（周易.37），「而」寫作 不（周易.17），兀（亓）形下加兩豎筆即為 不（而），筆誤可能亦當列入考量。揣其文義，「解其拇」較今本「解而拇」文義更為通順，且王弼《注》中亦作「解其拇」（頁93），而上博本、帛書本皆作「亓」，證明直至漢初版本皆為「解亓拇」，今本「解而拇」有可能是漢代之後手抄之訛，並流傳至今。

2. 《周易》上六爻辭「公用射隼于高墉之上」之「隼」，帛書《周易》作「奐」。

筆者在此提出一個假設，馬王堆帛書中「鳥」字寫作 鳥（西漢.馬.相015），與「奐」上半部寫法如出一轍，故「奐」字有可能是從「又」、從「鳥」省之字，隸定為「奐」，為「隻」之異體字。「隹」與「鳥」初文皆為鳥形，故從「隹」之字亦可從「鳥」，如「雞」亦寫作「鷄」，「雉」亦寫作「鴙」等常見之例。帛書本「奐」（奐）與「隻」、「靁」、「奪」一樣都有以手捕捉鳥類之義。經文「公用射隼」亦是獵捕鳥類之義，故可判斷將帛書本「奐」隸定為「奐」要比隸定為「敻」更佳。而今本作「隼」，下方的「十」也有可能為「又」字在隸楷化後訛變的結果；例如「卑」字初文為 畀（戰國.齊.璽彙3677），象以「彐」持卑賤之物，然而在字形演變過程中，「又」漸漸拉直筆畫而寫為「十」，如 畀（東漢.石門頌）。故「奐」也有可能先與「隻」字義近相通，然後下方「又」漸漸拉直寫為「十」，而成為今本「隼」字。

3. 今本上六爻辭「公用射隼于高墉之上，獲之，无不利。」上六以陰爻居外卦之上，地位如公卿，可稱為「公」。王弼、孔穎達以為「于高墉之上」是鳥棲於高墉之上，公卿由下射之。其餘學者則未著墨於此。但筆者以為，「公

用射隼于高墉之上」之主語爲「公」,「于高墉之上」者應爲「公」而非「隼」。
且六三雖居下體之上,上六之位更高於六三,故「公用射隼于高墉之上」當
指六三失位遭上六誅討,公卿立於高墉之上,以箭射六三之隼,於文法較爲
合理。意思是:上六處解之極,象公卿立於高墉之上,以箭射處六三隼鳥,
能有獲而無不利。

(十三)姤 卦

1. 今本《周易》九二爻辭「包有魚」之「包」,自古以來學者分兩派解釋,
虞翻、南懷瑾以爲「包」即包裹之「包」。王弼、孔穎達、高亨以爲「包」通
「庖」,庖廚之意,「包有魚」即「庖有魚」,廚中有魚之義。二者皆可通。筆
者以爲上博本作「🦪(橐)又魚」,「橐」象囊橐之形,亦可引申出「包裹」之
義。本卦九二爻辭「包有魚」、九四爻辭「包无魚」、九五爻辭「以杞包瓜」,
皆見「包」字,上博本相對應處均爲「橐」字,可見上博本中三處皆作「包裹」
之義。以此觀之,直接將今本三處皆釋爲「包裹——包裹——包裹」爲佳。
初六以陰而處下,故稱「魚」。九二處內卦之中故曰「包」。九二與初六相承,
故「包有魚」。

(十四)困 卦

1. 今本《周易》上六爻辭「曰:動悔,有悔,征吉。」筆者以爲上六居
困卦之極,乘九五之剛而無應,行則纏繞,有如困於葛藟藤蔓一般,危險不
安。當此之時,動則得咎而可能有悔吝之虞,但如不動以嘗試突破,則將永
遠陷於困境。故動雖可能生悔,卻也是突破困境的契機,故曰「征吉」。眾說
中以孔穎達、南、徐之說較合上六爻義。

2. 帛書本「悔夷有悔」與上博本、今本「動悔,有悔」爻辭不同。張立
文以爲「夷」爲語助詞,「曰:悔夷有悔,言悔而又有悔也。」筆者以爲「悔
夷」之「夷」通「痍」,爲創傷、傷害之意。如《左傳・成公十六年》:「子反
命軍吏,察夷傷。」「悔夷,有悔」是指困於葛藟而傷,故有悔;與上博本、
今本爻辭辭意較近。

(十五)革 卦

1. 「革言三就」之「就」,諸舊說共六種說法,以王弼、孔穎達「隨就、
從命」之意較佳,但筆者以爲亦可將「就」釋爲「成就」,先秦典籍中「就」
多釋爲「成」,如《論語・顏淵第十二》:「季康子問政於孔子曰:『如殺無道

以就有道，何如？』」《注》：「就，成也。」又《儀禮・既夕禮》：「薦馬纓三就入門北面。」《注》：「就，成也。」「革言三就」即改革而多有成效。

（十六）漸　卦

1. 今本《周易》九三爻辭：「鴻漸于陸，夫征不復，婦孕不育，凶。利禦寇。」「婦孕不育」，王弼、孔穎達皆以為是「妻亦不能保其貞。非夫而孕，故不育也」。然筆者以為九三爻辭並未出現「不貞」字詞，「婦孕不育」亦有可能是出征丈夫一去不回，妻子懷有遺腹子卻因經濟因素而無力養育，這是凶的。

2. 今本《周易》六四爻辭「或得其桷，无咎」，帛書《周易》作「或直其寇𣪊（敨），无咎」。張立文以為「敨」亦作「讎」。卦辭的涵義為「鴻雁飛到樹木上，正當遇到盜寇（捕鳥者），但捕鳥者棄而不獵，故無災患。」趙建偉以為「九四遇寇但擊之無咎」。

筆者以為上述兩種說法皆是受〈馬王堆六十四卦釋文〉斷句為「鴻漸于木，或直其寇，敨，無咎」之影響。筆者在此提出另一個假設，將帛書本的斷句方式改為「六四：鴻漸于木，或直其寇敨，无咎。」將「敨」釋為「讎」之假借字。「讎」上古音為禪紐幽部，「敨」從壽得聲，上古音亦禪紐幽部，聲韻均同可以通假。「寇讎」在先秦為常用詞，指「賊寇、仇敵」之義。如《孟子・離婁》：「君之視臣如土芥，則臣視君如寇讎。」「寇讎」與「寇」義近，如此解釋，則帛書本與今本的文義其實相同。亦可推測或許較早版本中作「寇敨（讎）」，後來傳抄時遺漏「敨（讎）」字，但文義仍可通故流傳至今。

3. 今本《周易》六四爻辭「或得其桷，无咎」，帛書本作「或直其寇敨，无咎」。由字面意義而言，今本「或得其桷」與帛書本「或直其寇敨」其吉凶正好相反。「或得其桷」，學者皆以為鴻鳥能得平直如屋椽的樹枝棲息，這是非常明顯的吉兆。但「或直其寇敨」就是遇到惡人之凶兆。這兩種說法，該取哪一種呢？筆者以為可以由斷辭「无咎」二字來作決斷。「无咎」二字在卦爻辭中出現八十一次之多，當「无咎」作為斷辭時，絕大多數是表示「有驚無險」，也就是即使過程不順遂，但最後總算能沒有災咎。如果透過這種邏輯來思考，那麼帛書本「或直其寇敨」顯然比今本「或得其桷」更符合「過程不順遂，但最終沒有災咎」的敘述方式。故此處筆者傾向於視帛書本「或直其寇敨」之「寇」為本字，今本「桷」為假借字。將六四爻辭釋為：「六四陰柔而乘九三之剛，象鴻鳥漸進於木，卻遭遇仇寇。過程雖艱險，但因得其位，

故最終仍無災咎。」

（十七）歸妹卦

1. 今本《周易》六三爻辭「歸妹以須」之「須」，帛書本作「嬬」。虞翻以為「須，需也。」王弼以下學者多以為「須，待也。」朱熹則提出「或曰：須，女之賤者也。」阮元《周易注疏校勘記》：「石經、岳本、閩、監、毛本同。《釋文》：『須，荀、陸作嬬』。」帛書本出土，於六三爻辭中「須」作「嬬」，則肯定了石經、岳本、閩、監、毛本等版本中所保留的「須，荀、陸作『嬬』」的說法。「嬬」者，妾也，亦朱熹所謂「女之賤者也」。據此我們可以了解，今本「須」其實是音近假借字，本字當為「嬬」，「歸妹以須」是指嫁妹時以地位低的僕妾為媵陪嫁，如此，則與六三以柔居剛，而失中正以及〈小象傳〉曰「歸妹以須，未當也」的不正當、不合禮更能緊密貼切。必須將嬬追回，而依禮改陪嫁以娣，方合禮制。

（十八）豐　卦

1. 今本《周易》六二爻辭「有孚發若，吉。」帛書本作「有復洫若」。「洫」上古音曉紐質部，「發」幫紐月部，二字韻近聲遠。筆者以為，或可將「洫」視為「溢」之訛寫，「溢（益）」字本意為水太多而溢出器皿之外，〔註3〕「發」字本意則為箭矢發射，〔註4〕二字皆可引申出表現於外之意，意近可相通。

2. 今本《周易》上六爻辭「閴其无人」之「閴」，帛書本作「臾」。張立文以為「臾」假借為「閴」。「閴」，從門、臭聲，「臭」字或作「瞁」，帛書之「臾」與「瞁」形近，當為「瞁」之異體。故「臾（瞁）」即「臭」，假借為「閴」。筆者以為以字形而言的確有可能，也不排除帛書本字形原本即為「瞁」，但因剝蝕等因素而被整理者訛寫為「臾」。

（十九）旅　卦

1. 今本《周易》上九爻辭「喪牛于易，凶。」大壯六五爻辭「喪羊于易」與本卦爻辭「喪牛于易」句型相近，只有動物名稱不同。以《周易》中所見之句法而言，常見〔動詞〕＋「于」＋〔地點〕之文法組合，如乾：「上六：龍戰于野」、需：「上六：入于穴」、睽：「九二：遇主于巷」、升：「六四：王

〔註3〕 季師旭昇主編：《上海博物館藏戰國楚竹書（一）讀本》（台北：萬卷樓，2004年6月），頁412。
〔註4〕 季師旭昇主編：《上海博物館藏戰國楚竹書（二）讀本》（台北：萬卷樓，2003年7月），頁212。

用亨于岐山」……，故筆者以爲將「易」釋爲「場，田畔之地（田界）」較「平易」、「容易」更佳。故本爻「喪牛于易」之「易」亦可釋爲「場，田畔之地（田界）」，指喪其牛於田場。

（二十）渙　卦

1. 今本《周易》六四爻辭「渙有丘，匪夷所思。」「渙其丘」一句，學者說法紛歧。筆者以爲六四已離內卦之坎險，而能與九五應合，因此能散群之險。既能散群之險，故不可能還見「水之所渙，上及於丘」之驚險貌；而六四非居九五大位，是以無權力以「分散其丘陵土地，以分封有功之人」。《說文》：「丘，土之高也。」「丘」是小土山、小土堆，雖較平地高而未高險如山巒，較易登越，引申爲較容易克服的小難，與于省吾「易之言丘、言虛、言陵者，皆迎刃而解」之說相合。故孔穎達以爲「雖獲元吉，猶宜於散難之中，有丘墟未平之慮」較能切合六四爻義，意指此時居於外卦巽順，雖有元吉，但仍然要有擔心小患未平的憂慮，不可忘卻所承擔的憂思。故從孔穎達之說。

第二節　研究價值與展望

一、研究價值

《漢書・藝文志》：「及秦燔書，而易爲筮卜之事，傳者不絕。漢興，田何傳之。訖于宣、元，有施、孟、梁丘、京氏列於學官，而民間有費、高二家之說·劉向以中古文易經校施、孟、梁丘經，或脫去『无咎』、『悔亡』，唯費氏經與古文同。」〔註5〕東漢古文經流行，《後漢書・儒林列傳》：「范升傳孟氏易，以授楊政，而陳元、鄭皆傳費氏易，其後馬融亦爲其傳。融授鄭玄，玄作易注，荀爽又作易傳，自是費氏興，而京氏遂衰。」〔註6〕漢章帝「詔與諸儒論五經於白虎觀。」〔註7〕「熹平四年，靈帝乃詔諸儒正定五經，刊於石碑，爲古文、篆、隸三體書法以相參檢，樹之學門，使天下咸取則焉。」

〔註5〕　（漢）班固撰，（唐）顏師古注：《新校本漢書并附編二種》（台北：鼎文書局，1991年），頁1704。
〔註6〕　（宋）范曄撰，（唐）李賢注：《新校本後漢書并附編十三種》，（台北：鼎文書局，1987年），頁2554。
〔註7〕　（宋）范曄撰，（唐）李賢注：《新校本後漢書并附編十三種》，（台北：鼎文書局，1987年），頁2582。

〔註 8〕唐代取王弼易爲官學而爲之疏，《周易》定爲學界一尊。到了宋朝，在
疑古風氣影響之下，宋儒有改經之風。後經清儒阮元等人校勘，《周易》成爲
現今流傳的版本。直到民初疑古之風又盛，學者對於《周易》經文是否有缺
漏字提出質疑，只可惜並無出土文獻以落實學者推測。直至西元 1973 年後，
帛書《周易》、阜陽《周易》、上博《周易》相繼出土面世，對《周易》研究
提供了不少新證據。

　　由上博《周易》、阜陽《周易》、帛書《周易》至今本《周易》，相當完整
地呈現了《周易》自戰國晚期至西漢初、再至今之定本的演變源流與內容變
化，大大地拓展我們對《周易》經文的研究視野。我們通過各版本的釋讀，
有系統地解決某些以往疑惑的古文釋讀問題，或糾正以前的錯誤，也從先儒
未見過的古文版本《周易》去推敲易之原貌，得到許多思想啓發，並了解不
同版本因時代背景不同，文字出入在所難免，這也是研究易學發展重要的參
考。經本論文將上博《周易》、阜陽《周易》、帛書《周易》與今本《周易》
經文之六十四卦卦畫、卦辭、爻辭互相比對，證實了今本《周易》內容的可
信度。故林忠軍以爲：「可以看出，今本雖然經過後世整理，但是仍然保存了
許多與戰國本完全相同或意思相同的文字。這種今本與戰國本關聯的事實，
無可爭辯地證明了今本仍是《周易》各種版本中最重要的版本，其權威性並
沒有因爲近幾年許多《周易》文本的出土或削弱。……說明《周易》在流傳
過程中，有因文字轉換或抄寫而出現的問題，後經歷多次校正和整理而成爲
今本。這些整理是在不改變作者原義的大前提下進行的。」〔註 9〕

二、研究展望

　　沈頌金（1964～2003）《二十世紀簡帛學研究》提到：

　　簡帛學經過近百年眾多學者的共同努力，在資料的收集與著錄以及研究
課題的拓展與研究方發的改進上，都取得了巨大的成績，逐步發展成爲一門
成熟的學科。主要表現在：

　　（一）力圖全面反映簡帛所包含的豐富內容，政治、經濟、軍事、文化

〔註 8〕（宋）范曄撰，（唐）李賢注：《新校本後漢書并附編十三種》，（台北：鼎文書局，
　　　　1987 年），頁 2547。
〔註 9〕林忠軍：〈從戰國楚簡看通行《周易》版本的價值〉，《簡帛考論》（上海：上海古
　　　　籍出版社，2007 年 5 月）頁 88～89。

都成爲研究的重點。

（二）在傳統以簡證史的基礎上，不斷提出新的理論，擴大研究領域，推動了古文字學、文書學等相關領域的進展。

（三）將考古學、文書學方法引進簡帛研究範疇，增強了簡帛學的內涵與外延。

（四）對簡帛進行全方面、多學科的綜合研究，簡帛本身的研究也成爲簡帛學的重要組成部分，如對刻齒簡、印章的研究。

（五）最新科學技術手段的運用，使簡帛研究產生了飛躍，用電子計算機進行簡帛的綴合，將簡帛資料輸入電腦，建立簡帛網站，用碳十四加速器質譜儀從事斷代工作，都是新世紀簡帛的發展方向。」〔註 10〕

　　目前所見之出土《周易》，其所書寫的簡帛材料本身就是萬金難換的歷史珍寶，而簡帛上的字體書法、考古斷代、史料保存、典制沿革、經傳內容、哲學思想……涵蓋了多門學科研究領域，本論文即由小學入經學，希望在《周易》研究的文字與義理上皆能有更多認識與啓發。而對於目前尚未能解決的問題，則採樂觀態度，相信地不愛寶，未來必定有更多出土文物，能夠彌補目前的資料空白之處，使《周易》研究的成果更加充實而完整。未來則寄望海內外各學門研究學者能夠跨越領域聯繫合作，彼此交流分享研究成果，積極地將其學術價值推廣到最大層面。我們相信，未來隨著文物相繼出土、更多優秀研究人員投入、研究方法的改進、出土文物整理與保存方法的進步、先進科技儀器的發明以及各研究領域之間的交流拓展，都將在前人奠定的深厚基礎上，再一步步穩健踏實地將出土《周易》的研究帶向更豐富輝煌的新境界。

〔註 10〕沈頌金：《二十世紀簡帛學研究》（北京：學苑出版社，2003 年），頁 375～377。

參考文獻

一、**古籍**（依時代先後排序）

（一）經　部

1. （漢）揚雄撰、（清）戴震疏證：《方言疏證》，北京：中華書局，1998年11月。

2. （漢）孔安國傳，（唐）孔穎達正義：《尚書正義》，台北：藝文印書館，1989年，第11版。

3. （漢）毛亨傳，（唐）孔穎達正義：《毛詩正義》，台北：藝文印書館，1989年，第11版。

4. （漢）許慎著，（清）段玉裁注：《圈點段注說文解字》，台北：書銘出版社：1992年9月。

5. （漢）趙岐注，（宋）孫奭疏：《孟子注疏》，台北：藝文印書館，1989年，第11版。

6. （漢）鄭玄注，（唐）孔穎達正義：《禮記正義》，台北：藝文印書館，1989年，第11版。

7. （漢）鄭玄注，（唐）賈公彥疏：《周禮注疏》，台北：藝文印書館，1989年，第11版。

8. （漢）鄭玄注，（唐）賈公彥疏：《儀禮注疏》，台北：藝文印書館，1989年，第11版。

9. （漢）何休注，（唐）徐彥疏：《春秋公羊傳注疏》，台北：藝文印書館，1989年，第11版。

10. （魏）張揖撰，（清）王念孫疏證：《廣雅疏證》，北京：中華書局，1998年11月。

11. （魏）何晏等注，（宋）邢昺疏：《論語注疏》，台北：藝文印書館，1989年，第11版。

12. （魏）王弼、（晉）韓康伯注，（唐）孔穎達正義：《周易正義》，台北：藝文印書館，1989 年，第 11 版。

13. （晉）杜預注，（唐）孔穎達正義：《春秋左傳正義》，台北：藝文印書館，1989 年，第 11 版。

14. （晉）郭璞注，（宋）邢昺疏：《爾雅注疏》，台北：藝文印書館，1989 年，第 11 版。

15. （晉）范甯注，（唐）楊士勛疏：《春秋穀梁傳注疏》，台北：藝文印書館，1989 年，第 11 版。

16. （梁）顧野王撰：《玉篇》，北京：中華書局，1998 年 11 月。

17. （唐）陸德明：《經典釋文》，上海：上海商務印書館，1936 年。

18. （宋）陳彭年等：《廣韻》，北京：中華書局，1998 年 11 月。

19. （宋）丁度等撰：《集韻》，（清）胡承珙撰：《小爾雅義證》，北京：中華書局，1998 年 11 月。

20. （宋）程頤：《易程傳》，台北：世界書局，2001 年 6 月。

21. （宋）朱熹：《周易本義》，台北：大安出版社，1999 年。

22. （清）惠棟撰，鄭萬耕點校：《周易述》，北京：中華書局，2007 年 9 月。

23. （清）王引之：《經義述聞》，台北：廣文書局，1979 年 2 月。

24. （清）朱駿聲：《六十四卦經解》，北京：中華書局，2009 年 3 月。

25. （清）朱駿聲：《說文通訓定聲》，台北：藝文印書館，1975 年。

26. （清）李道平撰，潘雨廷點校：《周易集解纂疏》，北京：中華書局，2004 年 4 月。

（二）史　部

1. （漢）司馬遷撰，（南朝宋）裴駰集解，（唐）司馬貞索隱，（唐）張守節正義：《新校本史記三家注并附編二種》，台北：鼎文書局，1993 年。

2. （漢）班固撰，（唐）顏師古注：《新校本漢書并附編二種》，台北：鼎文書局，1991 年。

3. （東吳）韋昭：《國語注》，台北：臺灣商務印書館，1968 年。

4. （宋）范曄撰，（唐）李賢注：《新校本後漢書并附編十三種》，台北：鼎文書局，1987 年。

5. （後晉）劉昫：《新校本舊唐書附索引》，台北：鼎文書局，1987 年。

（三）子部

1. （秦）孔鮒撰，（宋）宋咸注：《孔叢子》，台北：臺灣商務印書館，1988 年 5 月（商務印書館誤植孔鮒爲漢代人，實爲秦末儒生）。

2. （晉）郭象注，（唐）陸德明釋文，（唐）成玄英疏，（清）郭慶藩集釋：
《莊子集釋》，台北：世界書局，1959 年。

二、近人著作（依作者姓氏筆劃編排）

1. 丁原植主編、侯乃峰著：《〈周易〉文字彙校集釋》，台北：臺灣古籍出版有限公司，2009 年 3 月。

2. 于省吾：《甲骨文字詁林》，北京：中華書局，1999 年 12 月。

3. 于省吾：《易經新證》，台北：藝文印書館，1975 年 9 月。

4. 王輝：《古文字通假字典》，北京：中華書局，2008 年 2 月。

5. 朱伯崑：《易學哲學史（修訂本）》，台北：藍燈文化公司，1991 年 9 月。

6. 艾蘭、邢文：《新出簡帛研究》，北京：文物出版社，2004 年。

7. 何琳儀編：《戰國古文字典》，北京：中華書局，1998 年。

8. 何琳儀：《戰國文字通論（訂補）》，南京：江蘇教育出版社，2003 年。

9. 何琳儀點校：《上博簡〈周易〉》，北京：北京大學出版社，2007 年 4 月。

10. 吳辛丑：《周易異文校正》，廣州：廣東人民出版社，2001 年 8 月。

11. 吳辛丑：《周易講讀》，上海：華東師範大學出版社，2006 年 11 月。

12. 吳辛丑：《簡帛典籍異文研究》，廣州：中山大學出版社，2002 年 10 月。

13. 李正光編：《馬王堆漢墓帛書竹簡》，長沙：湖南美術出版社出版發行，1988 年。

14. 李守、奎曲冰、孫偉龍：《上海博物館藏戰國楚竹書（一至五）文字編》，北京：作家出版社，2007 年 12 月。

15. 李孝定：《甲骨文字集釋》，台北：中央研究院專刊，1965 年。

16. 李零校刊：《汗簡及古文四聲韻・古文四聲韻》，北京：中華書局，1982 年 11 月。

17. 李學勤：《周易溯源》，成都：巴蜀書社，2006 年 1 月。

18. 李學勤：《周易經傳溯源》，高雄：麗文文化公司，1995 年。

19. 李學勤等標點：《十三經注疏》，北京：北京大學出版社，1999 年 12 月。

20. 沈頌金：《二十世紀紀簡帛學研究》北京：學苑出版社，2003 年。

21. 邢文：《帛書周易研究》，北京：北京新華出版社，1998 年 12 月。

22. 周法高：《金文詁林》，京都：中文出版社，1981 年。

23. 周法高：《金文詁林補》，台北：中央研究院歷史語言研究所，1982 年。

24. 季師旭昇：《說文新證・下冊》，台北：藝文印書館，2004 年 11 月初版。

25. 季師旭昇：《說文新證・上冊》，台北：藝文印書館，2002 年 10 月初版。

26. 季師旭昇主編:《上海博物館藏戰國楚竹書（一）讀本》,台北:萬卷樓圖書股份有限公司,2004 年 6 月。

27. 季師旭昇主編:《上海博物館藏戰國楚竹書（二）讀本》,台北:萬卷樓圖書股份有限公司,2003 年 7 月。

28. 季師旭昇主編:《上海博物館藏戰國楚竹書（三）讀本》,台北:萬卷樓圖書股份有限公司,2005 年 10 月。

29. 尚秉和:《周易尚氏學》,北京:中華書局,2003 年 12 月。

30. 屈萬里:《讀易三種》,台北:聯經出版公司,1983 年。

31. 林尹:《訓詁學》,台北:正中書局,1999 年 10 月第十八次印行。

32. 林忠軍:《周易鄭氏學闡微》,上海:上海古籍出版社,2005 年 8 月。

33. 林澐:《林澐學術文集》,北京:中國大百科全書出版社,1998 年。

34. 河南省文物考古研究所:《新蔡葛陵楚墓》,鄭州:大象出版社,2003 年。

35. 金景芳、呂紹綱:《周易全解》修訂本,上海:上海古籍出版社,2008 年 3 月。

36. 南懷瑾、徐芹庭註譯:《周易今註今譯》,台北:臺灣商務印書館,2004 年 5 月。

37. 南懷瑾講述:《易經雜說》,台北:老古文化公司,1989 年。

38. 唐蘭:《古文字學導論（增訂本）》,濟南:齊魯書社,1981 年。

39. 容庚:《金文編》,北京:中華書局,1985 年。

40. 徐中舒主編:《甲骨文字典》,成都:四川辭書出版社,1998 年 10 月第 5 刷。

41. 徐中舒主編:《殷周金文集錄》,成都:四川人民出版社,1984 年。

42. 徐中舒主編:《秦漢魏晉篆隸字形表》,成都:四川辭書出版社,1986 年。

43. 徐中舒主編:《漢語古文字字形表》,台北:文史哲出版社,1982 年。

44. 徐在國:《隸定古文疏證》,合肥:安徽大學出版社,2002 年 6 月。

45. 徐志銳:《周易大傳新注》,台北:里仁書局,2001 年 3 月二刷。

46. 徐芹庭:《周易異文考》,台北:五洲出版社,1975 年。

47. 徐富昌:《簡帛典籍異文側探》,台北:國家出版社,2006 年 3 月。

48. 馬王堆漢墓帛書整理小組編:《馬王堆漢墓帛書》,北京:文物出版社,1983 年。

49. 馬承源主編:《上海博物館藏戰國楚竹書（一）》,上海:上海古籍出版社,2001 年 12 月。

50. 馬承源主編:《上海博物館藏戰國楚竹書（二）》,上海:上海古籍出版社,2002 年 12 月。

51. 馬承源主編：《上海博物館藏戰國楚竹書（三）》，上海：上海古籍出版社，2003 年 12 月。

52. 高明：《中國古文字學通論》，台北：五南出版社，1993 年。

53. 張立文（張憲江）：《周易帛書今注今譯》，台北：臺灣學生書局，1991 年。

54. 郭錫良編：《漢字古音手冊》，北京：北京大學出版社，1986 年 11 月初版。

55. 陳松長編著：《香港中文大學文物館藏簡牘》，香港：香港中文大學文物館，2001 年。

56. 陳松長編著：《馬王堆簡帛文字編》，北京：北京文物出版社，2001 年。

57. 陳師新雄：《古音學發微》，台北：文史哲出版社，1996 年 10 月。

58. 陳鼓應、趙建偉合著：《周易注譯與研究》，台北：臺灣商務印書局，1999 年 7 月。

59. 傅舉有：《不朽之侯：馬王堆漢墓考古大發現》，杭州：浙江文藝出版社，2002 年 3 月。

60. 湖北省文物考古研究所，北京大學中文系：《望山楚簡》，北京：中華書局，1995 年。

61. 湯餘惠主編：《戰國文字編》，福州：福建人民出版社，2001 年 12 月。

62. 黃人二：《上海博物館藏戰國楚竹書（三）研究》，台中：高文出版社，2005 年 8 月。

63. 黃玉順：《易經古歌考釋》，成都：巴蜀書社，1995 年 3 月。

64. 黃忠天：《周易程傳註評》，高雄：復文圖書出版社，2006 年 12 月。

65. 黃焯撰：《古今聲類通轉表》，上海：上海古籍出版社，1981 年 7 月初版。

66. 黃德寬、何琳儀、徐在國合編：《新出楚簡文字考》，合肥：安徽大學出版社，2007 年 9 月。

67. 黃慶萱：《乾坤經傳通釋》，台北：三民書局，2007 年 8 月。

68. 廖名春：《周易經傳十五講》，北京：北京大學出版社，2004 年 9 月。

69. 廖名春：《帛書《周易》論集》，上海：上海古籍出版社，2008 年 12 月。

70. 廖名春：《帛書《易傳》初探》，台北：文史哲出版社，1998 年。

71. 趙建偉：《出土簡帛《周易》疏證》，台北：萬卷樓圖書股份有限公司，2000 年。

72. 趙超：《簡牘帛書發現與研究》，福州：福建人民出版社，2005 年 6 月。

73. 劉大鈞、林忠軍：《《周易》經傳白話解》，上海：上海古籍出版社，2006 年 12 月。

74. 劉大鈞：《今、帛、竹書《周易》綜考》，上海：上海古籍出版社，2005

年 8 月。

75. 劉大鈞主編：《簡帛考論》，上海：上海古籍出版社，2007 年 5 月。

76. 滕壬生：《楚系簡帛文字編》，武漢：湖北教育出版社，1995 年。

77. 鄧球柏：《帛書周易校釋》，長沙：湖南人民出版社，2002 年 6 月三版。

78. 賴師貴三編：《春風煦學集——黃慶萱教授七秩華誕授業論集》，台北：里仁書局，2001 年 4 月 8 日。

79. 駢宇騫、段書安編著：《本世紀以來出土簡帛概述（資料篇、論著目錄篇）》台北：萬卷樓圖書股份有限公司，1999 年。

80. 駢宇騫：《簡帛文獻概述》台北：萬卷樓圖書股份有限公司，2005 年 4 月。

81. 濮茅左：《楚竹書〈周易〉研究——兼敘先秦兩漢出土與傳世易學文獻資料》，上海：上海古籍出版社，2006 年 11 月。

82. 韓自強：《阜陽漢簡《周易》研究》，上海：上海古籍出版社，2004 年 7 月。

83. 嚴靈峰：《馬王堆帛書易經初步研究》，台北：河洛出版社，1976 年。

84 嚴靈峰：《馬王堆帛書易經斠理》，台北：文史哲出版社，1994 年。

三、期刊資料（依作者姓氏筆劃編排）

1. 于茀：〈上海博物館藏戰國楚簡《周易》補釋〉，《北方論叢》2007 年第 1 期，頁 8～11。

2. 于豪亮：〈帛書《周易》〉，《文物》1984 年第 3 期，頁 15～24。

3. 王振復：〈上博館藏楚竹書《周易》初析〉，《周易研究》2005 年第 1 期，頁 10～16。

4. 王晶、胡海瓊：〈上博竹書（三）《周易》「亡忘又疾，勿藥又菜」試析〉，《嘉應學院學報》2006 年第 2 期，頁 112～113。

5. 王新春：〈哲學視域中戰國楚竹書《周易》的文獻價值〉，《周易研究》2004 年第 5 期，頁 20～29。

6. 王輝：〈王家台秦簡《歸藏》校釋（28 則）〉，《江漢考古》2003 年第 1 期，頁 75～84

7. 王輝：〈馬王堆帛書《六十四卦》校讀札記〉，北京：中華書局《古文字研究》第 14 輯，1986 年 6 月，頁 281～293。

8. 包山墓地竹簡整理小組：〈包山 2 號墓竹簡概述〉，《文物》，1988 年第 5 期，頁 23～28。

9. 史杰鵬：〈上博楚簡（三）注釋補正〉，《考古與文物》，2005 年增刊《古文字論集（三）》2005 年 12 月，頁 178～182。

10. 安徽省文物工作隊：〈阜陽雙古堆西漢汝陰侯墓發掘簡報〉，《文物》，1978 年第 8 期，頁 12～31。

11. 安徽省阜陽地區博物館，阜陽漢簡整理組：〈阜陽漢簡簡介〉，《文物》，1983 年第 2 期，頁 21～23。

12. 朱冠華：〈《帛書》與今本《周易》之乾、坤二卦四題〉，《周易研究》2005 年第 6 期，頁 5～16。

13. 何有祖：〈楚簡釋讀七則〉，《江漢考古》2006 年第 1 期，頁 91～93。

14. 何琳儀、程燕、房振三：〈滬簡《周易》選釋（修訂）〉，《周易研究》2006 年第 1 期，頁 3～6。

15. 何琳儀：〈楚竹書《周易》校記（上）〉，安徽大學出版社《安大史學》2006 年第 2 輯，頁 1～21。

16. 何琳儀：〈楚竹書《周易》校記〉，上海社會科學院編《傳統中國研究輯刊》第 3 輯，2007 年 11 月，頁 22～57。

17. 吳郁芳：〈包山楚簡卜禱簡帛釋譯〉，《考古與文物》1996 年第 2 期。

18. 吳新楚：〈楚竹書《周易》訓詁札記〉，北京：中華書局《古文字研究》第 26 輯，2006 年第 11 期，頁 320～324。

19. 吳新楚：〈楚簡《周易》「不家而食」新解〉，《周易研究》2004 年第 6 期，頁 14～16。

20. 吳新楚：〈簡帛《周易》字詞拾零〉，《第四屆國際中國古文字學研討會論文集──新世紀的古文字學 21 與經典詮釋》，香港中文大學主辦，2003 年 10 月，頁 412～427。

22. 李天虹：〈包山楚簡釋文補正〉，《江漢考古》1993 年第 3 期，頁 5～9。

23. 李學勤：〈出土文物與《周易》研究〉，《齊魯學刊》，2002 年第 2 期，頁 22～57。

24. 李學勤：〈由楚簡《周易》看馬王堆帛書《周易》經文〉，《湖南博物館館刊》，2004 年第 1 輯，頁 56～57。

25. 林清源：〈釋參〉，北京：中華書局《古文字研究》第 24 輯，2002 年第 7 輯，頁 286～290。

26. 杜霞：〈《周易·艮卦》釋義〉，《周易研究》2005 年第 1 期，頁 23～57。

27. 孟蓬生：〈上博竹書《周易》字詞考釋〉，北京紫禁城出版社：《華學》，2006 年第 8 輯。

28. 房振三：〈竹書《周易》彩色符號初探〉，《周易研究》2005 年第 4 期，頁 22～24。

29. 河南省文物考古研究所，河南省駐馬店市文化局，新蔡縣文物保護管理所：〈河南新蔡平夜君成墓的發掘〉《文物》，2002 第 8 期，頁 4～30。

30. 侯敏：〈通行本、帛書、上博簡《周易》卦名辨異〉，《北方論叢》，2004年第6期。

31. 胡文輝：〈《周易・睽》六三爻辭斷句補說〉，廣州中山大學出版社：《中國早期方術與文獻叢考》，2006年第1輯，頁8～12。

32. 胡平生：〈阜陽漢簡・《周易》概述〉，南寧：廣西教育出版社《簡帛研究》第三輯，1998年12月，頁255～266。

33. 胡志勇：〈《易經》卦爻辭中之「惕」字質疑〉，《周易研究》2003年第6期，頁18～20。

34. 胡志勇：〈戰國楚竹書《周易・爭卦》爭字考〉，《周易研究》2006年第1期，頁7～9。

35. 范長喜：〈簡帛《周易・夬卦》喪字補說〉，《周易研究》2006年第4期。

36. 徐在國：〈上博竹書（三）札記二則〉，北京：中華書局《古文字研究》第27輯，2008年第9輯，頁443～445。

37. 徐富昌：〈上博楚竹書《周易》異體字簡考〉，北京：中華書局《古文字研究》第27輯，2008年第9輯，頁455～463。

38. 徐寶貴：〈楚墓竹簡文字考釋〉，清華大學學報哲學社會科學版，2005年第3期，頁73～76。

39. 荊州地區博物館：〈江陵王家台15號秦墓〉，《文物》，1995年第1期，頁37～43。

40. 馬王堆漢墓帛書整理小組：〈馬王堆帛書《六十四卦》釋文〉，《文物》1984年第3期，頁1～8。

41. 張政烺：〈帛書《六十四卦》跋〉，《文物》1984年第3期，頁9～14。

42. 張玉金：〈談今本《周易》的語料問題〉，《中國語文》，2007年第4期，頁371～377。

43. 張桂光：〈楚竹書《周易》卦序略議〉，北京：中華書局《古文字論集》，2004年10月，頁265～272。

44. 張崇禮：〈上博簡《周易》字詞札記三則〉，《周易研究》2008年第2期，頁33～34。

45. 曹建國：〈楚竹書《周易・頤》卦新釋〉，《周易研究》2006年第1期，頁10～16。

46. 曹福敬：〈談《周易》爻題的形成時間及相關諸問題〉，《周易研究》2006年第2期，頁9～13。

47. 曹錦炎：〈談上博館藏楚竹書札記二則〉，武漢大學簡帛研究中心編：《簡帛》第二輯，上海：上海古籍出版社，2007年11月。

48. 梁韋弦：〈坤卦卦名說〉，《周易研究》2003年第6期，頁21～25。

49. 連劭名:〈帛書《周易》泰畜與《逸周書・大聚》〉,《周易研究》1996 年第 2 期,頁 21～25。

50. 郭德維:〈《包山楚簡初探》評介〉,《江漢考古》1997 年第 1 期。

51. 陳仁仁:〈上海博物館藏戰國楚竹書《周易》研究綜述〉,《周易研究》2005 年第 2 期,頁 16～27。

52. 陳仁仁:〈從楚地出土易類文獻看《周易》文本早期形態〉,《周易研究》2007 年第 3 期,頁 3～16。

53. 陳仁仁:《《上海博物館藏戰國楚竹書《周易》文字考釋述要》,《考古與文物》,2005 年第 12 期,頁 151～154。

54. 陳秉新、李立芳:〈包山楚簡新釋〉,《江漢考古》1998 年第 2 期,頁 75～81。

55. 陳偉:〈望山楚簡所見的卜筮與禱神祠——與包山楚簡相對照〉,《江漢考古》1997 年第 2 期,頁 73～75。

56. 陳偉:〈楚簡文字識小——「宑」與「社稷」〉,武漢:湖北教育出版社:《楚地簡帛思想研究(三)》,2007 年 4 月,頁 139～143。

57. 陳偉武:〈讀上博藏簡第三冊零札〉,廣州:中山大學出版社《華學》2004 年第 7 輯,頁 174～178。

58. 陳斯鵬:〈上博館藏楚簡文字考釋四則〉,《江漢考古》2008 年第 2 期,頁 122～128。

59. 陳雄根:《《周易》零釋〉,安徽大學出版社《古文字論稿》,2008 年 4 月,頁 447～461。

60. 陳廖安:〈論《易・坤》之「西南得朋東北喪朋」〉,《春風煦學集——黃慶萱教授七秩華誕授業論集》,台北:里仁書局,2001 年 4 月 8 日,頁 5～30。

61. 陳劍:〈上博竹書《周易》異文選釋六則〉,《文史》,2006 年第 4 輯,頁 5～20。

62. 曾憲通:〈《周易・睽》卦卦辭與六三爻辭新詮〉,北京:商務印書館編《中國語文學報》第 9 期,1999 年 6 月,頁 301～305。

63. 湖北省文化局文物工作隊:〈湖北江陵三座楚墓出土大批重要文物〉,《文物》1966 年第 5 期。

64. 湖北省荊沙鐵路考古隊包山墓地整理小組:〈荊門市包山楚墓發掘簡報〉:《文物》1988 年第 5 期。

65. 程建功:〈《周易・震》卦辭、爻辭正詁〉,《周易研究》2005 年第 1 期,頁 17～22。

66. 肅仁:〈新蔡葛陵楚墓簡介〉,《考古》2004 年第 2 期,頁 65。

67. 馮勝君：〈釋戰國文字中的「怨」〉，北京：中華書局《古文字研究》第 25 輯，2004 年 10 月，頁 281～285。

68. 黃海嘯：〈《周易研究》之出土易學文獻研究綜述〉，《周易研究》2006 年第 4 期，頁 49～53。

69. 楊澤生：〈竹書《周易》中的兩個異文〉，北京：華夏出版社編《經典與解釋》第 5 輯，2005 年 1 月，頁 181～185。

70. 楊澤生：〈楚竹書《周易》札記〉，廣州中山大學古文字研究所編：《康樂集——曾憲通教授七十壽慶論文集》，2006 年 1 月，頁 169～173。

71. 裘錫圭：〈讀上博簡《容成氏》札記二則〉，北京：中華書局《古文字研究》第 25 輯，2004 年 10 月，頁 314～317。

72. 賈連敏：〈新蔡葛陵楚簡中的祭禱文書〉，《華夏考古》2004 年第 3 期。

73. 廖名春：〈《周易》乾坤兩卦卦爻辭五考〉，《周易研究》1999 年第 1 期，頁 33～41。

74. 廖名春：〈《周易·說卦傳》錯簡新考〉，《周易研究》1997 年第 2 期，頁 38～49。

75. 廖名春：〈二二相耦，相反為義——《周易》卦義新論〉，《哲學與文化》，輔大：哲學系，2004 年第 10 期，頁 1～9。

76. 廖名春：〈上海博物館藏楚簡《周易》管窺〉，《周易研究》2003 年第 3 期，頁 21～31。

77. 廖名春：〈楚簡《周易》遯卦六二爻辭新解〉，《周易研究》2005 年第 4 期，頁 3～9。

78. 廖名春：〈楚簡《周易·大畜》卦再釋〉，《清華大學學報·哲學社會科學版》，第十九卷第 3 期 2004 年 6 月，頁 33～37。

79. 廖名春：〈楚簡《周易·夬》卦九二爻辭新釋〉，《中華國學研究》創刊號，2008 年 10 月，頁 54～62。

80. 廖名春：〈楚簡《周易·睽》卦新釋〉，《周易研究》2006 年第 8 期，頁 32～38。

81. 廖名春：〈楚簡《周易·蒙》卦新釋〉，《國際易學研究》，第 10 輯，2008 年 10 月，頁 131～140。

82. 廖名春：〈楚簡《周易·豫》卦再釋〉，中國文物研究所編：《出土文獻研究》第 6 輯，2004 年 12 月，頁 24～33。

83. 廖名春：〈楚簡《周易·頤》卦試釋〉，北京：北京大學出版社：《中國哲學與易學》，2004 年 4 月，頁 403～411。

84. 趙建偉：〈楚簡校記〉，湖北教育出版社《楚地簡帛思想研究（三）》，2007 年 4 月，頁 179～191。

85. 劉大鈞：〈今、帛、竹書《周易》疑難卦爻辭及今、古文辨析（二）〉，《周易研究》2004 年第 6 期，頁 3～13。

86. 劉大鈞：〈今、帛、竹書《周易》疑難卦爻辭及今、古文辨析（三）〉，《周易研究》2005 年第 1 期，頁 3～9。

87. 劉大鈞：〈帛、今本《易經》今、古文字考（乾～履）——兼及帛、今本卦爻辭異文辨析〉，《周易研究》2003 年第 6 期，頁 3～17。

88. 劉大鈞：〈帛書《易經》異文校釋（乾～履）〉，《周易研究》1994 年第 2 期，頁 1～5。

89. 劉大鈞：〈帛書《易經》異文校釋〉，《周易研究》1994 年第 3 期，頁 30～33。

90. 劉信芳：〈竹書《周易》文字試解三則〉，《周易研究》2007 年第 6 期，頁 10～13。

91. 劉保貞：〈從今、帛、竹書對比解《易經》「亨」字〉，《周易研究》2004 年第 6 期，頁 17～21。

92. 潘雨廷：〈論《周易序卦》作者的思想結構〉，《易學史發微》，上海復旦大學出版社，2001 年 12 月，頁 287～305。

93. 潘雨廷：〈論馬王堆帛書《周易》的卦次〉，《易學史發微》，上海復旦大學出版社，2001 年 12 月，頁 337～341。

94. 鄭萬耕：〈《周易》釋讀八則——以楚竹書爲參照〉，《周易研究》2005 年第 2 期，頁 9～15。

95. 鄭萬耕：〈《周易》釋讀六則〉，《中國歷史文物》，2005 年第 2 期，頁 46～50。

96. 蕭從禮：〈讀簡帛《周易》札記五則〉，桂林：廣西師範大學《簡帛研究 2005》，2008 年 9 月，頁 3～8。

97. 蕭聖中：〈《周易》卦爻辭選釋四則〉，北京：中華書局《古文字研究》第 27 輯，2008 年第 9 輯，頁 446～449。

98. 蕭漢明：〈上海博物館藏戰國楚竹書《周易》豫、咸二卦〉，《周易研究》2007 年第 6 期，頁 3～9。

99. 蕭漢明：〈上海博物館藏戰國楚竹書《易經》釋卦二則〉，《周易研究》2006 年第 2 期，頁 3～8。

100. 蕭漢明：〈上海博物館藏戰國楚竹書《易經》釋卦三則〉，北京三聯書店《儒家文化研究》第 1 輯，2007 年 6 月，頁 235～253。

101. 賴師貴三：〈《易經》《易傳》與《易學》背景知識簡介〉，賴貴三選編《「易學專題研究課程」討論論文集》，未刊本。

102. 賴師貴三：〈清儒吳騫（1733～1813）《子夏易傳釋存》手稿二卷釋文〉，未刊稿。

103. 賴師貴三：〈說《易》在上古形成流傳與詮釋〉，賴貴三選編《「易學專題研究課程」討論論文集》，未刊本。

104. 禤健聰：〈新出楚簡零拾〉，廣州中山大學古文字研究所編《康樂集——曾憲通教授七十壽慶論文集》，2006 年 1 月，頁 216～222。

105. 謝向榮：〈《周易》"有孚"新論〉，《周易研究》2008 年第 2 期，頁 35～41。

106. 謝向榮：〈試論楚竹書《周易》紅黑符號對卦序與象數的統合意義〉，《周易研究》2005 年第 4 期，頁 10～21，32。

107. 謝金良：〈上博楚竹書《周易》研究管窺〉，上海古籍出版社《簡帛考論》，2007 年 5 月，頁 154～165。

108. 簡博賢：〈王弼易學研究〉，《孔孟學報》第三十七期。

四、網站論文（依刊登時間先後排序）

1. 陳偉：〈楚竹書《周易》文字試釋〉，簡帛研究網站 2004 年 4 月 18 日。

2. 季師旭昇：〈上博三《周易》簡六「朝三褫之」說〉，簡帛研究網站 2004 年 4 月 18 日。

3. 季師旭昇：〈上博三《周易》簡 23「何天之遽」說〉，簡帛研究網站 2004 年 4 月 19 日。

4. 廖名春：〈楚簡《周易》校釋記（一）〉，簡帛研究網站 2004 年 4 月 23 日。

5. 廖名春：〈楚簡《周易》校釋記（二）〉，簡帛研究網站 2004 年 4 月 23 日。

6. 楊澤生：〈竹書《周易》箚記一則〉，簡帛研究網站 2004 年 4 月 24 日。

7. 廖名春：〈楚簡《周易·大畜》卦再釋〉，簡帛研究網站 2004 年 4 月 24 日。

8. 廖名春：〈楚簡《周易·頤》卦試釋〉，簡帛研究網站 2004 年 4 月 24 日。

9. 徐在國：〈上博竹書（三）：《周易》釋文補正〉，簡帛研究網站 2004 年 4 月 24 日。

10. 季師旭昇：〈上博三《周易》零釋七則〉，簡帛研究網站 2004 年 4 月 24 日。

11. 徐在國：〈上博竹書（三）札記二則〉，簡帛研究網站 2004 年 4 月 26 日。

12. 楊澤生：〈竹書《周易》箚記（四則）〉，簡帛研究網站 2004 年 4 月 26 日。

13. 陳爻：〈竹書《周易》需卦卦名之字試解〉，簡帛研究網站 2004 年 4 月 29 日。

14. 黃錫全：〈讀上博《戰國楚竹書（三）》箚記六則〉，簡帛研究網站 2004 年 4 月 29 日。

15. 楊澤生：〈上博竹書第三冊零釋〉，簡帛研究網站 2004 年 4 月 29 日。

16. 季師旭昇：〈上博三《周易》需卦説〉，簡帛研究網站 2004 年 5 月 3 日。

17. 蘇建洲：〈試論上博三：《周易》的「融」及相關的幾個字〉，簡帛研究網站 2004 年 5 月 8 日。

18. 禤健聰：〈上博簡（三）小箚〉，簡帛研究網站 2004 年 5 月 16 日。

19. 季師旭昇：〈上博三《周易》簡 26「欽其腓」説〉，簡帛研究網站 2004 年 5 月 16 日。

20. 楊澤生：〈周易中的二個異文〉，簡帛研究網站 2004 年 5 月 29 日。

21. 劉樂賢：〈讀楚簡札記二則〉，簡帛研究網站 2004 年 5 月 29 日。

22. 何有祖：〈竹書《周易》補正一則〉，簡帛研究網站 2004 年 6 月 6 日。

23. 周波：〈竹書《周易》考釋三則〉，簡帛研究網站 2004 年 6 月 6 日。

24. 黃錫全：〈讀上博《戰國楚竹書（三）》札記數則〉，簡帛研究網站 2004 年 6 月 22 日。

25. 季師旭昇：〈上博三《周易》比卦「有孚盈缶」「盈」字考〉，簡帛研究網站 2004 年 8 月 15 日。

26. 秦樺林：〈釋"㳻""㲋"〉，簡帛研究網站 2004 年 9 月 10 日。

27. 蕭漢明：〈釋豐卦〉，簡帛研究網站 2004 年 9 月 20 日。

28. 蕭漢明：〈釋蠱卦〉，簡帛研究網站 2004 年 11 月 14 日。

29. 陳仁仁：〈上海博物館藏戰國楚竹書：《周易》研究綜述〉，簡帛研究網站 2004 年 12 月 19 日。

30. 陳耀森：〈《周易・艮卦》經、傳義理的探討與新釋〉，簡帛研究網站 2005 年 2 月 15 日。

31. 陳仁仁：〈上博易特殊符號的意義與標識原則〉，簡帛研究網站 2005 年 7 月 4 日。

32. 蘇建洲：〈楚文字雜識〉，簡帛研究網站 2005 年 10 月 30 日。

33. 吳辛丑：〈《周易・大畜》"童"與"僮"再討論〉2007 年 7 月 22 日。

34. 鄭玉姍：〈《無妄》六二「菑」、「蓄」初探〉2007 年 10 月 6 日。

35. 鄭玉姍：〈上博《周易》「勿藥有菜」試論〉2007 年 10 月 19 日。

36. 張崇禮：〈上博簡《周易》字詞箚記三則〉2007 年 11 月 18 日。

五、會議論文 (依論文發表時間先後排序)

1. 趙平安：〈釋𧻚及相關諸字〉，香港中文大學第一屆中國語言文字國際學術研討會，2003 年。

2. 鄔濬智：〈讀楚簡文獻偶得四題——包山簡「譖」字再探；簡帛：《老子》臆解二則；《上博（三）・周易》「涓」字考；楚竹書〈恆先〉思想體系

試構〉，第一屆淡江大學中國文學研究所研究生論文發表會，2005 年 5
月 26 日。

3. 鄒濬智：〈從楚竹書《周易》「亡」、「喪」二字談到包山簡的「喪客」與
望山簡的「祭喪」〉，政治大學中國文學系第十二屆系所友學術研討會，
2005 年 5 月 21 日。

4. 顧濤：〈重編新《經典釋文》纂例——竹書：《周易》異文構成分析（上）〉，
香港大學中文學院主辦，東西方研究國際學術研討會，2007 年 10 月 5
～7 日。

5. 謝向榮：〈上博簡《周易》斷占辭考異〉，2008 年香港大學中文學院研究
生學術座談會，2008 年 3 月 15 日。

6. 謝向榮：〈〈恆〉卦辭"利貞"、"无咎"考〉，2008 年香港大學中文學院研究
生學術座談會，2008 年 3 月 15 日。

7. 廖名春：〈《周易・萃卦》初六爻辭新釋〉，2008 年國際易學論壇暨現代
易學新發展論壇，2008 年 9 月 5～7 日。

六、學位論文（依論文發表時間先後排序）

1. 陳嘉凌：《楚系簡帛字根研究》，國立臺灣師大國文所碩士論文，2002 年。

2. 鄒濬智：《《上海博物館藏戰國楚竹書（一）・緇衣》研究》，國立臺灣師
大國文所碩士論文，2004 年。

3. 劉健海：《帛書：《易經》異文研究》，國立臺灣師大國文研究所碩士論文，
2005 年。

4. 張新俊：《上博楚簡文字研究》，吉林大學古籍研究所博士論文，2005 年
4 月。

5. 陳仁仁：《《上海博物館藏戰國楚竹書周易研究——兼論早期易學相關問
題》，武漢大學哲學院博士論文，2005 年 5 月。

6. 陳惠玲：《《上海博物館藏戰國楚竹書（三）・周易》研究》，國立臺灣師
範大學國文教學研究所碩士論文，2005 年 8 月。

7. 申紅義：《出土簡帛與傳世典籍異文研究》，四川大學歷史文化學院博士
論文，2006 年 4 月。

8. 曲冰：《上海博物館藏戰國楚竹書（三）研究概況及文字編》，吉林大學
文學院碩士論文，2006 年 4 月。

9. 禤健聰：《戰國楚簡字詞研究》，廣州中山大學中國語言文學系博士論文，
2006 年 4 月。

10. 王鳳：《上海博物館藏戰國楚竹書（三）的研究及文字整理》，東北師範
大學文學院碩士論文，2006 年 5 月。

11. 房振三：《竹書《周易》彩色符號研究》，安徽大學中文系博士論文，2006年5月。

12. 韓軍：《上海博物館藏戰國楚竹書《周易》異文研究》，山東大學文學與新聞傳播學院碩士論文，2006年5月。

13. 黃志強：《楚簡《周易》句讀辨疑釋例》，香港大學中文學院哲學碩士論文，2007年3月。

14. 李尚信：《今、帛、竹書《周易》卦序研究》，山東大學哲學系博士論文，2007年4月。

15. 李靜：《上博（三）《周易》集釋》，武漢大學歷史學院碩士論文，2007年5月。

16. 侯乃峰：《《周易》文字彙校集釋》，安徽大學歷史系博士論文，2007年5月。

17. 秦惊：《利用出土數據校讀《周易》經文》，復旦大學中文系碩士論文，2008年5月。